Tim LaHaye
AUSWEG – AUS DEPRESSIONEN

W0171234

Tim LaHaye

Ausweg—aus Depressionen

VERLAG SCHULTE + GERTH ASSLAR

Die amerikanische Originalausgabe erschien im Verlag Zondervan
Publishing House, Grand Rapids, Michigan, unter dem Titel „How to win
over depression".
© 1974 by The Zondervan Corporation
© der deutschen Ausgabe 1976 Verlag Schulte + Gerth, Aßlar
Aus dem Amerikanischen von Annegret Sick-Ihne

Best.-Nr. 15 339
ISBN 3–87739–339–X
1. Auflage 1982
Umschlaggestaltung: Herybert Kassühlke
Satz: Bauer & Bökeler Filmsatz GmbH, Denkendorf
Druck: Franz Spiegel Buch GmbH, Ulm
Printed in Germany

INHALTSVERZEICHNIS

EINLEITUNG

Den letzten Anstoß, dieses Buch zu schreiben, gab mir ein Artikel über Depressionen, den die Zeitschrift „Newsweek" sogar auf der Titelseite veröffentlicht hatte. Dort las ich: „... Ohne Zweifel hat Depression – die häufigste seelische Erkrankung in den USA – fast epidemische Ausmaße angenommen; häufig führt sie zu Selbstmord." Damit fand ich meine Beobachtung bestätigt. Dieser Artikel und viele in letzter Zeit erschienene Bücher zu diesem Thema machen deutlich, daß unsere Gesellschaft diesem Problem ziemlich hilflos gegenübersteht.

Einige Jahre lang habe ich diese lebenzerstörende seelische Krankheit intensiv untersucht. Schon während meiner Ausbildung begegnete ich einem Durcheinander von widersprechenden, psychologisch verbrämten Vorschlägen, die man nur schwer verstehen konnte. Die wachsende Zahl depressiver Patienten zwang mich, ihnen nach besten Kräften zu helfen.

Ich neige im allgemeinen nicht zu Depressionen und konnte mich daher aus mangelnder eigener Erfahrung nur schwer in diese seelischen Störungen meiner Patienten hineinversetzen. Doch am 7. Oktober 1969 wurde auch ich zum ersten Mal schwer depressiv. Die erste Depression ging in ein paar Tagen vorbei, doch in den nächsten zweieinhalb Jahren wurde ich noch viermal schwermütig, wobei die Ursache stets dieselbe war. Rückblickend kann ich sagen, daß die Depression dann vorüberging, wenn ich die Therapie anwandte, die ich auch meinen Patienten vorschlug.

Heute haben Depressionen wahrhaft epidemische Ausmaße in unserem Volk angenommen, und da ich jetzt aus eigener positiver wie negativer Erfahrung darüber reden kann, ist meines Erachtens die Zeit zur Veröffentlichung dieses Buches gekommen. Ich hoffe, es wird vielen helfen, die wahre Ursache dieser seelischen Not und einen gangbaren Weg zur Heilung zu erkennen. In einem Punkt bin ich zuversichtlich: wir brauchen nicht schwermütig zu werden. Wenn dieses Problem auf Ihnen oder einem Ihrer Freunde lastet, werden Sie froh sein zu hören, daß es einen Weg gibt, die Schwermut zu besiegen. Ich bin überzeugt, daß Sie bei Anwendung der hier beschriebenen Therapie jede neue depressive Phase vermeiden können.

1

PROBLEM DEPRESSION

Im Sprechzimmer saß eine attraktive dreißig- bis vierzigjährige Frau. Sie stieß einen tiefen Seufzer aus. Marie-Anne war mit einem dynamischen Mann in leitender Stellung verheiratet, der ihr – nach ihren eigenen Worten – nie untreu gewesen war. Außerdem hatte sie drei reizende Töchter im schulpflichtigen Alter, einen Bungalow im Wert von 65 000 Dollar und einen Kleiderschrank voll schicker Sachen. Sie hatte fast alles, was man sich wünschen kann – und doch war sie nicht glücklich. Im neuen Kombiwagen kam sie mit all ihren Problemen zu mir.

In den vergangenen zwei Monaten war sie dreimal wöchentlich von einem Psychiater behandelt worden und hätte sich doch achtundvierzig Stunden vor dem Besuch bei mir fast das Leben genommen. Nachdem ihre Kinder zur Schule gegangen waren, hatte sie an diesem Morgen in einem Anfall von Schwermut das Zimmer verdunkelt, war wieder ins Bett gekrochen und hatte sich die Decke über den Kopf gezogen. „Von dort komme ich jetzt", sagte sie, obgleich ihr gepflegtes Äußeres dem widersprach.

Die junge Mutter litt an einer schweren Depression; doch war dies bei weitem nicht das schlimmste Krankheitsbild, das ich bisher zu sehen bekam, sondern eher der Normalfall. Die meisten meiner „Klienten" sind schwermütig. Kollegen aus anderen Beratungsstellen bestätigten mir, daß auch sie fast jeden Tag mit mehreren Fällen von Depression zu tun haben. Kürzlich meinte ein bekannter Psychologe: „Jeder von uns ist von Zeit zu Zeit schwermütig. Das ist völlig normal." Und ein Arzt sagte in einem Vortrag, den er vor Kollegen zur Frage der Diagnose von Depressionen hielt: „In gewisser Weise sollten wir bei jedem Menschen mit Schwermut rechnen."

In den USA und auch in Deutschland stehen Depressionen seit vielen Jahren auf Platz 1 der Gemütskrankheiten, und ihre Zahl nimmt weiter zu. Bei über vierzig Seminaren zu Ehe- und Familienfragen, die ich in allen Teilen der USA durchführte, wurde stets mein auf Kassetten vervielfältigter Vortrag zum Thema „Ursache und Behandlung der Schwermut" mehr verkauft als alle dreizehn übrigen.

Jährlich nehmen sich in den USA 50 000 bis 70 000 Menschen das Leben, und man weiß, daß die Zahl der mißglückten Selbstmordversuche noch weit höher liegt. Untersuchungen ergaben, daß über die Hälfte dieser Selbstmörder an Depressionen litt. Dem National Institute of Mental Health zufolge werden jährlich 125 000 schwermütige Patienten stationär und mindestens 200 000 weitere ambulant behandelt. Dr. Nathan Kline vom Rockland State Hospital in New York schreibt, daß eine weitere große Anzahl von Menschen an Depressionen leidet – man schätzt vier bis acht Millionen jährlich – doch die Krankheit wird nicht erkannt und deshalb auch nicht behandelt. Viele Forscher sind der Ansicht, daß durch diese seelische Störung mehr menschliches Leid hervorgerufen wird als durch jede andere Krankheit. – Wenn auch die Zahl der Schwermütigen erst in der jüngsten Vergangenheit beängstigend anwächst, so handelt es sich doch nicht um eine neue Krankheit. Geschichte und Literatur beweisen, daß sie so alt wie die Menschheit selber ist.

Schon das Buch Hiob zeigt uns einen schwer depressiven Mann, wie folgende seiner Worte deutlich machen:

„So wurden auch mir beschieden Monde der Pein, und Nächte der Mühsal hat man mir zugezählt. Wenn ich mich niederlege, spreche ich: ‚Wann ist es Tag, daß ich aufstehe?' Und wenn ich aufstehe: ‚Wann ist es Abend?' Und satt der Unruhe werde ich, bis es dämmert. Mein Leib kleidet sich in Fäulnis und Beulen, meine Haut verharscht und bricht wieder auf. Meine Tage fliegen schneller als ein Weberschifflein; sie schwinden dahin ohne Hoffnung. Gedenke, daß mein Leben nur ein Hauch ist! Nie wieder erschaut mein Auge das Glück. Nicht wird mich sehen, wer nach mir blickt; dein Auge sucht mich, doch ich bin nicht mehr. Die Wolke entschwindet und geht dahin; so kommt nicht herauf, wer ins Totenreich stieg. Er kehrt nicht wieder zu seinem Haus, und seine Stätte erkennt ihn nicht mehr. Darum will auch ich meinen Mund nicht hemmen, will reden in der Not meines Herzens, will klagen im bitteren Leid meiner Seele" (Hiob 7).

Hiob hatte Familie und Vermögen verloren, sein Körper war mit Beulen bedeckt. Wer könnte nach der Lektüre dieses Schicksals behaupten, er hätte unter solchen Umständen anders reagiert?

Die erste wissenschaftliche Beschreibung der Depression, die uns überliefert ist, stammt von dem griechischen Arzt und Philosophen Hippokrates. In seiner scharfsinnigen Einteilung der vier verschiedenen Temperamente erscheint auch die „Melancholie", wobei dieser Begriff dazu verleitete, fälschlich das dicke, schwarze Blut in den Adern des Patienten für deren Ursache zu halten.

Im ersten Jahrhundert nach Christus beschrieb der Arzt Aretaios den Depressiven als einen „traurigen" und „geängsteten" Menschen; er verliere an Gewicht, werde unruhig und leide unter Schlaflosigkeit. Wenn dieser Zustand über längere Zeit hinweg bestehe, klage er über „tausend Nichtigkeiten" und sehne den Tod herbei.

Kurze Zeit später beschrieb Plutarch den religiösen Aspekt der Melancholie: „Der Depressive hält sich für einen Menschen, den die Götter hassen und mit ihrem Zorn verfolgen. Ein noch schlimmeres Schicksal erwartet ihn; er wagt nicht, es abzuwenden oder sich die üble Lage zu erleichtern, um auf keinen Fall gegen die Götter zu streiten. Arzt und tröstenden Freund weist er ab. ‚Laßt mich meine Strafe tragen', sagt der Unglückliche, ‚mich, den gottlosen, verfluchten und den Göttern verhaßten Mann.' In Säcke oder schmutzige Lumpen gehüllt, sitzt er im Freien. Von Zeit zu Zeit wälzt er sich nackt im Schmutz und bekennt dabei seine Sünde. So hat er Falsches gegessen oder getrunken oder auch einen Weg eingeschlagen, der der Gottheit mißfiel. Die Feiern zu Ehren der Götter erfreuen sein Herz nicht, sondern erfüllen es mit Schrecken."

Eine sorgfältige Lektüre dieser griechischen und römischen Schriftsteller zeigt, wie sehr ihre Beschreibungen der Schwermut denen unserer Tage ähneln. So führt etwa Dr. Beck aus: „Die wesentlichen Symptome, die zur Diagnose der Depression führen, lassen sich schon in den antiken Schriften finden: Verstimmung (traurig, niedergeschlagen, Gefühl der Nutzlosigkeit), Selbstanklagen (,den verfluchten und den Göttern verhaßten Mann'), Selbsterniedrigung (,in Säcke oder schmutzige Lumpen gehüllt', . . . wälzt er sich von Zeit zu Zeit nackt im Schmutz'), Todeswunsch, physische und vegetative Symptome (Erregung, Appetitlosigkeit und Gewichtsverlust, Schlafstörungen) und der Wahn, unvergebbare Sünden begangen zu haben. Die oben angeführten Darstellungen der Depression weisen diese typischen Züge auf. Nur wenige psychiatrische Krankheitsbilder hat man durch die Jahrhunderte so gleichbleibend beschrieben."

Es ist beängstigend, daß der aufgeklärte Mensch unserer Tage mit diesem Problem nicht besser fertig wird als die Griechen und Römer.

Depression – ein universelles Problem

Man kann davon ausgehen, daß jeder Mensch irgendwann einmal depressiv reagiert. Dies heißt nicht, daß er aus Verzweiflung gleich einen Selbstmordversuch machen muß. In den vergangenen Jahren habe ich wenigstens 100 000 Menschen – es waren jeweils meine Zuhörer – die Frage gestellt: „Ist hier jemand unter uns, der in seinem ganzen Leben noch nicht depressiv war?" Bisher hat sich niemand gemeldet, dem das Problem unbekannt gewesen wäre.

Natürlich wollte mir meine Zuhörerschaft damit nicht zu verstehen geben, daß sie im „Sumpf der Verzweiflung" (Anspielung auf John Bunyans „Pilgerreise", eine allegorische Darstellung des christlichen Lebens als gefahrvolle Reise – d. Übers.) stecke. Viele dachten wohl an leichtere seelische Verstimmungen, die sie „Tiefs" oder „das heulende Elend" nannten. Doch wußten alle, daß sie irgendwann in ihrem Leben unglücklich gewesen waren. Natürlich sind Traurigkeit und psychische Krankheit deutlich voneinander zu unterscheiden. Doch selbst die leichteste depressive Anwandlung ist eine Reaktion auf die Ecken und Kanten des Lebens.

Schwermut ist ein universelles Problem; sie befällt die Menschen ohne Ansehen der Person. Neuere Untersuchungen haben ergeben, daß Arme und Reiche gleich häufig daran erkranken. In den folgenden Kapiteln werden wir noch zeigen, daß die Ursache der Schwermut weder in den Lebensumständen noch in den materiellen Verhältnissen oder der gesellschaftlichen Stellung zu suchen ist. Folglich sind alle Menschen für Depressionen anfällig. Keine Berufsgruppe ist gegen sie gefeit. So bin ich Taxifahrern und Hausfrauen, Geschäftsleuten und Lehrern, Bauarbeitern und -unternehmern begegnet, die schwermütig waren. Viele Menschen geben nicht zu, daß sie unter dieser Krankheit leiden, weil sie fürchten, sich damit für geistig minderbemittelt zu erklären. Zwar hat Schwermut auch mit Denkprozessen zu tun, doch ist sie völlig unabhängig von der Intelligenz. Menschen mit sehr hohem Intelligenzquotienten sind allenfalls anfälliger für Depressionen.

Fast alle Fachleute, bei denen ich zu diesem Thema nachlas, erwähnen Sir Winston Churchill, der in schweren Krisenzeiten für England der Inbegriff menschlicher Stärke war und doch immer wieder von schweren Depressionen heimgesucht wurde. Schwermut plagte einige der genialsten Köpfe dieser Welt. Auf die Vollendung eines Kunstwerkes oder eine schöpferische Tat folgte bei ihnen eine Zeit der Depression.

Fast jeder Gymnasiast kennt Edgar Allen Poes Kurzgeschichte „Wassergrube und Pendel". Nach dieser genialen Leistung soll der Autor vier Tage lang depressiv gewesen sein. Kreative Menschen wie Stephen Forster ertränkten ihre Begabung im Alkohol; manche Dichter verkürzten ihr Leben durch die Folgen eines ausschweifenden Geschlechtslebens; andere wiederum setzten ihr Talent durch einen Lebenswandel jenseits aller Normen aufs Spiel. Van Gogh schnitt sich in tiefer Verzweiflung sogar ein Ohr ab.

Wenn wir sagen, daß jeder Mensch den depressiven Zustand kennt, meinen wir damit dessen vielfältige Erscheinungsbilder, von denen später noch die Rede sein soll und zu denen die allgemein bekannten Tiefs und leichten Stimmungsschwankungen ebenso gehören wie die schwersten Psychosen. Wir haben das Leben nicht im Griff und werden folglich alle irgendwann Leid erfahren. Ein Psychiater meinte, der Mensch hungere ständig nach Glück. Dabei ist es für die meisten nur die seltene Ausnahme. Es hängt, wie wir noch sehen werden, weniger von den äußeren Umständen als von unserer inneren Einstellung ab. Wenn der Mensch traurig ist, neigt er zu depressiven Reaktionen. Würde er glauben, den Lebensumständen entgehen zu können, die zu dieser Stimmung führen, wäre er wirklichkeitsfremd. Wenn Leben also heißt, den Zustand der Traurigkeit mehr oder weniger intensiv zu erleben, und Schwermut das Gegenteil von glücklicher Stimmung ist, müssen folglich alle Menschen dann und wann depressiv reagieren.

Beim Erforschen des menschlichen Verhaltens hat man sich lange mit zwei Fragen herumgeschlagen:

Warum sind manche Menschen häufiger depressiv als andere?

Was ist die eigentliche Ursache der Depression? In späteren Kapiteln werden wir auf beide Fragen zurückkommen.

Viele führen ihre Depression gern auf rein körperliche Ursachen zurück, um sich so von jeder Eigenverantwortung freizusprechen. Damit gefährden sie aber ihre Heilung.

Ich habe Menschen kennengelernt, die unter den widrigsten Umständen Freude ausstrahlten, aber auch andere, die ihr Glück in Traurigkeit verkehrten. Meines Erachtens kann ein Mensch erst geheilt werden, wenn er bereitwillig zugibt, daß nicht die äußeren Gegebenheiten, sondern seine innere Haltung die Ursache seiner Traurigkeit und Depression ist.

2

ABWEHRKÄMPFE GEGEN DIE DEPRESSION

Zum ersten, was ein Psychologiestudent lernt, zählt das Grundgesetz des Lebens: Selbsterhaltung. Wenn sich jemand den Arm verletzt, versucht er die Wunde mit anderen Körperteilen zu schützen. Ist sein Bein in Mitleidenschaft gezogen, verlagert er bewußt und unbewußt das Gewicht auf den gesunden Fuß. Der natürliche Kampf ums Dasein führt automatisch zu einer veränderten Gefühlslage, diese zu anderen Verhaltensweisen und manchmal zu einer Änderung des äußeren Erscheinungsbildes.

Dies gilt besonders für den Bereich der Depression. Unbewußte Vorgänge zielen in bestimmten Fällen darauf ab, Schwermut zu verhindern oder den Menschen aus ihrem Joch zu befreien. Der Weg ist dabei individuell verschieden, doch bilden sich allmählich Verhaltensmuster heraus, die für den betreffenden Menschen charakteristisch sind. Diese Abwehrmechanismen können sich als Stimmungswechsel manifestieren und so den Kontakt zu den Mitmenschen beeinflussen. Die unbewußte Reaktion auf die äußeren Umstände kann sich zur Regression oder zum Narzißmus entwickeln und schließlich zur Flucht aus der Wirklichkeit führen. Wir sprechen in diesem Fall vom Verlust des Realitätsbezugs. Der Mensch kann noch hören, was um ihn herum vorgeht, ist jedoch offenbar nicht in der Lage, sich zu bewegen oder zu sprechen. Natürlich bestimmt der Schweregrad der Depression auch die Stärke der Abwehr, die ihrerseits das von uns leicht als abnorm charakterisierte Verhalten hervorruft. Nicht selten stellt der Selbstmord den letzten Versuch eines Menschen dar, sich aus dem schrecklichen Joch der Depression zu befreien.

Welche Form dieser Kampf annimmt, läßt sich bereits in

der Kindheit erkennen, wie wir noch zeigen werden. Eine der wichtigsten Ursachen für die Depression ist die Trennung von einem Liebesobjekt. Deswegen beginnt beispielsweise ein satter, trockener und zufriedener Säugling zu schreien, wenn die Eltern aus dem Zimmer gehen. Der Kontakt mit dem Liebesobjekt – hier die Eltern – ruft ein Glücksgefühl hervor. Trennung aber führt zu Einsamkeit und schließlich zur Depression. Das Kind wird also durch die natürliche Abwehr dieses psychischen Zustands zum Schreien veranlaßt. Ist die Mutter in sich noch wenig gefestigt und ärgert sich über das ihr unvernünftig erscheinende Verhalten des Kindes, dann schreit sie es vielleicht an und verschärft so das Problem. Es kämpfen in diesem Fall zwei unreife Persönlichkeiten gegen ihre Depression und geraten dabei in Konflikt. Die Ungeborgenheit des Kindes wird durch das Schimpfen der Mutter noch verstärkt; diese entwickelt ihrerseits Schuldgefühle wegen mangelnder Selbstkontrolle und verliert ihr positives Selbstbild, ein weiterer Schritt auf dem Weg zur Depression.

Die andere Möglichkeit besteht darin, daß die junge Mutter das Schreien des Kindes nicht erträgt, dem Säugling zu Hilfe eilt, ihn liebevoll aufnimmt und so die Ursache ihrer Depression behebt. Hierdurch aber wird das Kind schlecht fürs Leben vorbereitet, das jeden zwingt, sich von Zeit zu Zeit von seinen Liebesobjekten zu trennen. Es entsteht nicht nur ein Verhaltensmuster völliger Unselbständigkeit, sondern auch eine unnötige, sklavische Abhängigkeit der Mutter von den kindlichen Wünschen. Dies wird sie mit der Zeit immer stärker erbittern und aggressive Regungen entstehen lassen, falls sie dem Ärger nachgibt. Schließlich kann sie ihre feindseligen Gefühle nicht mehr zurückhalten. Das Kind wiederum spürt dies und reagiert darauf mit einer Depression.

Wir wollen uns nun der Frage zuwenden: Wie kann man diesem Problem begegnen? Lassen Sie uns dazu die geistig-seelische Entwicklung mit dem Vorgang des Laufenlernens vergleichen. Es hat den Anschein, daß wir unseren Körper besser beherrschen als Seele und Geist, wohl weil er etwas

Faßbares ist. Deshalb ist das Laufenlernen auch ein so gutes Beispiel. Das Kind fällt dabei zwangsläufig immer wieder hin. Es ist unerheblich, wie oft dies passiert, und innerhalb gewisser Grenzen auch, wie weh es sich dabei tut. Es ist aber wesentlich, daß man seinen Versuchen liebevolle Anerkennung zollt und ihm Mut macht, von vorn zu beginnen. Jedes normale Kind lernt das Laufen, genauso wie ihm die Abnabelung von den Eltern gelingt. Dies ist ein schmerzhafter, aber im Leben notwendiger Prozeß. Daher bereiten kluge Eltern ihr Kind behutsam und in Liebe mit kleinen Trennungsschritten auf den großen Sprung vor, der zur Selbständigkeit schließlich erforderlich ist.

Die frühkindlichen Formen des Kampfes gegen die Depression werden zu Verhaltensmustern, die allerdings nicht zwangsläufig und nicht bei jedem Menschen auftreten müssen.

Normalerweise entspricht der Rhythmus der körperlichen Reifung nicht der geistigen und seelischen. Das menschliche Verhalten kann sogar je länger, je mehr vom Durchschnitt abweichen.

Exhibitionismus

Während der Kindheit zeigt sich dieses Problem in Form von Wutanfällen, Angeberei und anderen Versuchen, Aufmerksamkeit zu erregen, wozu auch das Sichabsondern zählt; später oft als Spielleidenschaft, wobei nicht nur Geld, sondern auch das eigene Leben der Einsatz sein kann. Rücksichtslose Raserei mit Auto oder Motorrad bei jungen Männern, Trampfahrten oder wahllose Sexualkontakte bei Mädchen dieses Alters und teure Zechtouren oder Fahrten zu Spielkasinos bei der Elterngeneration sind mögliche Ausdrucksformen. Dieser zwanghafte Drang, Leben, guten Ruf oder Vermögen aufs Spiel zu setzen, ist sehr wahrscheinlich eine unbewußte Herausforderung des Schicksals aufgrund von Schuldgefühlen.

In fast allen Fällen ist der Exhibitionismus eine Form des

Kampfes gegen die Depression. Wenn ein Kind den Eindruck gewinnt, daß es von Mutter oder Vater nicht mehr geliebt und akzeptiert wird, kann es häufig über die Stränge schlagen und ungehörige Worte in den Mund nehmen. Weisen es die Eltern mit Liebe und Verständnis zurecht, helfen sie ihm nicht nur, das Fundament für spätere Selbstdisziplin zu legen, sondern auch, die Schuldgefühle abzubauen, die sich in dem Kind mit Sicherheit angestaut haben, weil es die Eltern mit Worten und in Gedanken herabgesetzt hat. (Man sollte das intuitive Wissen eines Kindes um Gut und Böse nie unterschätzen.) Wird der rebellische Geist nicht in seine Schranken gewiesen, wendet er sich später mit obszönen Schmierereien an öffentlichen Gebäuden und gemeinen Beschimpfungen gegen die Gesellschaft.

Auch Promiskuität kann Ausdruck der Depressionsabwehr sein. Eine Frau, die sich geliebt und angenommen weiß, wird sich nicht aufreizend, sondern unbewußt eher unauffällig kleiden. In der Ära der Mini- und Superminiröcke konnte ich als Berater oft die Beobachtung machen, daß sich die Selbstsicherheit einer Frau an der Rocklänge ablesen ließ. Dasselbe gilt für Frauen, die unbedingt Männerkleidung tragen müssen. Sie wollen aus irgendeinem Grunde nicht weiblich sein (wohl weil sie in der Kindheit die Trennung von einem Liebesobjekt, vermutlich dem Vater, ihrem Geschlecht anlasteten), tun daher alles Erdenkliche, um ihr Frausein zu verbergen. Sie kleiden sich nicht nur wie die Männer, sie kopieren auch deren Gang und fluchen wie sie und machen vieles, was Frauen im allgemeinen nicht tun. Eine Frau, die sich zwar ihrer Weiblichkeit bewußt ist, jedoch unter Minderwertigkeitsgefühlen leidet, bringt ihren Kampf gegen die Depression dadurch zum Ausdruck, daß sie mit Männern flirtet, anzügliche Bemerkungen macht oder auch wahllos sexuelle Beziehungen eingeht. Untersuchungen haben ergeben, daß mannstolle Frauen nicht außergewöhnlich triebhaft, sondern sehr selbstunsicher sind. Zur Erklärung ihres Verhaltens reicht der Hinweis auf ihren Sexualtrieb nicht aus. Selbst Klientinnen mit ausgesprochen wahllosen Männerbeziehungen haben mir erklärt, daß nicht ihre sexuellen Bedürfnisse, sondern ihr großes Verlangen nach Liebe der Grund dafür sei. Sie zahlten mit ihrer Sexualität, um die ersehnte Zuwendung zu bekommen.

Bei Männern nimmt der Exhibitionismus seltener als bei Frauen die Form schamloser Zurschaustellung an, zum einen, weil die Modeindustrie dies weniger propagiert, und zum anderen, weil der stärkere Geschlechtstrieb die Männer im allgemeinen Bestätigung in sexuellen Eroberungen suchen läßt. Ein emotional unreifer Mann versteht unter Männlichkeit vorwiegend unanständige Gespräche und die Zahl der Frauen, mit denen er ins Bett gegangen ist. Der in seinen Gefühlen gereifte Mann dagegen muß keine Depressionen abwehren und beweist dies, indem er Frauen mit Hochachtung behandelt und seine sexuelle Aktivität auf sein besonderes Liebesobjekt beschränkt, nämlich auf die eigene Frau.

Anklammerungstendenzen

Eine andere häufige Form der Depression ist die übergroße Anhänglichkeit. Viele Eltern kennen das traumatische Erlebnis, sich mit Gewalt aus der kindlichen Umarmung lösen zu müssen. Nie werde ich den ersten Tag meines fünfjährigen Sohnes in einem Kindergarten von San Diego vergessen. Eben hatte er sich drei Wochen lang an den Kindergarten in Minnesota gewöhnt, als wir nach Kalifornien umzogen; er wollte nun nicht in den neuen Kindergarten gehen. Er hatte seine Arme liebevoll um meinen Hals geschlungen, und mir fiel es schwer, sie mit Gewalt zu lösen; doch noch schwerer war es, mich zum Weggehen zu zwingen, als er laut und jämmerlich weinend dastand und rief: „Papi, Papi, geh doch nicht weg!"

Die Anklammerungstendenzen, die man allabendlich in manchen Familien beobachten kann, ehe das Licht gelöscht wird, erhalten sich bis ins Erwachsenenalter. Natürlich zeigen sie sich dann auf subtile Art, wie z. B. in übertriebener Großzügigkeit, die weit die finanziellen Möglichkeiten übersteigt. Sie ist dann nichts anderes als der unbewußte Versuch, die Zuneigung des Liebesobjekts zu erkaufen. Ein Mensch kann sich auch unentbehrlich machen. Ablehnung durch den Chef oder eine Vaterfigur kann für selbstunsichere Männer so furchtbar sein, daß sie bis spät in die Nacht arbeiten und ihre Familie vernachlässigen. Manchmal begegnet man auch der zwanghaften Gastgeberin, die zunächst ihre Aufgabe großartig zu meistern scheint, sich aber in Wirklichkeit verzweifelt an ihre Freunde klammert. Sie gibt ihnen zu essen und zu trinken – verpflichtet sie sich damit – und hat so die Hoffnung, nicht verlassen zu werden.

Manchmal bringen diese Anklammerungstendenzen Frauen dazu, ihr Leben lang Pflegekinder aufzuziehen. Ihre mangelnde Selbstsicherheit verstärkt den Mutterinstinkt. Sie werden von dem sehnlichen Wunsch bestimmt, gebraucht zu werden, und ertragen es folglich nicht, keine von ihnen abhängigen Säuglinge oder Kinder zu haben. Womöglich wirkt sich der Kampf gegen die Depression hier einmal positiv aus, denn es ist für ein Kind sicher besser, statt im Waisenhaus in einer solchen Familie aufzuwachsen, vorausgesetzt, die ihm entgegengebrachte Liebe ist nicht verschlingend.

Die Anklammerungstendenzen manifestieren sich auch in pausenlosem Reden, sei es im persönlichen Gespräch oder am Telefon. Ein mir befreundeter Arzt bemerkte einmal: „Einige Menschen leiden unter zwanghafter Telefonitis." Bei Erwachsenen finden sich schließlich noch Hilflosigkeit oder Krankheit als Methoden, auf sich aufmerksam zu machen. Selbstverständlich sind dies stumme Hilferufe.

Aggression

Eine beängstigende Form der Depressionsabwehr ist die Aggression – entweder gegen den, von dem man abgelehnt wurde, oder häufiger gegen sich selbst: „Daß man mich ablehnt, ist mein Fehler; ich kann also nicht gut sein, folglich verdiene ich Strafe." Da keiner straft, übernimmt man es selbst – ein erschütternder Vorgang.

Diese Abwehrmechanismen folgen zwar dem Auf und Ab menschlicher Gefühle, sie beeinflussen jedoch zwangsläufig das Verhalten, und zwar direkt proportional zum Schweregrad der Verstimmung. Wie wir in einem späteren Kapitel sehen werden, verändert man die Situation nicht durch Umgestaltung der Ausdrucksform, sondern durch die Klärung der tieferen Ursachen. Denkschemata rufen Gefühle hervor, diese wiederum führen zu Taten. Will man also die Depression dauerhaft abbauen, muß man bei der Gedankenwelt ansetzen. Wenn sie sich nicht ändert, führt die Abwehr der Schwermut zwangsläufig zu immer stärker abweichendem Verhalten.

3

DIE SYMPTOME DER DEPRESSION

Die enorme Zunahme depressiver Erkrankungen in unseren Tagen läßt eine kurze Untersuchung ihrer Symptome gerechtfertigt erscheinen. Fast jeder Leser wird sie an Freunden oder Familienangehörigen entdecken können. Wenn nicht aus eigenem Interesse, sollte man doch diesen zuliebe die kritischen Anzeichen schnell deuten können und ihnen die nötige liebevolle Hilfe gewähren.

Fast alle Berater unterscheiden drei Stadien der Depression: leicht, schwer und sehr schwer. Wir wollen sie Mutlosigkeit, Hoffnungslosigkeit und Verzweiflung nennen. In einem späteren Kapitel werden wir sehen, was dabei geistig, seelisch und körperlich verändert wird. Hier genügt der Hinweis, daß die meisten Depressionen mit Mutlosigkeit beginnen, in Hoffnungslosigkeit übergehen und zur Verzweiflung führen, wenn die Denkschemata dieselben bleiben. Ist das Stadium der Verzweiflung erreicht, dann kann die Depression dazu führen, daß der Mensch völlig den Bezug zur Wirklichkeit verliert und zum Überleben der ärztlichen Behandlung bedarf.

Die Depression wirkt sich körperlich, seelisch und geistig aus. Als Laie bemerkt man zunächst die physischen Symptome, während der Fachmann nicht selten die Veränderungen im Denken entdeckt, noch bevor sie sich körperlich ausgewirkt haben. Leider begeben sich Depressive meist erst dann in Behandlung, wenn sich physische Symptome zeigen. Ihre Zahl ist zu groß, als daß sie in diesem Buch einzeln aufgeführt werden könnten; daher wollen wir nur einen Blick auf die häufigsten werfen.

1. *Abnormes Schlafverhalten:* Das häufigste körperliche Symptom der Depression ist ein deutlicher Wechsel in den

Schlafgewohnheiten. Zwar sind einige schwermütige Menschen Langschläfer, die zerschlagen aufwachen, öfter jedoch können sie überhaupt keinen Schlaf finden oder wachen schon sehr früh auf, ohne danach noch ein Auge zuzutun. Viele Ärzte sagen übereinstimmend, daß Schlaflosigkeit bei Patienten ein Alarmsignal sei und man unbedingt an Depression denken müsse.

2. *Apathie – Lethargie – Lustlosigkeit:* Ein weiteres häufiges Symptom der Depression spiegelt sich in Aussprüchen wie: „Ich bin ständig müde" oder: „Ich habe selbst zu meinem Hobby keine Lust." Oft wachen Depressive schon müde auf und fühlen den ganzen Tag über keinen Antrieb. Zwar können sie arbeiten, ihre Leistungsfähigkeit ist jedoch gering. Außerdem ermüden sie rasch. Ein Mann klagte: „Meine Füße sind bleiern."

2. *Appetitabnahme:* Depressive können sich kaum noch am Essen freuen. Lustlos stochern sie darin herum, es erscheint ihnen fade. Je schwerer die Depression, desto geringer der Appetit. Wird nichts dagegen unternommen, kann daher ein hoher Gewichtsverlust die Folge sein, der das Problem noch verschärft. In den ersten Stadien der Depression kommt es vor, daß der Patient regelmäßig den Kühlschrank nach etwas Eßbarem durchsucht, aber in der letzten Phase kann er im allgemeinen tagelang ohne Nahrung auskommen.

4. *Abnahme des Geschlechtstriebs:* Während einer Depression stagnieren alle Antriebsfunktionen, selbst der Geschlechtstrieb, und zwar vorwiegend bei Frauen. Manche verfallen in eine so tiefe Schwermut, daß sogar die Menstruation aufhört. Männer können in einer leichten Depression sexuell aggressiv werden, weil sie ihr Ich bedroht fühlen, meist verlieren aber auch sie jegliches Interesse an der Sexualität.

5. *Ungepflegtes Äußeres:* Wenn eine früher modisch gekleidete Frau das Interesse an ihrer äußeren Erscheinung verliert, sollte man stets an eine Depression denken. Das negative Selbstbild des Schwermütigen führt zu Antriebs-

losigkeit; so kümmert sich dann ein Mann wenig darum, ob er glatt rasiert und gepflegt aussieht, und eine Frau sagt ihren Termin beim Friseur ab. Das ungepflegte Äußere spiegelt wider, wie sich der Mensch sieht. Kleider sind verräterisch! Oft signalisieren sie das Selbstbild des betreffenden Menschen. Wer sich übertrieben korrekt oder modisch kleidet, verdeckt damit seine Minderwertigkeitskomplexe. Ein Mensch, der sich gut anzieht, gibt damit zu verstehen, daß er sich selbst mag. Wer sich dagegen nachlässig kleidet, wo ein gepflegtes Äußeres verlangt wird, beweist, daß er sich aufgegeben hat.

6. *Zahlreiche körperliche Beschwerden:* Oft leiden Depressive unter zahlreichen eingebildeten oder realen körperlichen Symptomen wie Müdigkeit, Schwäche, Schmerzen, Schwindel, Herzklopfen, Engegefühl in der Brust, Atembeschwerden, Kopfschmerzen, Verstopfung, Sodbrennen und Schwitzen.

Die seelischen Symptome der Depression

Zwar beginnt die Depression im geistigen Bereich, doch wirkt sie sich stark in den Gefühlen aus. Folgende Symptome sind sehr häufig:

1. *Erkalten der Gefühle:* Die bei fast allen Depressiven vorhandene Neigung, sich von anderen Menschen zurückzuziehen, erwächst aus ihrer zunehmenden Gefühlskälte. Zunächst läßt die Liebe zum Partner oder zu den Kindern nach, am Ende ist der Schwermütige gegenüber sich selbst und allem, was sich um ihn herum abspielt, gleichgültig. Diese schlimme seelische Verfassung wird durch eine falsche Denkweise hervorgerufen, die den Menschen zur ausschließlichen Beschäftigung mit sich selbst zwingt. Ändert sie sich nicht, schreitet die Depression weiter fort. Jemand hat mahnend gesagt: „Übe Liebe oder gehe zugrunde!" Wenn man sich selbst und die Mitmenschen nicht liebt, zerstört man sein eigenes Leben.

2. *Traurigkeit:* Freudlosigkeit und düstere Stimmung cha-

rakterisieren das Leben eines Depressiven. Sie stecken so tief in ihm, daß sein Gesichtsausdruck davon geprägt ist. Vergebens sucht man nach einem Lächeln. In seiner schwermütigen Stimmung hat er an der Fröhlichkeit und Ausgelassenheit anderer keine Freude. Je mehr sich sein Zustand verschlimmert, desto weniger ist er in der Lage, auf humorvolle Bemerkungen zu reagieren, und ärgert sich vielleicht sogar über die Fröhlichkeit seiner Umgebung.

3. *Weinen:* Häufig haben Depressive ganz gegen ihren Willen die Neigung zu weinen. Selbst Menschen, die das seit Jahren nicht mehr taten, brechen in Tränen aus oder würden gern weinen, wenn sie könnten. Eine Frau sagte: „Ich kann meine Depression stets voraussehen – ich bekomme dann nämlich das heulende Elend."

4. *Feindselige Gefühle:* In einem späteren Kapitel werden wir sehen, daß zumindest in der Anfangsphase zu jeder Depression eine aggressive Komponente gehört. Zunächst richtet sich der Ärger gegen die Person, von der der Depressive abgelehnt oder beleidigt wurde; später wendet er ihn gegen sich selbst, weil er sich für den Schuldigen hält. Oft hört man einen Schwermütigen zu sich sagen: „Ich hasse mich" oder: „Ich ekle mich vor mir selber."

5. *Reizbarkeit:* Passive Menschen sind leicht zu reizen, vor allem durch vitale und energiegeladene Personen. Sie ärgern sich über andere, die sich wohl fühlen, leisten denen Widerstand, die sie aktivieren möchten, und können sogar einen Wutanfall bekommen, wenn sie ganz normale Geräusche, z. B. aus der Küche, hören. Beruhigende Musik „geht ihnen auf die Nerven". Sie können sich sogar über Freunde aufregen, die mit ihnen sprechen, weil sie meinen, es nicht wert zu sein, daß diese ihretwegen Zeit und Gedanken verschwenden.

6. *Angst, Furcht und Sorge:* Das in der Depression aufkommende Gefühl der Verlassenheit und Verzweiflung senkt die Angstschwelle. Alles gibt nun zur Sorge Anlaß. Der Mensch fürchtet, verlassen zu werden, selbst wenn er das nicht offen zum Ausdruck bringt. Er flieht vor der Ver-

gangenheit und schrickt vor der Zukunft zurück. Nicht selten hat er Angst vor dem Tod.

7. *Hoffnungslosigkeit:* Hoffnungslosigkeit beherrscht die meisten depressiven Menschen. Sie fühlen sich als Gefangene der Umstände, die zur Depression führten, und sehen keinen Ausweg. Ihre Vergangenheit bestand nur aus Ablehnung und Leid, die Gegenwart ist qualvoll, und ihr düsterer Blick in die Zukunft entdeckt keine Lösung. Kann man in ihnen keinen Hoffnungsfunken entfachen, verschlimmert sich die Depression allmählich. Die Klage „Ich bin völlig verzweifelt und sehe nicht den kleinsten Hoffnungsschimmer!" ist für die Beratungssituation typisch.

4

DIE DEPRESSIVEN PHASEN

Als es noch keine vollautomatischen Waschmaschinen und Trockner gab, galt der Montag als „schwarzer" Tag. Dieses Attribut wurde ihm aufgrund eines etwas ungenauen Gedankengangs beigelegt. Die meisten Hausfrauen freuten sich sehr auf die fröhliche und glückliche Zeit am Wochenende, wenn die ganze Familie zusammensein würde. Ganz anders der Montag: er war gefürchtet, nicht nur, weil der Alltag begann, sondern weil an diesem Tag in den meisten Haushalten gewaschen wurde. Diese negativen Erwartungen machten ihn zum „schwarzen" Tag. Allein die Vorstellung von der schweren Arbeit ließ ihn zum unangenehmsten Tag der Woche werden.

Dieses Beispiel zeigt uns, wie beeinflußbar der menschliche Geist ist und daß er eine ganze Anzahl von Stimmungen hervorrufen kann. Mancherlei kann auf sie Einfluß nehmen: Wetter, Jahreszeiten, politische und gesellschaftliche Ereignisse und unzählige andere Dinge, natürlich auch Farben und Musik. Als eine mir bekannte Dame einmal schlechter Laune war, suchte sie die Farben für ihre Wohnung aus. Kurz nachdem man die Zimmer gestrichen hatte, kam sie in meine Sprechstunde und klagte, daß sie immer depressiver werde. Als ich herausbekam, daß sie die verschiedensten Blau- und Grautöne gewählt hatte, riet ich ihr statt dessen zu hellen, warmen und lebhaften Farben wie Gelb, Weiß oder Rosa.

Im schon erwähnten „Newsweek"-Artikel wird das Problem der jahreszeitlich bedingten Depressionen angesprochen: „ . . . In diesen Jahreszeiten (Herbst/Winter) leiden die dafür anfälligen Menschen am stärksten unter der Schwermut: der Urlaub ist unwiderruflich vorbei, und nach dem vielversprechenden, doch oft so unbefriedigenden Weihnachtsfest liegt der unerfreuliche Winter vor uns. Bei den Psychiatern stehen die Telefone nicht still. Einem leitenden Angestellten zerrt das unaufhörliche Geplapper seiner Kinder an den Nerven, er hat angefangen, sich zu betrinken. Eine junge Hausfrau ist durch die vorweihnachtliche Anspannung, durch Geschenkekauf und die Aufstellung des Speiseplans körperlich am Ende und kann plötzlich nicht mehr schlafen. Eine Witwe, die allein in ihrer kleinen Wohnung sitzt, wird immer wieder von langen Weinkrämpfen geschüttelt. Die Tage sind jetzt grau und die Nächte lang, der Frühling ist noch weit."

Den Psychiatern ist das Phänomen der nachweihnachtlichen Schwermut so vertraut, daß sie es „Feiertagsdepression" genannt haben. Die Gründe dafür liegen auf der Hand: Unvermeidlich aktivieren die Feiertage tiefsitzende Kindheits- und Familienerinnerungen und -traumata. Beim Austauschen der Geschenke werden die bohrenden, eifersüchtigen Gedanken wieder wach, wer von den Geschwistern wohl das meiste und Beste bekam. Man zieht an den Feiertagen oft auch Bilanz, vergleicht seine Jugendträume mit dem jetzigen Leben als Erwachsener und kommt nicht selten zu schmerzlichen Ergebnissen. Dr. Arthur Prange jr. von der Universität Nordkarolina meint: „Die Feiertage müssen zwangsläufig mit einer Enttäuschung enden."

Auch die ausgeglichensten Menschen werden irgendwann einmal von der Feiertagsdepression geplagt – und erholen sich ohne viel Aufhebens davon. Doch für schwermütig veranlagte Personen können die Festtage verhängnisvoll, ja tödlich sein. Dezember und Januar zählen zwar nicht zu den Monaten mit hoher Selbstmordrate, doch steigt die Selbstmordkurve kurz nach dem ersten Weihnachtstag und nach Neujahr steil an. „Die wirklich schweren Depressionen und Selbstmorde fallen auf den 2., 3. und 4. Januar", sagt Dr. Robert Litman, einer der Leiter der Lebensmüdenbetreuung in Los Angeles. „Das ist die schlimmste Woche im ganzen Jahr."

Depressive Verstimmungen sind nicht nur von der Jahreszeit abhängig, sie können sich auch nach weltpolitischen Ereignissen in einem ganzen Volk ausbreiten. Das wurde während des Vietnamkrieges in den USA deutlich, als das Land angesichts der Greueltaten, des offenbar unnötigen Leidens und der Inhaftierung der Kriegsgefangenen alle Hoffnung aufgegeben hatte. Ganz anders empfand man, als kurz nach dem Friedensvertrag die Freilassung der Gefangenen bekannt wurde. Man sah dann, wie diese tapferen Männer unter Freudentränen ihre Familien wiedertrafen, und eine optimistische, gute Stimmung breitete sich aus. Innerhalb weniger Wochen veränderte sich die Gefühlslage einer ganzen Nation.

Je nach den äußeren Bedingungen sind derartige Stimmungsschwankungen von unterschiedlicher Stärke und Dauer. Nach physischem oder psychischem Streß oder bei Müdigkeit sind die meisten Menschen eher für Schwermut anfällig. Wer sich nicht richtig ernährt (also entweder abends zuviel oder nicht das Richtige ißt), zu hart arbeitet oder am Abend zu lange aufbleibt, ist ebenfalls dafür empfänglicher. In der Eheberatung sage ich den Paaren stets, daß sie nach 21.30 Uhr über nichts Negatives, vor allem nicht über finanzielle Probleme reden sollten. Es ist erstaunlich, wieviel größer unsere Schwierigkeiten erscheinen, wenn wir müde sind.

Anscheinend ist niemand von Verstimmungen ausgenommen. Selbst der ausgesprochen sanguinische Mensch, den man wegen seiner guten Laune und Fröhlichkeit schätzt, wird von Zeit zu Zeit niedergeschlagen sein. Bei Frauen sucht man den Grund häufig in ihrem Monatszyklus, der eine körperliche Belastung darstellt und ihnen oft alle Energie nimmt. Wir sollten jedoch nicht vergessen, daß auch Männer regelmäßigen Stimmungsschwankungen unterliegen. Die Zyklusdauer liegt bei Frauen offenbar zwischen 26 und 29 Tagen, bei Männern eher zwischen 34 und 38. Da das männliche Geschlecht anders als das weibliche keine körperlichen Gründe für den Vitalitätsverlust hat, verläuft sein Zyklus gewöhnlich nicht so ausgeprägt, macht sich aber dennoch störend bemerkbar.

Sydney J. Harris, ein amerikanischer Journalist, berichtet von sich, daß seine Stimmungsschwankungen ohne ersichtlichen Grund auftreten; sie sind einfach da. Seit er das begriffen hat, stellt er sich darauf ein und läßt sich von ihnen nicht aus der Fassung bringen. Er steht sie geduldig durch und nimmt ihnen so die Spitze. In einem seelischen Tief hält er seine Artikel bisweilen für derart schlecht, daß er hofft, der Chefredakteur werde sie gleich in den Papierkorb werfen. Aber in Wirklichkeit sind sie oft besser als diejenigen, die er in guter Stimmung zu Papier bringt. Er ist folglich der Ansicht, daß depressive Menschen ihre Leistungen nicht recht einzuschätzen vermögen.

Dieses Buch möchte den Leser dazu befähigen, mit seinen Stimmungsschwankungen und Depressionen zu leben und sie zu überwinden. Nach meiner Überzeugung können wir die sklavische Abhängigkeit von unserer psychischen Verfassung bei richtigem Problembewußtsein gezielt verhindern. Niedergeschlagenheit muß zwar nicht immer zur Depression führen, sie macht uns aber dafür anfälliger.

Wenn wir schlechter Stimmung sind, ärgern wir uns über Dinge, die uns normalerweise nichts ausmachen, und reagieren dann depressiv. Je mehr man die menschliche Natur versteht, desto besser kann man mit ihren guten und schlechten Seiten umgehen. Dies trifft besonders dann zu, wenn wir die allgemeinen Gesetzmäßigkeiten auf uns selbst anwenden, uns also konstruktiv bemühen, der Krankheit bei ihren ersten Anzeichen vorzubeugen, statt die im letzten Kapitel beschriebenen, abnormes Verhalten bedingenden Abwehrmechanismen wirken zu lassen. Man kann beispielsweise seiner schwermütigen Stimmung das Feld überlassen und ihr so noch mehr Raum geben. Der Psychologe William James hat einmal gesagt: „Wenn wir ein Gefühl körperlich ausdrücken, verstärken wir es damit; verzichten wir darauf, wird es schwächer."

Das hieße also, daß man die ersten Anzeichen einer Schwermut durch Pfeifen oder Singen verscheuchen, sie mit Niedergeschlagenheit oder pessimistischer Einstellung dagegen verschlimmern kann. Daran muß der Psalmist gedacht haben, als er schrieb: „Ich hebe meine Augen auf zu den Bergen" (Psalm 121), eine frohmachende Erfahrung, auch wenn ihm zunächst gar nicht der Sinn danach stand. Der Blick nach unten ist jedenfalls selbstzerstörerisch.

Phasen

Je nach Temperament, Persönlichkeit, Lebensumständen und innerer Einstellung erleben die Menschen nicht nur Stimmungsschwankungen unterschiedlicher Stärke, sondern auch verschiedene depressive Phasen. Man ist zu gewissen Zeiten für Schwermut anfälliger als zu anderen. Einige Menschen überstehen sie unversehrt, manche dagegen versinken in eine Depression. Bei allen individuellen Unterschieden lassen sich allgemeine Phasen von der Dauer eines Lebensjahrzehnts unterscheiden. Natürlich erkranken nicht alle Menschen in jeder von ihnen, doch besteht diese Möglichkeit, weil sich jeweils Lebensstil und psychische Belastung ändern.

Die ersten zehn Lebensjahre

Im allgemeinen ist das erste Jahrzehnt im Leben eines Kindes eine glückliche Zeit, vorausgesetzt, es kommt aus einer intakten Familie und erfährt statt Alleinsein und Unsicherheit die bergende Nähe seiner Eltern. Zweifellos sind diese Jahre für die Ausformung des kindlichen Charakters und die ersten Anlagen einer reifen Persönlichkeit am wichtigsten. Ein Erzieher gab einmal zu bedenken, daß bis zum Alter von drei Jahren 50 % und bis zum Alter von fünf Jahren 75 % der Charakter- und Persönlichkeitsentwicklung abgeschlossen sind. Wie reich ist doch ein Kind zu nennen, dessen Eltern liebevoll, selbstbeherrscht, ehrlich und verantwortungsbewußt mit ihm umgehen und ihm gute Vorbilder sind!

Die ersten zwei oder drei Jahre dieser zweiten Dekade sind für die meisten Kinder eine schöne Zeit, wenn auch dann die für fast alle traumatischste Periode ihres Lebens hereinbricht – die Pubertät mit ihren typischen Stimmungsschwankungen. Der Jugendliche gleicht in Gefühlen und Verhalten bald einem Kind, bald einem Erwachsenen. Er scheint aus dem Augenblick heraus zu handeln, ohne sich in der Gewalt zu haben. Er steht sich selbst im Weg und kann sich nicht bejahen, neigt aber zugleich dazu, den Kontakt zu anderen Menschen abzubrechen.

Ihre Gefühlsschwankungen und das daraus resultierende übersteigerte Verhalten verunsichern sie und lassen sie jedesmal heftig reagieren, wenn geliebte Menschen sie zurückweisen. Dies äußert sich im allgemeinen in Streitsucht, Aufsässigkeit, Unfreundlichkeit oder herausforderndem Benehmen, was sie noch weniger liebenswert macht und zu stärkerer Ablehnung führt. Diese ruft ihrerseits aggressivere Reaktionen und in deren Gefolge möglicherweise die erste Depression hervor.

Jugendliche dieses Alters haben auch Schwierigkeiten mit ihrer sexuellen Entwicklung, in deren Verlauf sie mit neuen, für sie oftmals schwer zu steuernden Trieben zu kämpfen haben, da Gesellschaft und Moral deren Beherrschung verlangen. Infolgedessen entwickeln die jungen Menschen nicht selten Schuldgefühle, die eine Depression hervorrufen. Denn sie mißachten entweder die moralischen Grundsätze und schlagen über die Stränge, oder aber sie hängen sexuellen Phantasien nach, die sie zur Masturbation bringen. Hinterher schämen sie sich.

Ein weiterer Grund für die pubertäre Depression liegt darin, daß der Jugendliche sich der unausweichlichen Ablösung von Eltern und Familie zunehmend bewußt wird. Wie wir schon sahen, stellt sie offenbar die erste psychische Belastung im Leben eines Kindes dar, mit der es fertig werden muß. Gegen Ende dieses zweiten Lebensjahrzehnts gehen viele Jugendliche diesem Problem durch gefühlsmäßige Bindung an ein gegengeschlechtliches (meist etwa gleichaltriges) Liebesobjekt aus dem Weg. Sie ist stärker als der Wunsch, bei den Eltern zu bleiben, und wird nicht selten „Liebe" genannt, worunter beide häufig ihre Bereitschaft zur Ehe verstehen. Doch allzu oft handelt es sich nur um ein durch Leidenschaft und den Umgang miteinander verstärktes emotionales Bedürfnis.

Während meiner jahrzehntelangen Tätigkeit im schulischen Bereich konnte ich beobachten, daß viele Oberschüler Jahr für Jahr an einer Depression erkranken. Sie geht relativ schnell vorüber, läßt sich aber fast schon voraussagen. Bei der Abiturfeier sind die Jugendlichen in Hochstimmung und ganz außer sich vor Freude; sie nehmen Abschied von Lehrern und Freunden und lachen und weinen hemmungslos – eine der Hysterie verwandte Reaktion. Dann folgt innerhalb von 24 Stunden bis zehn Tagen eine depressive Phase, die wie andere derartige Syndrome durch den Verlust eines Ziels (hier das Abitur) entsteht. Gibt es darüber hinaus für den Jugendlichen nichts Erstrebenswertes, ist er für Schwermut anfällig und wird schließlich apathisch. Wenn er aber am Tage nach dem Abitur einen Job antritt, der ihm gefällt, läuft er kaum Gefahr, psychisch krank zu werden.

Das dritte Lebensjahrzehnt

Im Alter zwischen 20 und 30 kommt es im Zusammenhang mit der Hochzeit zu Depressionen, und zwar hauptsächlich bei den Frauen, deren Gedanken sich in dieser Zeit vorwiegend um Haushalt und Wohnung drehen. Ehemänner zeigen größeres Interesse an ihrem Studium oder Beruf, bekommen daher genug geistige Anregungen. Außerdem setzen sie ihre jugendliche Energie in sportliche Aktivitäten um. Daher sind sie in diesem Alter weniger depressiv als Frauen.

Frischgebackene Ehefrauen werden oft kurz nach der Hochzeit oder bei der Rückkehr von der Hochzeitsreise depressiv. Es gibt viele Gründe dafür, etwa den im Vergleich mit den spannenden Hochzeitsvorbereitungen enttäuschenden Alltag oder ihre zu hohen Erwartungen und idealistischen Vorstellungen, die sich in der Realität als Illusionen erweisen. Dies gilt besonders, wenn sich Beschwerden beim Geschlechtsverkehr einstellen, der einigen jungen Frauen Schmerzen macht, so daß sie nicht zum Höhepunkt kommen. Sie wissen allerdings nicht, daß dies ein weitverbreitetes Problem ist und daß die Schwierigkeiten immer mehr abnehmen, je öfter man Geschlechtsverkehr hat. Daher fürchten sie sich womöglich davor oder flüchten in eine schöne Traumwelt. Beides wird ihre Beziehung zerstören und dann oft eine Depression zur Folge haben. Bereits vier Tage nach ihrer Hochzeit sind junge Ehepaare in meiner Sprechstunde erschienen. Im allgemeinen verschwinden ihre Probleme innerhalb kurzer Zeit, wenn sie liebevoll miteinander umgehen und auf die Bedürfnisse des Partners Rücksicht nehmen.

Wird eine junge Frau nicht nach der Hochzeit depressiv, so vielleicht nach der Geburt des ersten Kindes. Die Psychologen sprechen von der Postnatum-Depression. Viele leiden unter ihr, doch nicht unbedingt bei jedem Kind. Zwar wird eine depressiv veranlagte Frau eher erkranken, doch auch der sanguinische Typ ist häufig einige Tage lang verstimmt, was durch die Trennung des Kindes von der Mutter oder auch durch die starke seelische Belastung unter der Geburt zu erklären ist. Wenn die Mutter ihr Kind als unerwünschten Eindringling betrachtet, dauert die Depression in einigen Fällen an und verschlimmert sich. Viele Frauen, die später zu guten und liebevollen Müttern wurden, sagten mir, sie seien so schwer depressiv geworden, daß sie gefürchtet hätten, ihrem Kind etwas anzutun. Meist geht dieser krankhafte Zustand rasch vorüber.

Gelegentlich entwickeln junge Väter eine leichte Depression, wenn sie plötzlich Liebe und Aufmerksamkeit ihrer Frau mit dem „fremden kleinen Wesen" teilen müssen und sich schlagartig der größeren finanziellen Belastung bewußt werden.

Sind zwei oder drei Kinder kurz hintereinander geboren,

leidet die jetzt fast 30 Jahre alte Mutter häufig unter Depressionen und Frigidität, weil sie sich durch die kleinen Kinder angebunden fühlt und diesen Zustand ablehnt. Sie ist frigide, nicht weil sie ihren Mann weniger begehrte, sondern weil sie unbewußt eine weitere Schwangerschaft fürchtet. Hinzu kommt, daß sie nervlich stark beansprucht wird und durch die zwei oder drei Entbindungen und die viele Arbeit, die die Kinder machen, körperlich am Ende ist. Wenn sie in dieser Situation anfängt, sich zu bemitleiden, wird sie bald depressiv werden, sich daraufhin vernachlässigen, ihr positives Selbstbild verlieren und so die Depression noch verschlimmern. Durch ihr ungepflegtes Äußeres setzt sie auch die Zuwendung ihres Mannes aufs Spiel. Übrigens – Männer reagieren auf das, was sie sehen. Daher sollte eine junge Mutter dafür sorgen, daß sie die schönste Frau ist, die ihr Mann tagsüber zu Gesicht bekommt. Wenn sie sich vor seiner Heimkehr um fünf Uhr hübsch macht, ist das nicht nur gut für ihn, sondern stärkt auch ihr eigenes Selbstbewußtsein.

Im dritten Lebensjahrzehnt gibt es noch eine weitere Ursache für das Entstehen von Depressionen: die Einschulung des jüngsten Kindes. Plötzlich fühlt sich die vorher so dringend gebrauchte Mutter vormittags überflüssig und ist folglich für Schwermut anfällig, wenn sie ihre Kräfte nicht für andere sinnvolle Aufgaben einsetzen kann.

Das vierte Lebensjahrzehnt

Die meisten Menschen zwischen 30 und 40 haben Kinder im Teenageralter. Zur Zeit sind 50 % der amerikanischen Mütter Hausfrauen und 50 % im Beruf, also stark beansprucht. In dieser Phase ist auch der Vater beruflich sehr engagiert, etwa als Angestellter auf dem Weg nach oben. Man hat viel zu tun, es geht in der Familie lebhaft zu, und das Hauptinteresse gilt oft den schwankenden Stimmungen der Kinder. Haben die Eltern diese Phase vorbereitet und ihren Sprößlingen Liebe gegeben, sie Selbstbeherrschung und moralische Grundsätze gelehrt, kann es eine glückliche Zeit sein. Waren sie aber zu nachsichtig und haben sie ihr Kind verhätschelt, stehen ihnen jetzt rebellische junge Leute gegenüber, die unbedingt ihr eigenes Leben führen wollen und alle elterlichen Einschränkungen ablehnen. In diesem Fall kann es selbst in der so aktiven Phase zwischen 30 und 40, in der trotz des rasanten Tempos die Erkrankungsrate insgesamt jedoch erstaunlich niedrig ist, zu Depressionen kommen.

Das fünfte Lebensjahrzehnt

Die meisten Psychiater sind sich einig, daß die Depressionen im Alter zwischen 40 und 50 zunehmen. Dr. Mortimer Ostow, Neurologe und Psychiater am Mt.-Sinai-Hospital in New York, meint: „Die Zahl der Depressionen und Selbstmorde wächst im fünften und sechsten Lebensjahrzehnt. Es kann dann zu einer Ersterkrankung kommen oder zu einem zweiten depressiven Schub, nachdem man als Erwachsener bereits einmal schwermütig war, oder aber regelmäßig auftretende Depressionen können sich in kürzeren Abständen zeigen oder sich verschlimmern.

Schwermut in diesem Lebensalter läßt sich meines Erachtens auf die allmähliche Abnahme der vitalen Kräfte zurückführen, die relativ früh im Erwachsenenalter einsetzt, aber jetzt rascher fortschreitet und die Temperamentsveränderungen hervorruft, die wir im fünften und sechsten Lebensjahrzehnt erwarten – Abgeklärtheit, Nachlassen von Ehrgeiz und Aggressivität sowie Abnahme des Interesses für alles Neue und stärkeres Festhalten am Althergebrachten.

Dieser Wechsel ist Teil der normalen Entwicklung. Seine Ursachen können in der geringeren Hormonausschüttung von Keimdrüsen und Hirnanhangsdrüse sowie in der Abnahme der Zirbeldrüsenproduktion oder in Alterungsprozessen im Gehirn liegen, vor allem in dessen zentralen und basalen Teilen, den sogenannten Basalganglien."

In diesem Lebensjahrzehnt neigen Männer wohl am stärksten zu Depressionen. Auch wer nie mit Schwermut zu tun hatte, wird häufig erstmalig krank, sei es im Zusammenhang mit beruflichen oder mit sexuellen Problemen oder beiden gleichzeitig. Was den Beruf anbelangt, empfinden viele Männer ähnlich wie ein Depressiver, der mir anvertraute: „Ich habe immer gesagt, ein Mann muß sein Berufsziel bis 40 erreicht haben, sonst schafft er's nie. Ich bin jetzt 45 und noch nicht soweit; es wird auch kaum noch klappen." Zwar zeigte dieser Patient ein überdurchschnittlich schweres Krankheitsbild, doch wird wohl jeder Mann in eine depressive Phase geraten, dessen Beruf keinen Anreiz mehr bietet oder dessen Jugendträume unerfüllt bleiben. Die Schwermut wird immer häufiger auftreten, wenn sich sein Denken nicht ändert und er sich nicht Ziele setzt, die, gemessen an seiner Ausbildung, Begabung sowie den Möglichkeiten, realistisch sind.

In dieser Zeit können durch die allmähliche Abnahme der vitalen Kräfte Geschlechtstrieb und Potenz geringer werden. Häufig sind Männer jetzt zum ersten Mal impotent. Für das männliche Ich gibt es keine stärkere Bedrohung, daher kann es zu Furcht vor völliger Impotenz und daraufhin zu einer Depression kommen. Männer fangen nun nicht selten an, Frauen nachzulaufen, nur um ihren Geschlechtstrieb wieder zu erwecken. Deswegen nennt man diese Zeit wohl auch „die verrückten Vierziger". Eine reife Persönlichkeit findet sich in einer solchen Situation damit ab, daß es etwas seltener zu Geschlechtsverkehr mit der Ehefrau kommt als im Alter zwischen 20 und 30, und entdeckt, daß Sexualität größere Freude macht und mehr bedeutet, wenn sie Ausdruck der Liebe ist und nicht nur das männliche Ich bestätigt.

Auch Frauen zwischen 40 und 50 haben ihre spezifischen Probleme, so vor allem, wenn die Kinder aus dem Hause gehen. Mütter reagieren auch bei der Hochzeit ihrer Töchter häufig depressiv. Ihr Kind fehlt ihnen zuhause, und sie müssen sich erst an die neue Situation gewöhnen; außerdem sind sie von den nervenaufreibenden Hochzeitsvorbereitungen erschöpft. Schweregrad und Länge ihrer depressiven Reaktionen hängen davon ab, welche Zukunftspläne bestehen. Wenn das jüngste Kind in einer anderen Stadt studiert, den Wehrdienst ableistet oder heiratet, muß sich eine Mutter ungeheuer umstellen. Falls sie sich dann für hilfsbedürftige Mitmenschen engagiert und so erfährt, daß sie ihre Fähigkeiten sinnvoll einsetzen kann und gebraucht wird, kann sie den depressiven Phasen entgehen. Andernfalls macht ihre innere Unsicherheit sie u. U. sexuell aggressiver als bisher. Gibt ihr Mann ihr jetzt nicht die Liebe und Bestätigung, die sie braucht, wird sie möglicherweise der Versuchung erliegen und ihm untreu werden – es sei denn, sie hätte feste moralische Grundsätze. Gibt sie aber nach, wird sie von heftigen Schuldgefühlen geplagt, die dann eine Depression hervorrufen.

Das sechste Lebensjahrzehnt

Ich habe die Beobachtung gemacht, daß zwei verschiedene Menschentypen das sechste und siebte Jahrzehnt erleben. Zur einen Gruppe zählen diejenigen, die akzeptiert haben, daß über die Hälfte ihres Lebens hinter ihnen liegt, und die mit dem allmählichen Kräfteverfall fertig geworden sind. Sie arbeiten gern und oft mehr als früher, da sie sich bewußt sind, daß nur noch wenig Zeit dazu bleibt. Im allgemeinen haben sie eine Freizeitbeschäftigung, die ihnen Freude macht, vor allem Golf, Bowling und andere nicht übermäßig anstrengende Sportarten. Sie lernen neue gleichaltrige Freunde kennen, mit denen sie viel verbindet und die ihr Leben bereichern. Inzwischen sind sie auch Großeltern geworden. Falls der Kontakt zu den Kindern gut geblieben ist, kann die Beziehung zu den Enkelkindern sehr interessant werden und ihrem Leben einen neuen Sinn geben. Selbst wenn sie im Alter zwischen 40 und 50 Phasen der Depression erlebten, können sie daher zwischen 50 und 70 ganz frei davon sein.

Die zweite Gruppe von Menschen dieses Alters lehnt das Unvermeidliche ab. Man will nicht wahrhaben, daß man jetzt über 50 ist, und reagiert depressiv. Ein Mann, der nichts davon wußte, wie schön das reife Alter sein kann, klagte: „Ich bin nicht mehr der, der ich früher war." Diese mangelnde Selbstannahme führt schnell zur Depression; man zieht sich von dem Betreffenden zurück, und er flüchtet sich daraufhin in Klagen und oft in eine Neurose. Nicht selten geraten Ehen, die über dreißig Jahre hinweg bestanden, in eine schwierige Phase, weil entweder die narzißtische Frau den Verlust ihrer Schönheit fürchtet oder weil der einst energiegeladene Mann den natürlichen Reifungsprozeß nicht bejaht. Glücklicherweise geht diese depressive Periode bei den meisten schnell vorüber. Ist die Selbstannahme gelungen und hat man sich neue, realistische Ziele gesetzt, stabilisiert sich die Stimmungslage wieder.

In diesem Alter oder auch schon Ende 40 beginnt bei der Frau das Klimakterium. Viele, darunter auch einige weibliche Fachleute, sind der Ansicht, daß man die Probleme dieser Phase zu sehr übertreibt. Rechnet eine Frau damit, daß sie die Wechseljahre nicht heil übersteht, wird es auch so kommen. Geht sie mit der Erwartung in diese Phase, sie spielend und mit möglichst wenig Beschwerden und Klagen zu bewältigen, wird vieles einfacher sein. Fraglos ändert sich die weibliche Hormonlage ebenso wie einige gefühlsmäßige Reaktionen, doch ist dies bei jeder Frau unterschiedlich stark ausgeprägt. Aber je schneller sie damit fertig wird, desto besser wird es ihr gehen. Natürlich sollte sie mit ihrem Arzt reden und die von ihm empfohlene nützliche Literatur zum Thema lesen. Vieles gibt sich nicht nur durch die Einnahme von Medikamenten, sondern auch dadurch, daß Altweibergeschichten und irrige Vorstellungen durch wissenschaftliche Informationen ersetzt werden.

Frauen müssen vor allem lernen, daß die Wechseljahre ihr Geschlechtsleben nicht einschränken und daß sie begehrenswert bleiben. Im Gegenteil spricht manches dafür, daß viele nach dem Klimakterium die bisher größte sexuelle Erfüllung finden. Noch einmal: wesentlicher als die biologischen Vorgänge ist die innere Einstellung des Menschen.

Das siebte Lebensjahrzehnt

In diesem Alter nimmt die Zahl der Depressionen zu, weil oft der Ruhestand sowie der Tod des Partners nicht bewältigt werden. In unserer Wohlstandsgesellschaft können viele Menschen mit 60 oder 62 Jahren aus dem Erwerbsleben ausscheiden. Wer das Ziel hat, es sich im Schaukelstuhl bequem zu machen und nichts zu tun, wird wahrscheinlich nicht nur in depressive Phasen geraten, sondern auch bald in der Statistik der Sterbefälle aufgeführt werden. Jeder kennt den Typ des hart arbeitenden Geschäftsmannes, der in seinem Leben viel erreichte und eineinhalb Jahre nach der Pensionierung stirbt, ohne eigentlich körperlich krank gewesen zu sein. Meist ist der Grund darin zu suchen, daß er für diesen Zeitabschnitt keinerlei Pläne und interessante Beschäftigungen hatte. Firmen haben herausgefunden, daß man sich im Alter von 65 nicht unbedingt zur Ruhe setzen muß, sondern durchaus noch einige Jahre lang gute Arbeit für den Betrieb leisten kann. Kürzlich sprach ich mit einem Mann, der seine Firma im Wert von mehreren Millionen Dollar nach 50jähriger Aufbauarbeit verkauft hatte. Ich traf ihn nachmittags um fünf Uhr noch in seinem Büro, wo er, wie stets in seinem Leben, auch als 75jähriger arbeitete. Seine ehemalige Firma braucht ihn als Berater – trotz aller Computer und moderner Technologien.

Nach 53 Jahren will mein 75jähriger Onkel sein Pastorenamt in einer vor 100 Jahren gegründeten Baptistengemeinde nicht aufgeben, denn sie wächst zur Zeit stärker als je zuvor. Menschen wie er können mit ihrem Alter leben, und ihre Arbeit wird dringend gebraucht. Folglich leiden sie nicht unter Depressionen. Psychische Stabilität im siebten Lebensjahrzehnt hängt anscheinend davon ab, ob man etwas zum Wohle von Mitmenschen und Gesellschaft tut. Niemand sollte in den Ruhestand gehen, ohne das zu bedenken. Jeder Mensch *braucht*, daß man ihn *braucht*. Ich kenne einen ehemaligen Kapitän zur See, einen glücklichen Mann, der mit seinem Alter fertig wird. Er ist jetzt Sonntagsschullehrer und leitet eine Seniorengruppe.

Der menschliche Geist kann sich an fast alles gewöhnen – nur nicht an den Müßiggang. So ist zweifellos auch der alte chinesische Fluch zu verstehen: „Dir sei ewige Untätigkeit beschieden!"

Planen Sie Ihren Ruhestand als aktive und produktive Zeit, und Sie werden sich länger an ihm freuen können. Nur sehr wenige alte Menschen sind „verbraucht"; die meisten aber rosten, weil sie rasten.

Die zweitgrößte Schwierigkeit dieses siebten Jahrzehnts liegt im Verarbeiten des Partnerverlusts. Nach der Statistik sind 50 % der über 65jährigen ledig, geschieden oder verwitwet. Der Verlust eines Partners durch den Tod scheint dabei das traumatischste Erlebnis im menschlichen Leben zu sein. Viele Menschen können mit diesem tragischen Geschehen nicht fertig werden, vor allem, wenn sie nicht an Christus glauben. Akzeptieren sie den Tod des Partners nicht und geben sie sich dem Selbstmitleid hin, geraten sie immer häufiger in depressive Phasen, die ihr Leben verkürzen können. Ein befreundetes Ehepaar Mitte 70 feierte seinen 56. Hochzeitstag. Einige Wochen später starb der Mann, der neun Monate lang krank gewesen war. Zwei Tage darauf folgte ihm ohne erklärliche Todesursache seine Frau, nachdem sie ihn neun Monate treu gepflegt hatte. Aber ihr Sterben hatte einen Grund! Die alte, müde Frau wollte nach dem Verlust ihres Mannes nicht mehr weiterleben; der allzu verständliche Kummer überstieg ihre Kräfte. So begrub man beide am selben Tag.

Das achte Lebensjahrzehnt

Dieses Jahrzehnt unterscheidet sich nicht wesentlich von den übrigen. Nur kann die Vergreisung zu einem Problem werden und den gesunden Partner zu einer depressiven Reaktion bringen. Der Mensch ist jetzt nicht mehr so widerstandsfähig wie früher; mehr und mehr zeigen sich körperliche Krankheiten, und er neigt eher zur Selbstbeobachtung, die, falls er für Schwermut anfällig ist, seine Depressionen und Beschwerden verstärkt. Auch der Freundeskreis wird durch den Tod immer kleiner, und der alte Mensch kann mit der schnellebigen Gesellschaft nicht Schritt halten.

Wer sich in dieser Phase vorwiegend mit sich selbst beschäftigt, gefährdet zwangsläufig seine Gesundheit. Oft wird er sich selbst überlassen. Zu einem Zeitpunkt, da körperliche Kräfte und finanzielle Möglichkeiten geringer werden, ist dies der ideale Nährboden für Selbstmitleid. Die Kinder haben ihre eigenen Familien, und der alte Mensch im Ruhestand zieht sich in sein Schneckenhaus, seine kleine Wohnung, zurück und lebt in der Vergangenheit.

Das neunte Lebensjahrzehnt

Erstaunlicherweise scheint das neunte Jahrzehnt weniger Anlaß zu depressiven Reaktionen zu bieten als die übrigen. Manche sehen den Grund darin, daß man zu einer kindlichen Lebenshaltung zurückkehrt. Ich persönlich neige zu der Erklärung, daß bis zu dieser Zeit die für Depressionen anfälligen introvertierten Menschen gestorben sind und die meisten Überlebenden eine optimistische Weltsicht haben.

Vor einigen Jahren stellte man alten Menschen zwischen 80 und 90 über 300 Fragen, um charakteristische Züge herauszufinden, die allen gemeinsam wären. Auffallende Übereinstimmungen zeigten sich aber nur bei einem Punkt: der optimistischen Einstellung zur Zukunft. Alle verstanden es, ihr Heute zu genießen und sich auf das ebenso interessante Morgen zu freuen. Dies scheint das Geheimnis eines langen Lebens zu sein.

Zusammenfassung

Rückblickend erkennen wir in jedem Lebensalter spezifische Anlässe zu depressiven Reaktionen. Vielen Menschen jedoch können sie nichts anhaben. Sie bleiben psychisch stabil, nicht weil sie keine Probleme hätten, sondern weil sie ihnen in jeder Phase mit einer gesunden inneren Einstellung begegnen.

5

DIE URSACHEN DER DEPRESSION

In Kapitel 4 gaben wir einen Überblick über die allgemeinen Ursachen der Schwermut in den jeweiligen Lebensjahrzehnten. Natürlich sind damit nicht alle auslösenden Faktoren genannt, jeder Laie könnte weitere für seine depressive Reaktion aufführen. Die einzelnen Jahrzehnte bieten nur spezifische Anlässe für diese Erkrankung. Auch geht der Reifungsprozeß bei den Menschen unterschiedlich schnell voran, so daß die Konflikte vor oder nach dem angegebenen Zeitraum auftreten können oder der einzelne im günstigen Fall von ihnen verschont bleibt.

Fast immer wird die Depression durch ein äußeres Ereignis ausgelöst. Daher ist es sehr hilfreich, sich die häufigsten Ursachen vor Augen zu führen, um bei ihrem Auftreten nicht hilflos der Schwermut ausgeliefert zu sein. Wir wollen sie so exakt wie möglich in der Reihenfolge ihrer Bedeutung und Häufigkeit beschreiben.

Enttäuschung: Ich habe mehrere hundert depressive Menschen untersucht und stellte fest, daß ausnahmslos jede Depression mit einer Enttäuschung begann oder einem Erlebnis, das den Patienten verstimmte. Niemand wird schwermütig, wenn alles seinen normalen Gang geht. Aber Leben bedeutet auch, enttäuscht zu werden, weil etwas oder jemand den Erwartungen nicht entspricht.

Der auslösende Faktor kann dabei fast beliebig sein. So begann etwa die Depression einer Frau, als ihre Lieblingsblume, ein Rosenstrauch, einging; bei einer anderen führte eine ärgerliche Bemerkung ihres Mannes während der Weihnachtseinkäufe zum Ausbruch der Krankheit. Zahllose Eltern reagieren depressiv, wenn ihre Kinder schlechte Zensuren nach Hause bringen.

Enttäuschungen werden am häufigsten durch die Mitmenschen verursacht, die aufgrund von Belastungen, körperlicher Erschöpfung oder anderen Ursachen gereizt, gedankenlos oder unfreundlich sind. Liebt man sich mehr als den, der einen verletzte, wird man sich darüber ärgern, verstimmt sein und rasch den Mut sinken lassen – also an einer leichten Depression erkranken. Gibt man dem Schmerz über die erlittene Kränkung Raum, wird er zur Qual und führt schließlich zur Verzweiflung.

Je mehr uns die Person bedeutet, von der wir Ablehnung erfahren, desto größer ist unsere Mutlosigkeit. Da wir alle ein so starkes Verlangen nach Zuwendung haben, wird folglich die depressive Reaktion bei Menschen, die wir lieben, am heftigsten sein. Ablehnung durch den liebsten Menschen bildet deshalb auch bei Verzweifelten fast immer das Hauptproblem.

Kürzlich berichtete eine Zeitung über einen Familienvater, Lehrer von Beruf. Seine Frau hatte sich plötzlich scheiden lassen und einen anderen geheiratet. Dieser Mann war so beschäftigt gewesen, daß er gar nicht bemerkt hatte, wie unzufrieden seine Frau mit der Ehe war. Er meinte: „Es dauerte fast ein Jahr, bis ich damit fertig geworden war. Ehe meine Frau mich verließ, kannte ich überhaupt keine Depressionen. Plötzlich aber hatte ich den Boden unter den Füßen verloren. Ich hatte wochenlang nur den Wunsch zu sterben." Ich habe erlebt, wie die selbstsichersten Männer nach einem derartigen Erlebnis depressiv wurden.

Bei Kindern löst oft ein einziges Liebesobjekt die Schwermut aus, nämlich Vater oder Mutter. Haben sie zu Recht oder Unrecht den Eindruck, die Eltern seien mit ihnen nicht einverstanden oder, schlimmer noch, wünschten, ihr Kind nie in die Welt gesetzt zu haben, werden sie mit ziemlicher Sicherheit depressiv. Das Beste, was Eltern ihren Kindern für die Zukunft mitgeben können, sind liebevolle Ermutigung und die nötige Zurechtweisung im richtigen Moment.

Einsamkeit ist nicht nur Ursache, sondern auch Folge der Depression. Wer von seinem Liebesobjekt abgewiesen wurde oder es durch den Tod verlor, steht allein und ist damit für Schwermut anfällig. Das durch den Verlust hervorgerufene seelische Leid kann nur durch die Liebe eines anderen Menschen geheilt werden. Aber Depressive neigen unglücklicherweise dazu, sich von den Mitmenschen zurückzuziehen. Diese wiederum sind vollauf mit sich selbst beschäftigt und merken daher oft gar nicht, daß der Mensch neben ihnen liebevolle Zuwendung braucht.

Mangelndes Selbstwertgefühl: Ein weiteres bei fast jedem Depressiven zu findendes Charakteristikum ist das mangelnde Selbstbewußtsein. Es nimmt leider meist immer mehr ab, weil die unrealistischen Zukunftserwartungen des Schwermütigen einer Selbstannahme im Wege stehen. Dies gilt besonders für den Perfektionisten, der sich nie ungeteilt über seine Leistungen freuen kann.

Einer meiner Söhne spielt ausgezeichnet Klavier. Als Schüler der neunten Klasse trug er im Rahmen unseres Abendgottesdienstes zum ersten Mal einem größeren Publikum ein Werk vor. Ich war von seinem Spiel begeistert und selbstverständlich sehr stolz auf ihn. Nach dem Gottesdienst umarmte ich ihn und sagte: „Lee, heute abend warst du ganz großartig!" Er verzog keine Miene: „Stimmt nicht", erwiderte er, „ich habe mich einmal verspielt." Er hielt sich für einen Versager, weil er einen von fünfhundert Tönen nicht getroffen hatte. Es kommt ganz auf den Maßstab an, den man anlegt.

„Ich kann mich selbst nicht ausstehen" oder: „Mit mir ist gar nichts anzufangen", lauten die typischen Klagen depressiver Menschen. Dieser Zug ist vom Temperament abhängig und so wichtig, daß wir ihm noch ein ganzes Kapitel widmen werden.

Falsche Maßstäbe: Aus dem Vergleichen mit jemandem, der besser als man selbst abschneidet, kann eine Depression erwachsen. Unzufriedenheit mit dem, was man ist und hat, läßt die Gedanken um die eigene Person kreisen und führt zu Schwermut. Meist wird bei diesem Vergleich ein falscher Maßstab angelegt, denn man stellt den eigenen Schwächen die starken Seiten eines anderen gegenüber. Dies ist völlig unsinnig, weil man die Schwächen des anderen nicht kennt, daher zwangsläufig Neid entsteht, der die Gedanken um die eigene Unzufriedenheit kreisen läßt.

Besonders gefährlich ist das Vergleichen von Besitz. In Psalm 73 heißt es: „Denn Eifer wider die Übermütigen ergriff mich, da ich sah, wie es den Gottlosen so wohlging." Es ist verständlich, wenn wir gern so humorvoll wie unser Freund wären, doch sollten wir ihn nicht um seinen Besitz, seine Beliebtheit, Begabungen oder sein Aussehen beneiden. Ein kluger Mensch folgt der Mahnung „. . . laßt euch genügen an dem, was vorhanden ist" (Hebräer 13,5).

Ambivalenz: Einige Psychiater, darunter Dr. Ostow, sehen in der psychischen Zwiespältigkeit „die häufigste Ursache für die Entwicklung einer Depression". Er definiert dabei Ambivalenz als „. . . das Gefühl, in der Falle zu sitzen, d. h. sich aus einer unerträglichen Situation nicht befreien zu können". Bei dem Versuch, ihr zu entkommen, hat der Mensch die Möglichkeit, ambivalent zu reagieren, also weder Liebe noch Haß zu empfinden, mit anderen Worten, apathisch zu sein.

Dieses Gefühl des Eingeschlossenseins liegt nicht nur der Depression zugrunde, sondern führt auch zu vielen Ehescheidungen. Muß z. B. ein Paar wegen einer unerwünschten Schwangerschaft heiraten, hat möglicherweise einer der Partner den Eindruck, die Freiheit verloren zu haben. Er ist eine Zeitlang ambivalent und wird dann plötzlich aggressiv.

Auch viele Paare, deren Ehe einen leichteren Start hatte, können sich unfrei fühlen. Wenn schnell mehrere Kinder kommen, es an einer guten Berufsausbildung fehlt oder die Verantwortung zu schwer ist, entwickelt sich leicht eine ambivalente Depression, die zu immer stärkerer Feindseligkeit dem gegenüber wird, dem man die Schuld an dieser Situation gibt. In der Ehe ist das natürlich der Partner. Jugendliche in der Pubertät machen vor allem ihre Eltern zur Zielscheibe ihrer Aggressionen, wenn sie meinen, durch Schule, Autoritätspersonen oder Pflichten ihre Freiheit verloren zu haben.

Tüchtige, erfolgreiche Frauen, zumal wenn sie lange im Beruf standen und ihre Arbeit sehr gern verrichteten, haben nicht selten den Eindruck, in einem Gefängnis zu sitzen, wenn sie wegen ihrer noch nicht schulpflichtigen Kinder zu Hause bleiben müssen. Haushalt, Windelnwaschen und Plaudern mit den Kleinen bieten keine geistigen Anregungen. Sie haben den Eindruck, von den liebsten Menschen in ihrer Freiheit beschnitten zu werden. Da man heute Emanzipation und beruflichen Erfolg der Frauen sehr betont, verschärft sich das Problem noch. Ich fragte einmal eine Frau nach ihrer Tätigkeit, und sie erwiderte ziemlich resigniert: „Ach, ich bin nur Hausfrau und Mutter." Diese Einstellung breitet sich immer mehr aus; folglich können wir damit rechnen, daß auch die Zahl der Depressionen wächst. Betrachten wir das Problem aber aus der Perspektive eines ganzen Menschenlebens, stellt sich die Frage, ob es etwas Besseres geben kann als Hausfrau- und Mutter-, Ehemann- und Vatersein. Falsche Wertvorstellungen führen zwangsläufig zu Depressionen.

Krankheit: Jeder Mensch hat seine schwachen Stellen. Wir sahen bereits, daß einige eher äußeren Druck und Bedingungen, die Depressionen hervorrufen können, verkraften als andere. Aber wie hoch auch die Widerstandskraft gegen Schwermut sein mag, sie wird durch Krankheit geschwächt, besonders bei langwierigen Erkrankungen und ebenso durch die Nebenwirkungen von Medikamenten. Dr. Ostow gibt dazu eine ausführliche Erklärung:

„Depressionen können durch rein organische Ursachen ausgelöst werden. So fühlt man sich etwa nach Abklingen der Symptome einer infektiösen Gelbsucht noch längere Zeit seelisch erschöpft, wird daher träge und oft auch schwermütig. Das Pfeiffersche Drüsenfieber ist ebenfalls, allerdings in geringerem Maße, der Entwicklung einer Depression förderlich." Die Parkinsonsche Krankheit, eine Hirnerkrankung, geht im allgemeinen mit Schwermut einher. Auch Medikamente können Depressionen auslösen. So wirkt das oft gegen Bluthochdruck verschriebene Medikament Reserpin blutdrucksenkend, kann aber bei dafür anfälligen Patienten zu Schwermut führen. Wegen seines dämpfenden Effekts wirkt es wie ein Tranquilizer und läßt sich etwa in der Behandlung der Schizophrenie einsetzen. Auch andere echte Tranquilizer, die aus den verschiedensten Gründen verordnet werden, können Depressionen auslösen. Kortison und andere Kortikosteroide lassen den Patienten tatkräftiger und lebhafter erscheinen. In hohen Dosen und über längere Zeit verabreicht, können sie jedoch depressive Reaktionen auslösen. Dasselbe gilt, so einige Ärzte, bei regelmäßiger Einnahme von oralen Kontrazeptiva. Dies ist nicht bewiesen, aber auch nicht einfach von der Hand zu weisen.

Hinzu kommt, daß einem durch Krankheit körperlich oder seelisch geschwächten Menschen manches, was normalerweise kein Problem darstellt, unlösbar erscheint. Wahrscheinlich liegt das Selbstmitleid nie näher als während einer Erkrankung.

Funktionsstörungen des Körpers: Viele Experten führen eine beträchtliche Zahl von Depressionen auf Funktionsstörungen des Körpers oder der Drüsen zurück. Oft ist an erster Stelle von Schilddrüsenerkrankungen die Rede. Andere wiederum bestreiten dies und behaupten, Depressionen entstünden durch eine unangemessene Reaktion auf ein traumatisches Erlebnis; sie betonen, daß nur wenige Fälle auf rein körperliche Ursachen zurückzuführen seien.

Da bei einigen Patienten die medikamentöse Behandlung anschlägt, führt man ihre Krankheit auf Funktionsstörungen des Körpers zurück. Man spricht sogar von einem Ungleichgewicht der chemischen Prozesse im Gehirn. Ein befreundeter Arzt sagte mir, daß dieses Gebiet zur Zeit sehr intensiv erforscht wird. Ein abschließendes Urteil ist daher verfrüht.

Selbst wenn man im Zusammenhang mit der Depression körperliche Störungen feststellt, sagt das nichts darüber, ob die körperlichen Symptome spontan auftraten oder ihre Ursache in falschen Denkstrukturen hatten. Negative oder selbstzerstörerische Gedanken können die Körperfunktionen stören und die empfindlichen chemischen und hormonellen Vorgänge aus dem Gleichgewicht bringen; daher sollten schwer depressive Menschen ihren Arzt aufsuchen. Wenn sie seinen medizinischen Rat befolgen und sich an die in diesem Buch vorgeschlagenen Denkstrukturen halten, kann selbst denen unter ihnen geholfen werden, deren Depression man auf rein körperliche Ursachen zurückführt.

Die Postnatum-Depression: Fast in jedem heute erhältlichen Werk über Depression wird diese Form erwähnt. Selbst eine sanguinische Mutter kann, häufig als Folge der psychischen Erschöpfung nach der Geburt, schwermütig werden. Neun Monate spürte sie mehr oder weniger bewußt neues Leben in sich wachsen. Plötzlich nun ist nichts mehr in ihr, außerdem ist sie gezwungen, von heute auf morgen ein anderes Leben zu führen. Sie sollte sich damit trösten, daß ein psychisches Tief oder ein Erschöpfungszustand jetzt völlig normal sind und schnell vorübergehen. Noch eine Warnung: auch wer beim ersten Kind nicht depressiv reagierte, kann beim zweiten oder dritten erkranken.

Träume und Wunschvorstellungen sind anders als die Wirklichkeit. Nach kurzer Zeit weiß die junge Mutter, daß Säuglinge nicht „niedlich, süß und zum Liebhaben", sondern schwer zufriedenzustellende, übelriechende und fordernde Schreihälse sind. Möglicherweise weigert sie sich sogar, ihr Kind zu stillen, wenn sie dabei Schmerzen hat. In ihrer Depression kann sie sich schuldig und unzulänglich fühlen und so ihren Zustand noch verfestigen.

Das beste mir bekannte Mittel gegen die Postnatum-Depression ist ein zärtlicher, liebevoller und fürsorglicher Ehemann. Ist er ein reifer junger Mann, der seine Frau mehr als sich selbst liebt, wird er sie in ihrer psychischen Erschöpfung mit Geduld, Freundlichkeit und Zuneigung überschütten. Sie mag jetzt reizbar, unvernünftig und im Umgang schwierig sein, doch ihr Mann darf nie vergessen, daß er diese Situation mit verursachte. Er sollte versuchen, ihre Stimmung und ihr Selbstvertrauen zu heben. Daher dringe ich gewöhnlich darauf, daß der junge Vater nach der Geburt eine Woche Urlaub nimmt und sich ganz seiner Frau widmet. Dieser Einsatz an Liebe lohnt sich sehr. Viele Frauen, die auf die Zuwendung ihres Mannes in der ersten oder zweiten Woche ablehnend reagieren, wissen sie nach Abklingen der Depression zu schätzen. So sagte eine Frau: „Unmittelbar nach der Geburt unseres Kindes war ich sehr häßlich zu ihm. Später merkte ich aber, wie großartig er doch war."

Dann und wann zieht sich diese Depression in die Länge. Ich vermute, solange dies medizinisch nicht widerlegt ist, daß das an den Denkgewohnheiten der Mutter liegt. Wenn also genügend Zeit verstrichen ist, in der sie ihre alte Vitalität und Energie hätte wiederfinden können, aber ihre Depression noch andauert, gibt sie in ihren Gedanken vermutlich dem Selbstmitleid zu großen Raum. Viele Frauen, die später sehr gute Mütter wurden, geben zu, daß sie ihr Kind noch lange nach der Geburt ablehnten. Sie ärgerten sich, weil sie ständig kräftemäßig, nervlich und zeitlich gefordert wurden, und selbst darüber, daß sie die Zuneigung ihres Mannes oder das Interesse, das Freunde für sie zeigten, jetzt teilen mußten.

Man mag es glauben oder nicht: einige Frauen sind gern schwanger! Ich sagte das einer Mutter von sechs Kindern, die nur erwiderte: „Sie machen wohl Witze!" Nein, manche Frauen genießen es, besonders beachtet zu werden, wenn sie „guter Hoffnung" sind. Doch nach der Entbindung interessiert man sich nur noch für das Kind. Einige für Depressionen anfällige Frauen, die ein Gefühl der Leere umtreibt, genießen das „Völlegefühl" während der Schwangerschaft, sie überkommt aber nach der Geburt erneut das alte Leere-Gefühl. Diese Frauen schaffen sich große Probleme, weil sie falsche Denkgewohnheiten haben.

Übersteigerte geistige Aktivität: Manche aktiven und schöpferischen Menschen geraten in ihrem fünften oder sechsten Lebensjahrzehnt in eine recht eigenartige depressive Phase. Von Natur aus sind sie für Schwermut nicht anfällig und doch bewältigen sie manche Situation nur noch mit Mühe. Über diese Frage ist erst wenig geschrieben, doch in den letzten Jahren vermehrt geforscht worden. Wenn der zur Aktivität neigende Choleriker das fünfte oder sechste Lebensjahrzehnt erreicht, besteht sein Alltag aus einem solchen Wirrwarr von verschiedensten Dingen, Plänen und rastlosen Aktivitäten, daß er sich geistig nicht mehr entspannen kann. Er leidet unter Ideenflucht, seine Konzentrationsfähigkeit nimmt zum ersten Mal ab, eine für einen normalerweise selbstsicheren Menschen zermürbende Erfahrung. Er reagiert ärgerlich und enttäuscht, daß er nicht mehr bei der Sache bleiben kann, und merkt nicht, daß seine Nervosität und sorgenvollen Gedanken das Problem nur verstärken. Lernt er nicht, effektiv mit seiner Zeit und seinen privaten Angelegenheiten umzugehen, verschlimmert sich die Ideenflucht.

Ein klares Symptom für diese Form der Depression ist plötzliche und grundlose Reizbarkeit. Nach Feierabend kam ein Vater in sein Haus zurück, wo er sich gern aufhielt. Er traf seine Kinder, die er liebte. Plötzlich aber kam ihm der Lärm und Streit unter ihnen zum Bewußtsein. Aggression und Wut wurden in ihm wach, er wurde heftig und lief dann ins Schlafzimmer, um über sein ungewohntes Verhalten nachzudenken. „Was ist bloß mit mir los?" fragte er sich. „Die Kinder sind doch seit Jahren so. Warum reagiere ich denn jetzt so heftig?"

Einige Ärzte sehen die Ursache in hormonellen oder chemischen Veränderungen. Doch damit bleibt die Frage unbeantwortet, ob die große geistige Aktivität das Gehirn überanstrengt, so daß es derart reagiert und eine Kettenreaktion in den Drüsen auslöst, die dann das hormonelle oder chemische Ungleichgewicht bewirken. Wie dem auch sei, diese Form der Depression spricht gut auf Medikamente an. Manche Ärzte verschreiben einen Tranquilizer, um den Patienten mit seinem Aktivitätssyndrom zu dämpfen, und schlagen ihm dann als weitere therapeutische Maßnahme vor, die Arbeitsleistung zu verringern und mehr Wert auf die Gestaltung der Freizeit zu legen. Doch die meisten zur Aktivität neigenden Menschen nehmen lieber Medikamente, um ihre starke Arbeitsbelastung beibehalten zu können.

Ablehnung: Auch wenn ich mich wiederhole, möchte ich doch noch einmal das ungeheuer große Bedürfnis jedes Menschen nach Liebe betonen. Bleibt es unbefriedigt, wählt man die Depression als Ausweg und Lösung. Diese Form der Schwermut beginnt schon früh beim ungewollten Kind, das die Zurückweisung durch die Eltern fürchtet. Sie tritt bei Jugendlichen auf, die sich von den Gleichaltrigen abgelehnt fühlen, sowie bei Ehefrauen, die spüren, daß ihr Mann oder eine bewunderte Frau ihnen die Liebe entzieht. Männer machen diese Erfahrung, wenn sie die Zuneigung ihrer Frau oder ihren Arbeitsplatz verlieren oder aber von einem Freund, dem sie vertrauten, verraten werden. Oft steht die Depression in keinem Verhältnis zum Anlaß, besonders wenn sich der Kranke vorwiegend mit dem erlittenen Unrecht und der aus der Ablehnung sich ergebenden Einsamkeit beschäftigt.

Unangemessene Ziele: In einem meiner früheren Bücher habe ich zu dem Thema Depression geschrieben: „Das psychische Tief nach dem Erreichen eines großen Ziels ist ganz normal." Seither sind acht Jahre vergangen, und ich neige heute zu der Ansicht, daß die Ursache in falschen Zielvorstellungen zu suchen ist.

Der Mensch ist eindeutig ein Wesen, das sich Ziele setzt und sie zu erreichen sucht. Verliert er sie aus den Augen, gibt er den Kampf auf. Doch immer, wenn er etwas zu seinem wichtigsten Ziel erhebt und es dann erreicht, folgt zwangsläufig eine depressive Phase. Daher sollte jeder Mensch kurzfristig und langfristig planen und die Rangfolge der Pläne häufig überprüfen. Sehr zielbewußte Menschen sind selten depressiv. Vor der Verwirklichung eines Plans haben sie schon drei neue geschmiedet. Wir könnten alle von ihnen lernen, daß man nie ein geistiges Vakuum entstehen lassen, sondern statt dessen die Kunst erlernen sollte, sich Ziele zu setzen.

Eine Frau, die sich bemitleidete, klagte ständig: „Ich kann mich auf nichts freuen." Offensichtlich beschäftigte sie sich in Gedanken zuviel mit der eigenen Person. Eine Welt mit einer derart großen Zahl von schwermütigen, mit Problemen beladenen Menschen beweist, daß es den einzelnen zu oft an lohnenden Zielvorstellungen fehlt.

Geben Sie sich nie mit zweitrangigen oder egoistischen Zielen zufrieden. Earl Nightingale hat wohl mehr Menschen aktiviert als jeder andere Zeitgenosse; er rät, niemals Reichtum zu erstreben, wenn man sich Erfolg wünscht, sondern sich vor allem Ziele zu setzen, die auch den Mitmenschen nützen. Zweifellos hat er das biblische Prinzip „Gebt, und es wird euch gegeben" verstanden. Die reichsten Menschen, die ich kenne, haben ihr Leben selbstlos anderen gewidmet. Ein solches Ziel beeinflußt die gesamte Lebensführung, ob man nun verkauft, kocht oder sein Gewerbe betreibt. Wahrer Reichtum hat selbstverständlich nichts mit Geld oder materiellem Ertrag zu tun. Hat jemand Vermögen erworben, ohne den Mitmenschen zu helfen, wird er damit nicht glücklich werden.

Ein kluger, mir befreundeter Immobilienmakler, der mit ziemlich teuren Eigenheimen handelte, sagte einmal, man könne mit einem großen Haus nicht das Glück kaufen. Habe man den Kaufpreis jedoch verdient, weil man anderen half, könne man sich meist daran freuen. Er umriß seine Privatphilosophie folgendermaßen: „Ein Haus sollte kein Statussymbol, sondern Ausdruck dafür sein, wie sehr man den Mitmenschen helfen konnte." Eines steht für mich fest: Glückliche Menschen haben feste Zielvorstellungen, zu denen in der einen oder anderen Form Hilfe für andere gehört. Sie können ganz sicher sein, daß es ihnen nie an Hilfsbedürftigen fehlen wird.

Zusammenfassung

Depressionen kommen nicht von ungefähr, sie haben stets einen Grund. Selbst bei der scheinbar so unerklärlichen Postnatum-Depression ist das neugeborene Kind der auslösende Faktor. Die zehn hier aufgeführten Ursachen der Schwermut sind zwar allgemeingültig und von grundlegender Bedeutung, doch erfassen sie nicht die wahren Gründe der Erkrankung. Warum sonst werden viele Menschen trotz der genannten Probleme nicht depressiv? Weshalb entgehen manche der Schwermut, andere aber versinken in ihr? Tatsächlich sind einige der so eingängigen Gründe nur Ausreden, nur die Oberfläche, nicht aber der eigentliche Kern des Problems. Mit ihm wollen wir uns in den nächsten drei Kapiteln auseinandersetzen.

6

KANN MAN DEPRESSIONEN HEILEN?

Seit mindestens 2500 Jahren müht man sich darum, Depressionen zu heilen. In jüngster Zeit wurden aufgrund von medizinischen und psychologischen Untersuchungen zur Funktion des menschlichen Gehirns neue Therapiemethoden entwickelt, deren tatsächlicher Erfolg jedoch unter Experten umstritten ist.

Die drei zur Zeit bekanntesten Heilmethoden sind die medikamentöse Behandlung, die Elektrotherapie und die Psychotherapie. Jede hat ihre treue Anhängerschaft. Wir wollen uns der Reihe nach mit ihnen beschäftigen. Wir sollten nicht vergessen, daß je nach den Ursachen und dem Schweregrad der Depression sowie den Möglichkeiten des zu Hilfe gerufenen Arztes oder Beraters die Behandlung unterschiedlich aussehen wird.

Die medikamentöse Behandlung

Schon aus den Anfängen der Geschichtsschreibung ist bekannt, daß man Depressiven mit Medikamenten zu helfen suchte. „Vor über 2000 Jahren wurde den psychisch Kranken von Hippokrates Nieswurz verschrieben." Noch vor dieser Zeit gaben die Chinesen bei nervösen Beschwerden Ephedrin. In der medizinischen Literatur ist davon die Rede, daß in vielen alten Kulturen Opiate, Kräuter- sowie Pflanzen- und Beerenextrakte wegen ihrer sedierenden Wirkung bekannt waren. Interessanterweise bekämpften die Medizinmänner in primitiven Kulturen Angstzustände und depressive Lethargie mit Halluzinationen erzeugenden Extrakten aus Kakaoblättern, Kaktuswurzeln und Mohnkapseln.

Heute bringt die pharmazeutische Industrie nach sorgfältigen Forschungen und Experimenten sehr viel kompliziertere chemische Mittel auf den Markt. Die gegenwärtig verordneten Medikamente sind meist seit 1955 im Handel. Der New Yorker Neurologe und Psychiater Dr. Mortimer Ostow meint zur medikamentösen Behandlung: „Vor einigen Jahren bekamen wir ein neues Mittel im Kampf gegen die Depression in die Hand – die antidepressiven Psychopharmaka. Diese Medikamente greifen nicht in die während einer Depression ablaufenden psychologischen Prozesse ein, sondern verhindern nur den Verlust psychischer Energie. Sie aktivieren sozusagen die seelischen Kräfte. Haben sie den depressiven Zustand beendet, dauern die ambivalenten anaklitischen Objektbeziehungen zwar an, können aber keine psychischen Energien mehr binden oder aufbrauchen."

Die Behandlung mit Psychopharmaka hat folgende Vorteile: Sie ist selbst bei Patienten möglich, deren Zustand für die eine aktive Mitarbeit erfordernde Psychotherapie zu schlecht ist. Außerdem tritt im allgemeinen eine Besserung ein, wenn der Kranke das Medikament vier bis sechs Wochen lang eingenommen hat. (Kürzlich machte man die Beobachtung, daß sich der therapeutische Effekt schon innerhalb von Tagen zeigt, wenn man die Mittel zunächst spritzt.) Soweit wir wissen, können die Medikamente auf unbegrenzte Zeit gegeben werden. Diese Methode kostet im Vergleich zur Psychotherapie nicht viel. Eine große Zahl von Patienten kann versorgt werden, für die keine Möglichkeit zur psychotherapeutischen Behandlung besteht. Nach einigen Versuchen können auch praktische Ärzte und Internisten mit diesen Medikamenten umgehen und so ihre depressiven Patienten selbst behandeln, ohne sie an einen Psychiater überweisen zu müssen.

Die medikamentöse Behandlung hat unter anderem folgende Nachteile: Die schwierigen Objektbeziehungen des Patienten bleiben unverändert bestehen; die Kontakte innerhalb der Familie werden nicht besser. Der Kranke gewinnt fälschlich den Eindruck, seine Probleme seien gelöst, manchmal sogar, er sei wieder „völlig normal". So meint der Patient, keine psychotherapeutische Behandlung mehr zu benötigen, die er aber dringend braucht. Medikamente können schwere Nebenwirkungen haben und eine Therapie unmöglich machen; einige sind regelrecht schädlich. Rund fünfzehn oder zwanzig Prozent der Kranken sprechen auf eine medikamentöse Behandlung nicht an. Wenn sich ihre Objektbeziehungen weiter verschlechtern und immer heftigere ambivalente Reaktionen hervorrufen, können diese durch das Medikament nicht mehr unterdrückt werden, und die Patienten erleiden einen Rückfall. Der Verlust psychischer Energien *schützt* vor psychotischen Reaktionen; folglich können die aktivierenden Psychopharmaka eine Schizophrenie auslösen.

So sind die Antidepressiva sicher nicht die beste Lösung für das Problem Depression. Da sie (bei oraler Einnahme) frühestens nach vier Wochen ihre Wirksamkeit entfalten, ist der Patient zumindest während dieser Zeit selbstmordgefährdet. Auch die richtige Dosis kennt man im voraus nicht. So hat der Arzt die Wahl: Entweder er beginnt mit einer niedrigen Dosis und steigert sie allmählich, um Nebenwirkungen zu verhindern, oder aber er nimmt eine hohe Dosierung, wobei er schwere Nebenerscheinungen riskiert, die manchmal so stark sind, daß der Patient die weitere Einnahme verweigert.

Kürzlich erzählte mir eine Frau von ihrer Entdeckung: die Schlankheitspillen ihres Mannes seien das ideale Mittel gegen ihre Schwermut. Sie wußte aber nicht, daß es sich hier wohl um Amphetamine handelte, die keinesfalls zur längeren Einnahme gedacht sind, sondern nur kurzfristig die geringere Nahrungsaufnahme unterstützen sollen. Sie nehmen das Hungergefühl und stimulieren außerdem das „Lustzentrum" im Gehirn unmittelbar über dem Hypothalamus und schaffen so, je nach Amphetaminmenge und Empfindlichkeit des Konsumenten, ein euphorisches Gefühl.

Das Gefährliche an den Amphetaminen ist aber, daß man von ihnen abhängig, ja süchtig wird. Sie gehören auch zu den Medikamenten, an die man recht leicht herankommt und die weitgehend für den Anstieg des Drogenmißbrauchs in den letzten zehn Jahren verantwortlich sind. Der Körper paßt sich an die jeweilige Dosis an, so daß sie immer wieder erhöht werden muß, um die ursprüngliche Wirkung zu erzielen. Außerdem folgt auf die durch die Amphetamine erzeugte Euphorie ein psychisches Tief, so daß man schwerer depressiv wird als vor Beginn der Einnahme. Wie unzählige andere verstärkte die oben erwähnte Frau ihre Probleme nur, als sie die Schlankheitspillen ihres Mannes nahm. Sie fühlte sich danach nicht nur elender, auch ihr Mann war wütend, weil seine Tabletten verschwunden waren. Ich habe wiederholt beobachtet, daß Personen, die Schlankheitspillen einnehmen, reizbar sind und wie diese Frau ihre schwierige Situation noch verschlimmern. Zunächst suchte sie mich wegen eines psychischen Problems auf. Nach Einnahme der Amphetamine kam ein Eheproblem hinzu.

Dr. Leonard Cammer ist ebenfalls Psychiater und befürwortet die Elektrotherapie. Der medikamentösen Behandlung steht er recht kritisch gegenüber. In seinem Buch „Up From Depression" schreibt er: „Kein Medikament hat ausschließlich die speziell bei einem Patienten erwünschte Wirkung. Eine Aspirintablette kann in einem Fall Kopfschmerzen beheben, im anderen den Magen reizen und Sodbrennen hervorrufen oder auch Ohrensausen verursachen. Die beiden letztgenannten Symptome sind Nebenwirkungen.

Antidepressiva, Tranquilizer und Anregungsmittel können als hochwirksame synthetische Stoffe eine Reihe von Nebenwirkungen hervorrufen, die jedoch meist leichter Art sind. So ist es etwa möglich, daß ein Antidepressivum vermehrtes Schwitzen, Mundtrockenheit, leichte Verstopfung und verschwommenes Sehen zur Folge hat. Diese Nebenwirkungen können zwar sehr stören, sind jedoch nicht weiter gefährlich.

Was aber, wenn der Patient auf das Medikament sehr empfindlich reagiert und sich andere, vielleicht gefährliche, Nebenwirkungen zeigen? Dies ist zwar selten der Fall, aber doch möglich. So können bestimmte Psychopharmaka zusammen mit Alkohol, gewissen Nahrungsmitteln oder auch mit anderen Medikamenten den Blutdruck senken oder erhöhen. Andere zerstören die Blutkörperchen, so daß der Patient für Infektionen, Leberkrankheiten und andere Erkrankungen anfällig ist. Natürlich muß dies alles keine ernsten Formen annehmen, wenn Ihr Verwandter bei der medikamentösen Behandlung seiner Depression unter ärztlicher Beobachtung steht."

Dr. Cammer berichtet ebenfalls, daß nur fünfunddreißig Prozent der akut depressiven Patienten durch Medikamente geheilt werden. Die meisten Abhandlungen, die ich las, machten deutlich: die medikamentöse Therapie ist längst nicht so erfolgreich, wie der Laie annimmt.

Elektrotherapie

Die Elektroschockbehandlung war in den vierziger und fünfziger Jahren die bekannteste Therapie bei Depressionen. Dr. Mortimer Ostow, offenbar ein Befürworter der medikamentösen Behandlung, schreibt: „Vor Aufkommen der Antidepressiva gab es nur eine einzige organische Behandlungsmethode – die sogenannte Schocktherapie, bei der ganz kurz elektrischer Strom durch den Kopf geleitet wird. Er löst sofort einen Krampf aus und bewirkt einen kurzzeitigen Gedächtnisverlust. Der Vorgang wird im allgemeinen dreimal wöchentlich wiederholt, bis insgesamt fünf, zehn oder zwanzig Behandlungen erreicht sind. Je länger die Therapie, desto stärker der Gedächtnisschwund. Die Schockbehandlung wurde zum großen Teil durch die aktivierenden Psychopharmaka ersetzt, doch bestehen hierin von Klinik zu Klinik Unterschiede."

Dieses Zitat macht deutlich, daß Dr. Ostow die Schockbehandlung nicht für die beste der heutigen Depressionstherapien hält. Andere, wohl ebenso fachkundige Ärzte stehen ihr sehr viel aufgeschlossener gegenüber. Lesen Sie Dr. Cammers enthusiastisches Lob:

„Eine Fülle von publiziertem Material und nachgeprüften experimentellen Ergebnissen beweist, daß die Schocktherapie nach medizinischen Maßstäben für unschädlich gehalten werden muß, zumal wenn sie von ausgebildeten und fachkundigen Psychiatern angewandt wird, die den Zustand des Patienten beurteilen können und auf alle bei der Behandlung möglichen Zwischenfälle vorbereitet sind. Wie viele Fachkollegen ziehe ich sehr gern einen Anästhesisten hinzu – meines Erachtens eine weitere Garantie dafür, daß der Patient ohne Komplikationen wieder zu sich kommt."

Dem medizinischen Laien macht die Schocktherapie Angst. Im Interesse einer fairen Darstellung und um ein Bild davon zu geben, wie sich die Behandlung vollzieht, sei weiter aus Dr. Cammers positivem Bericht zitiert:

„Behandlungen sind zu jeder Tageszeit möglich, vorausgesetzt, der Patient ist seit mindestens vier Stunden nüchtern.

Der Patient legt sich auf ein bequemes Bett. Findet die Behandlung in der Arztpraxis statt, trägt er dabei normale Straßenkleidung, die nur aufgeknöpft wird. Die Schuhe werden ausgezogen.

Dann spritzt man intravenös ein schnellwirkendes Barbiturat, so daß der Patient innerhalb von zehn Sekunden einschläft. Jetzt spürt er nichts mehr und schläft bis zum Ende der Behandlung. (Die meisten Menschen werden zwar nicht gern so „ausgeschaltet", doch viele sagen mir, daß ihnen das rasche und leichte, insgesamt sehr angenehme Einschlafen ausgesprochen gut gefalle – wohl weil im selben Augenblick alle inneren Spannungen von ihnen abfallen.)

Nach dem Schlafmittel wird noch Suxamethonium gespritzt, das alle Muskeln entspannt. Innerhalb von zwanzig bis dreißig Sekunden sind sie für die Behandlung schlaff genug.

Nun atmet der Patient unter Überdruck durch eine Sauerstoffmaske reinen Sauerstoff ein. Auf diese Weise ist die Sauerstoffversorgung aller Gewebe gewährleistet. Gleichzeitig leitet man eine Sekunde lang oder kürzer einen äußerst schwachen Strom von den Schläfen aus durch den Kopf. Er stimuliert die Nerven, deren Reaktion den Heilungsprozeß in Gang bringt.

Der Patient schläft während dieses Vorgangs. Abgesehen

vom Einstich der ersten Spritze ist die gesamte Behandlung schmerzlos und dauert alles in allem etwa zwei Minuten.

Nun zum Anfang der Aufwachphase, der zehn bis fünfzehn Minuten, manchmal auch weniger, in Anspruch nimmt. Während der ersten Minuten hört die Wirkung des Schlafmittels auf und die des Entspannungsmittels läßt nach. Darauf gehen innerhalb von etwa zehn Minuten die durch die Elektrostimulation ausgelösten Nervenreflexe und der Tiefschlaf in leichten Schlaf über. Nach weiteren zehn bis zwanzig Minuten wacht der Patient auf, ist aber noch etwas benommen. Bald erkennt er, wo er sich befindet und wer sich in seiner Nähe aufhält. Allmählich verschwindet die Benommenheit, er vermag sich wieder zu orientieren. *Die Behandlung hat er ganz und gar vergessen.*

Der gesamte Vorgang dauert etwa eine Stunde. Der Patient kann nun nach Hause oder in sein Zimmer gehen, wenn er im Krankenhaus behandelt wird."

Elektroschockpatienten klagen vor allem über zweierlei: den Gedächtnisverlust und die Angst, ihre geistigen Fähigkeiten könnten durch die Behandlung in Mitleidenschaft gezogen werden. Dr. Cammer versucht, diese Befürchtungen zu zerstreuen: „Ich habe klinisch und experimentell keinerlei Beweis dafür gefunden, daß die Schocktherapie die geistigen Fähigkeiten beeinträchtigt. Seit über dreißig Jahren wird sie weltweit angewandt, und es ist offensichtlich, daß sie in der großen Mehrheit der Fälle dem Patienten *nützt*. Er kann wieder klar denken und gesundet. Stellt man aber die Frage, ob die Schocktherapie eine Veränderung im Gehirn hervorrufe, lautet die Antwort: Ja. Wird es lange genug und in der nötigen Dosierung durch elektrischen Strom oder Medikamente stimuliert, verändert sich dadurch eindeutig die Hirnaktivität in Richtung auf eine Besserung. Ja, man behandelt, *um Reaktionen zu erzielen, die Teil dieser Veränderung sind.*

Sollte es in den Hirnzellen durch die Schocktherapie zu bleibenden Nebenwirkungen kommen, so kann man sie durch keinen verläßlichen Test nachweisen. Für mich ist offensichtlich, daß die elektrische und chemische Stimulation des Gehirns zu Reaktionen führt, die den Depressiven wieder genesen lassen."

Zur Zeit wenden sich immer mehr Ärzte enttäuscht von der Schocktherapie ab. Dr. Cammer aber schreibt, daß sie immer noch „in großem Umfang angewandt wird trotz der Psychopharmakamode und des für die medikamentöse Behandlung angeführten Beweismaterials; denn mit ihnen stellten sich viele Komplikationen ein, so daß wir überall eine Rückkehr zur Schocktherapie als der ungefährlicheren, verläßlicheren und wirksameren Therapie bei schwer Depressiven erleben. Die klinischen Beweise überzeugen: Gegenüber den 35 Prozent endogener Depressionen, die sich durch Psychopharmaka bessern, werden 70 bis 80 Prozent mit Hilfe der Schocktherapie geheilt – also ein doppelt so gutes Ergebnis. Unter Schocktherapie bessern sich reaktive und neurotische Depressionen genauso häufig wie bei medikamentöser Behandlung, mit Ausnahme der sehr schweren Formen, bei denen die Elektrotherapie in kürzerer Zeit deutlichere Erfolge hat." Dr. Cammers Begeisterung wird nicht von allen Ärzten geteilt, denn alle von mir befragten Mediziner sagten, sie empfehlen die Schockbehandlung nur als äußerstes Mittel und bezweifelten, ob sie wirklich in 70 bis 80 Prozent der Fälle erfolgreich sei.

Die Schocktherapie ist überholt

Dr. Ronald Fieve, Leiter der Forschungsabteilung am Institut für Psychiatrie des Staates New York, ist der Ansicht, daß die Schocktherapie sowie die meisten anderen Psychopharmaka angesichts des neuen Medikaments Lithiumcarbonat überholt sind. In einem Vortrag auf der 122. Jahrestagung der amerikanischen Ärztevereinigung sagte er: „Außer bei einer kleinen Zahl von akut aggressiven Manikern und Selbstmordpatienten brauchen wir keine Schockbehandlung mehr. Viele Kollegen müssen das noch lernen; sie behandeln unnötigerweise weiterhin mit Elektroschocks und verschiedenen Psychopharmaka." So wird innerhalb der Ärzteschaft heftig um die beste Therapie bei Depressionen gekämpft, und offenbar sind fachlich gleichermaßen kompetente Mediziner unterschiedlicher Ansicht.

Als nichtärztlicher Berater habe ich die Beobachtung gemacht, daß Schocktherapie und medikamentöse Behandlung nur sehr geringen Erfolg haben, wenn sich nicht entweder die äußeren Umstände ändern, die zur Depression führten, oder aber der Patient die Denkstrukturen abbaut, die die Schwermut auslösten. Geschieht dies nicht, wird er trotz Behandlung nach kurzer Zeit erneut depressiv werden.

Eine meiner Klientinnen war innerhalb von fünf Jahren zweimal mit Elektroschocks behandelt worden. Sie merkte wohl, daß sich ihr Zustand verschlechterte, und wollte sich in der Beratung helfen lassen. Wir besprachen ausführlich ihr Problem und kamen zu dem Ergebnis, daß durch die Schockbehandlung lediglich die Symptome, nicht aber deren Ursache bekämpft worden waren. Folglich brauchte sie immer wieder neue Elektroschocks. Ihr Problem waren massive Schuldgefühle. Nach deren Beseitigung konnte sie tatsächlich ein ganz normales, glückliches Leben führen. Eine dritte Behandlung mit Elektroschocks wurde nie mehr nötig.

Psychotherapie

Schon vor Sigmund Freud war die Psychotherapie bei der Behandlung von Depressiven die häufigste Methode. Ehe in den vierziger Jahren die Elektroschocks aufkamen, wurde sie sogar fast ausschließlich angewandt. Sie ist vereinfacht eine „Gesprächstherapie", bei der der depressive Patient offen mit einem Berater redet. Da der Klient durch falsche Denkstrukturen schwermütig wurde, muß der Berater seine Wertvorstellungen und Urteile über andere Menschen erfragen, um ihm zu einem besseren Selbstverständnis und angemessenen Beziehungen zu den Mitmenschen zu verhelfen.

Ein hoher Prozentsatz von Depressionen wird ja dadurch ausgelöst, daß man von einem Liebesobjekt abgewiesen wurde oder es verlor. Es kann daher häufig durch einen herzlichen und einfühlsamen Berater ersetzt werden. Wohl der wesentlichste Teil der Psychotherapie besteht darin, daß der verzweifelte, sich zurückgewiesen, hoffnungslos und einsam wähnende Klient beim Therapeuten Geduld, Verständnis und Interesse spürt. Kann der Berater die emotionalen Bedürfnisse seines depressiven Patienten ausreichend erfüllen, bildet dies nicht selten eine sehr wichtige Stütze für ihn.

Zu den deutlichen Nachteilen der Psychotherapie gehören ihre außerordentlich lange Dauer und ihre enorm hohen Kosten. Die meisten Menschen können sich die zahlreichen zur Behandlung nötigen Sitzungen im Preis von je dreißig bis fünfzig Dollar nicht leisten.

Der Berater geht davon aus, daß er dem Patienten seine Sicht der Dinge und seine Ideen niemals aufdrängen darf, sondern ihm nur als Spiegel für dessen eigene Lebensprinzipien dienen sollte, die dieser selbst finden muß. Psychotherapie wird oft zu einer nutzlosen Übung, wenn sie davon ausgeht, daß der Patient die Lösung seines Problems tief in seinem Innern trägt, der Berater also nur Hebammendienste zu leisten hat. Im allgemeinen hat der Klient diese Antwort aber nicht. Eine langwierige Behandlung endet so möglicherweise für Berater und Klienten enttäuschend.

Psychotherapie kann gefährlich werden, falls der Berater dem in einer verzweifelten Lage Hilfe suchenden Klienten die eigenen Vorstellungen aufzuzwingen sucht. Hat der Therapeut keinerlei moralische Bindungen und stellt er schwere Schuldgefühle beim Patienten fest, die dessen Depression auslösten, so versucht er vielleicht, alle Schuld wegzudiskutieren und die moralischen Grundsätze des Klienten in Frage zu stellen. Ich habe gesehen, was passiert, wenn die moralischen Werte eines Menschen ins Lächerliche gezogen und angegriffen werden und man ihm sagt, er solle sie aufgeben. Gibt ein Psychiater diesen Rat, mag das den Patienten überzeugen. Doch leider folgt auf die kurze euphorische Phase, die das neue amoralische Leben mit sich bringt, vielfach ein übermächtiges Schuldgefühl, welches schlimmer als das ursprüngliche ist.

Vor einigen Jahren las ich den Artikel eines Psychiaters, der den eigenen Stand kritisierte. Er berichtete von seinen Beobachtungen: Innerhalb von zwei Jahren wurde fünfzig bis siebzig Prozent der depressiven Patienten durch psychiatrische Behandlung geholfen. Fünfzig bis siebzig Prozent derjenigen, die sich an einen Pfarrer, praktischen Arzt oder guten Freund wandten, sei es ebenfalls innerhalb von zwei Jahren besser gegangen. Doch vor allem beunruhigte ihn, daß dasselbe für fünfzig bis siebzig Prozent derjenigen zutraf, die überhaupt keine Hilfe bekommen hatten.

Dies soll jedoch nicht heißen, daß Depressive nicht hilfsbedürftig wären. Aber viele Berater, die wie ich seit über 25 Jahren Klienten betreuen, sind nicht davon überzeugt, daß die Psychotherapie die Antwort auf alle Fragen hat. Im Gegenteil, manchmal sind Gruppentherapie, Sensitivity-Training und andere jetzt propagierte humanistische Methoden geradezu schädlich.

Eine dreißigjährige, alleinstehende Frau begab sich wegen ihrer Depressionen in psychotherapeutische Behandlung. Ihre „verklemmten" Ansichten wurden in einer Gruppentherapie so verändert, daß sie sich innerhalb von vierzehn Tagen auf Geschlechtsverkehr mit vier verschiedenen Männern einließ. Als sie in meine Sprechstunde kam, litt sie nicht nur unter Depressionen, sondern brach auch fast unter ihrer Schuld zusammen. Außerdem war sie schwanger. Für eine solche Therapie verlangte man 75 Dollar von ihr. Es muß einen besseren Weg geben!

Der geistliche Aspekt des Menschen

Heutzutage wird fast immer von nichtchristlichen praktischen Ärzten, Psychiatern und Beratern die geistliche Therapie außer acht gelassen. Unser Bildungswesen ist ja völlig säkularisiert, und es gründet sich auf den atheistischen Humanismus, daher wird der höchst wichtigen geistlichen Natur des Menschen kaum oder gar nicht Beachtung geschenkt. Das nichtchristliche Bild vom Menschen als Leib, Seele und

Geist ist völlig unzureichend, und man wird die menschlichen Probleme nie dauerhaft lösen, wenn man nicht erkennt, daß hier etwas fehlt. Der Mensch ist ein in hohem Maße *geistliches* Wesen, und dies unterscheidet ihn vom Tierreich. Wenn in der Therapie nicht auch dieser Teil erfaßt wird, hat sie wenig oder nur kurzfristig Erfolg.

Allen Therapieformen ist eine Grundüberzeugung gemeinsam: Der Depressive braucht Hilfe von außerhalb. Bei allen heutigen Methoden, sei es Elektroschock oder Beratung, erfährt der Patient durch jemanden oder etwas außerhalb seiner selbst Unterstützung. Wer wie ich die geistliche Therapie in die Beratung einbezieht, geht ebenfalls davon aus, daß eine äußere Kraft nötig ist, und weiß aus Erfahrung, daß sie wirkungsvoll die ganze Person erfaßt.

Das Diagramm auf Seite 66 verdeutlicht die vier verschiedenen Teile der Persönlichkeit. Ohne sie ist kein Mensch vollständig und kann sich auch nicht völlig entfalten. Uns allen ist die geistige, psychische und physische Seite bewußt, doch nur wenige erkennen die große Bedeutung der geistlichen Dimension.

Eine der tragischsten Entwicklungen unserer Zeit ist der starke kulturelle Einfluß atheistischer Humanisten. Sie haben uns so sehr eingeredet, der Mensch sei ein Lebewesen ohne Bezug zu Gott, daß die meisten Leute in Zeiten geistiger, seelischer oder körperlicher Not kaum Kraft aus dem Glauben zu schöpfen vermögen. Der eigentlich Gott reservierte Platz in ihrem Leben ist leer. Das macht ihre Probleme nur noch größer und erschwert eine Gesundung.

Die geistliche Therapie kann ein Menschenleben verändern. Wir wollen dies deutlich machen und sehen uns zunächst die anderen drei Aspekte der menschlichen Natur an.

Der Körper: Für den Körper geben wir bis zu unserem Tode viel Geld aus. Doch im Grunde ist er der unwichtigste Teil, denn nur wenn die übrigen drei intakt sind, funktioniert er richtig. Wie wir noch sehen werden, wird er von der Seele gesteuert.

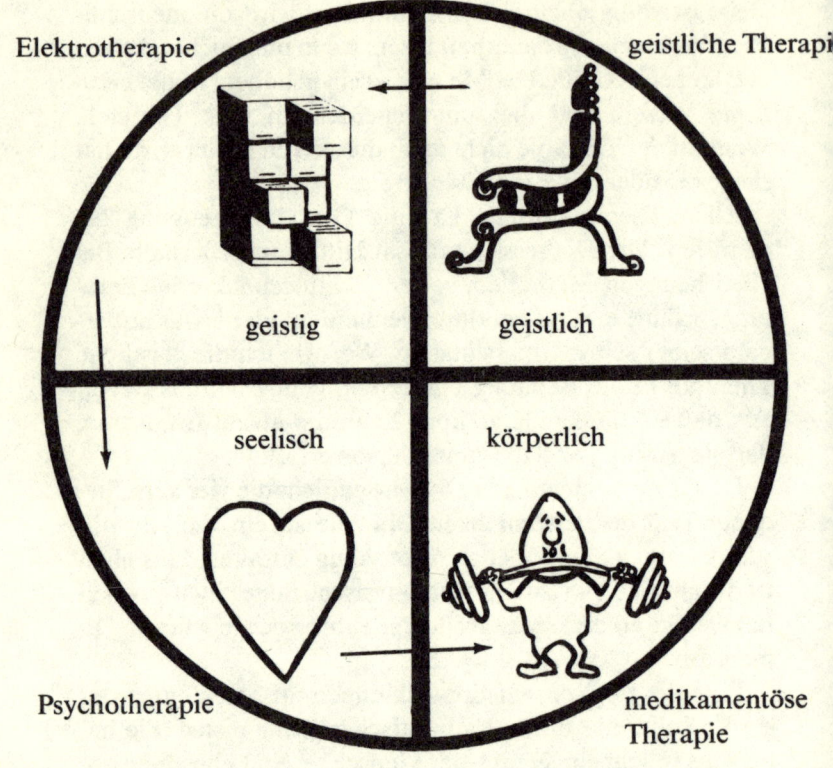

Elektrotherapie geistig geistlich geistliche Therapi

seelisch körperlich

Psychotherapie medikamentöse Therapie

Die Seele: Drei Aspekte der menschlichen Natur werden heute allgemein anerkannt. Das geringste Verständnis besteht dabei für die Seele. Jeder Mensch kann Liebe und Haß empfinden, uns allen ist das „Herz" bekannt. Als Sitz der Gefühle hat es natürlich nichts mit dem anatomischen Herzen zu tun. Es findet sich zwischen den beiden Schläfen direkt hinter der Stirn. Wissenschaftler sprechen vom Gefühlszentrum. Diese seelische Schalttafel scheint elektronisch mit jedem Organ zusammenzuarbeiten. Ehe es zu einer Körperbewegung kommt, wird sie hier gemeldet. Daher wirkt sich der Zustand dieses Zentrums auf den ganzen Körper aus. Wenn jemand gefühlsmäßig ausgeglichen ist, funktioniert sein Körper normal. Gerät sein Herz oder Gefühlszentrum jedoch aus dem Gleichgewicht, wird er die Auswirkungen körperlich spüren.

Wir alle sind mit dem Ausdruck „psychosomatische Krankheit" vertraut. Nach Aussagen der Ärzte haben heute 70 bis 85 % aller körperlichen Erkrankungen seelische Störungen zur Ursache. Ernste Krankheiten wie Herzbeschwerden, hoher Blutdruck, Magengeschwüre, Asthma und einige Formen der Arthritis entstehen durch psychische Spannungen. In seinem ausgezeichneten Buch *„Vermeidbare Krankheiten"* nennt Dr. S. I. McMillan psychisch bedingte Erkrankungen. So fühlt sich ein depressiver Mensch meist schwach, wenn seine Depression lange andauert.

Gefühle entstehen nicht von selbst, sondern entwickeln sich aus den Denkstrukturen. Stellen Sie sich etwa vor, man bäte Sie plötzlich, vor eine große Zuhörerschaft zu treten und eine Rede zu halten. Wenn das für Sie ungewohnt ist, werden Sie sofort Überlegungen anstellen, die Angst und Furcht entstehen lassen. Diese Gefühle rufen Ihrerseits physiologische Veränderungen in Ihrem Körper hervor. Sie sind aufgeregt, daher zittern Ihnen die Knie, Sie haben einen trockenen Mund, weil sich die Speicheldrüsen zusammenziehen. Unter Umständen versagt Ihnen die Stimme, so daß Sie nur schrille oder hohe Töne herausbringen. So wirkt sich die seelische Spannung als Kettenreaktion im ganzen Körper aus.

Oder ein weiteres bekanntes Beispiel – die Sorgen. Immer dann, wenn unsere Gedanken um Probleme wie unbezahlte Rechnungen oder ungewisse äußere Umstände kreisen, fangen wir an, uns zu sorgen. Diese seelische Anspannung kann auf die Dauer eine körperliche Störung oder Krankheit auslösen.

Wie wir sahen, lassen die Gefühle körperliche Reaktionen entstehen. Wodurch nun werden die Emotionen gesteuert? Wir sollten uns jetzt dem menschlichen Geist zuwenden.

Der menschliche Geist: In ganz außergewöhnlichem Umfang vermag das Gehirn Informationen zu speichern. Man hat es den „kompliziertesten Computer der Welt" genannt. Seine

Fähigkeit, Daten zu speichern, ist fast unvorstellbar groß. Alles spricht dafür, daß unser Unbewußtes jeden Gedanken, jedes Bild, jeden Ton aufbewahrt. Werden Patienten durch Hypnose in die frühe Kindheit zurückversetzt, kommen erstaunlich genaue Details aus dieser Zeit ans Licht. Man geht davon aus, daß nur sehr wenige Menschen mehr als zehn Prozent ihrer geistigen Fähigkeiten überhaupt nutzen – und dies sind günstige Schätzungen.

Der menschliche Geist setzt sich aus dem Bewußten und dem Unbewußten zusammen. Zwar ist das Unbewußte unserer Kontrolle entzogen, wie wir später noch sehen werden, doch reagiert es unmittelbar auf visuelle Reize. „Sage mir, was du denkst, und ich sage dir, wer du bist" – dieser Satz

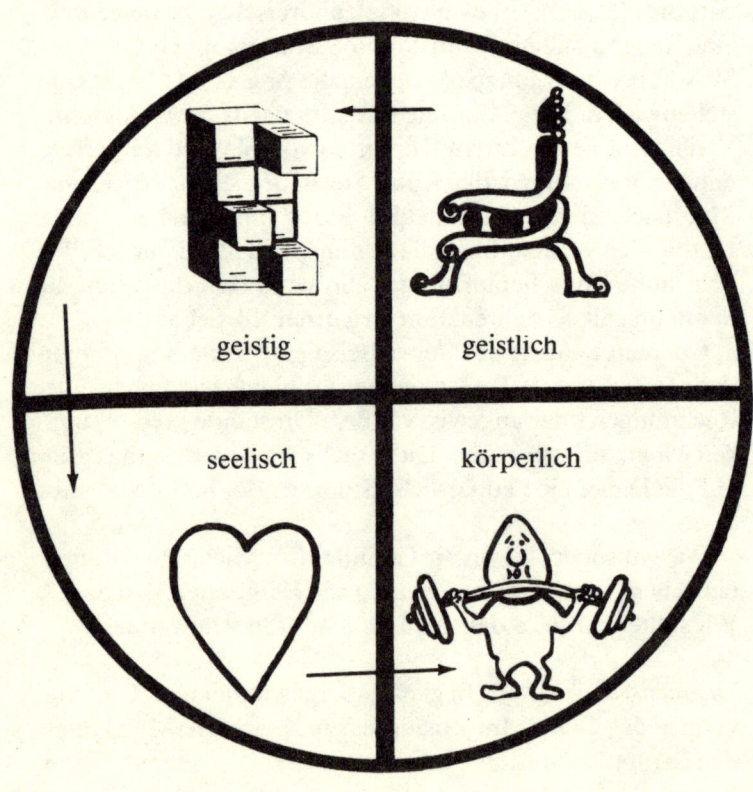

stimmt, denn unsere Gedanken lassen unsere Gefühle entstehen. Womit wir uns gedanklich beschäftigen, wirkt sich gefühlsmäßig und dann körperlich aus. Achten Sie auf die Pfeile im Diagramm, und Sie werden sehen, in wie starkem Maße das Denken auf Seele und Leib Einfluß nimmt. Die fünf Sinne, vor allem Gesichtssinn und Gehör, sind die Tore zum menschlichen Geist. Eines ist sicher: was Sie auch durch Augen oder Ohren aufnehmen, stets reagieren Ihre Seele und dann auch Ihr Körper darauf.

Dies läßt sich am Beispiel pornographischer Schriften verdeutlichen. Wer sie liest, wird dadurch gefühlsmäßig erregt und stimmt seinen Körper damit auf sexuelle Handlungen ein. Durch gute Literatur dagegen wird die Gefühlswelt bereichert, wodurch die positiven Triebe des Körpers gefördert werden.

Jeder junge Mann, der wegen sexueller Schwierigkeiten in meine Sprechstunde kam, hat mir gegenüber zugegeben, daß er wiederholt durch pornographische Schriften oder Filme in Erregung versetzt worden sei. Seine sexuellen Wünsche entstanden nicht von selbst, sondern ließen sich eindeutig darauf zurückführen, was er las oder sah.

Dies gilt auch für Gewalttätigkeiten. Ehe ein Mensch Gewalt ausübt, hat er lange vorher von Brutalitäten gehört oder Gewalttätigkeiten gesehen oder sich in seinen Gedanken damit beschäftigt. Sie ließen ein Gefühl des Hasses entstehen, das er schließlich ausagierte. Darum sagte Jesus: „Wer seinen Bruder haßt, ist ein Mörder." Ein derartiges Gefühl geht jedem Mord voraus, und die letzte Ursache dafür ist in unseren Gedanken zu suchen.

Wir werden noch sehen, daß die Depression als Gefühl körperliche Trägheit hervorruft. Nun lassen sich unsere Emotionen auf Gedanken zurückführen, folglich muß auch im Fall der Schwermut eine Denkstruktur zu finden sein. Statt das Endergebnis oder die Symptome (Apathie, Schlafstörungen usw.) medikamentös zu behandeln oder an den Gefühlen zu arbeiten, indem man Liebesobjekte ersetzt, fachliche Beratung gewährt oder Psychopharmaka gibt, sollten wir das Problem ein für allemal lösen, und dies ist nur durch eine Änderung der Denkstrukturen möglich.

Der menschliche Geist ist das große Problem! Doch wie kann man ihn, der sich unserer Kontrolle entzieht, steuern?

Geistliche Therapie

Zwar haben manche Menschen genügend innere Kraft, negative oder schädliche Denkstrukturen abzubauen und so positive Emotionen hervorzurufen, die dann ihrerseits normale Körperfunktionen zur Folge haben – doch ihre Zahl ist klein. Die meisten brauchen Hilfe von außerhalb. Da der Nichtchrist häufig seine geistliche Natur leugnet, macht er sich so zum Sklaven seiner mangelnden geistigen Kraft. Die meisten meiner Klienten haben bereits ohne jeden oder mit sehr geringem Erfolg Psychopharmaka, Schockbehandlung oder Psychotherapie hinter sich. Ihnen kann meiner Meinung nach nur geholfen werden, wenn sie von der geistlichen Therapie Gebrauch machen.

Ein Berufsboxer würde den Ring niemals mit einem verbundenen Auge und einem auf dem Rücken festgebundenen Arm betreten. Dies ist jedoch bildlich gesprochen die Situation eines Nichtchristen in unseren Tagen. Da er seiner geistlichen Natur keine Bedeutung beimißt, ist er blind für das große Kraftpotential, mit dem er Schwermut, Furcht, Wut und andere sich nachteilig auswirkende Störungen des Gefühlslebens überwinden könnte.

Das Problem wird dadurch noch komplizierter, daß durch die Vernachlässigung des geistlichen Aspekts sich in ihm ein großes Vakuum befindet, wo eigentlich Gott seinen Platz haben sollte. Der bedeutende französische Philosoph Pascal hat einmal gesagt: „Der für Gott bestimmte Platz im Herzen eines jeden Menschen kann nur von Gott selbst ausgefüllt werden." Dieses Vakuum treibt den Menschen zu unablässiger, rastloser Geschäftigkeit, so daß er ständig auf der Suche nach Frieden und der eigenen Identität ist. Geist, Seele oder Leib können ihm keine dauerhafte Befriedigung geben!

Beweise für die geistliche Natur des Menschen sind nicht schwer zu finden. Von allen Lebewesen ist er als einziger auf der Suche nach Gott. Nur er hat einen angeborenen religiösen Trieb und ein Gewissen.

Auf meinen Weltreisen habe ich besondere Mühe darauf verwandt, die archäologischen Reste alter Kulturen zu studieren. Und ich fand bald heraus, daß die ältesten Bauwerke der Menschen Tempel, Schreine oder gottesdienstliche Stätten waren, was doch ein Beweis für die universellen religiösen Bedürfnisse des Menschen ist. Wodurch entstehen sie? Durch den natürlichen, von Gott gegebenen geistlichen Trieb oder die geistliche Natur des Menschen.

Selbst kommunistische Führer, die die Religion als „Opium für das Volk" abqualifizieren, mußten sich bis heute damit auseinandersetzen, daß der Mensch „hoffnungslos religiös" ist. Die religiöse Sehnsucht der Menschheit muß einen erkennbaren Grund haben. So wie der Mensch seine körperlichen Bedürfnisse wie Hunger und Durst, seine seelischen wie Liebe, seine geistigen wie den Wissensdurst spürt, hat er auch große geistliche Bedürfnisse, die sich in seiner Suche nach Gott zeigen.

Eine Reihe der verhärtetsten Atheisten haben in der Todesstunde bewiesen, daß sie einen geistlichen Trieb hatten. Wir alle haben von Menschen gehört, die in ihrem Leben nie beteten und nichts von Gott wissen wollten, ihm manchmal sogar feindlich gegenüberstanden, doch nach ihm riefen, als der Schatten des Todes auf sie fiel. In meiner Kindheit stürzte einmal ein stadtbekannter Atheist beim Mauern eines Kamins in den Schacht. Nach vielen vergeblichen Befreiungsversuchen holte man schließlich Maurer, damit sie den Kamin Stein für Stein abträgen. Am nächsten Tag war in unserer Zeitung zu lesen, daß der Mann gerade um Rettung betete, als man zu ihm vorgedrungen war. Man sollte dies nicht als ein Zeichen von Schwäche werten, sondern als Beweis für den natürlichen geistlichen Trieb des Menschen nehmen.

Wer seiner geistlichen Natur keine Bedeutung beimißt, handelt auf eigene Gefahr. Gott gab sie dem Menschen, damit Geist, Seele und Leib gefestigt und immer wieder neu gestärkt würden. Wer dieses riesige innere Kraftreservoir nicht kennt, gleicht einem Vierzylinder, der nur auf drei Zylindern läuft, der keine neuen oder besseren Kerzen braucht, sondern einen intakten vierten Zylinder. So muß der geistliche Aspekt wieder zur Auswirkung kommen.

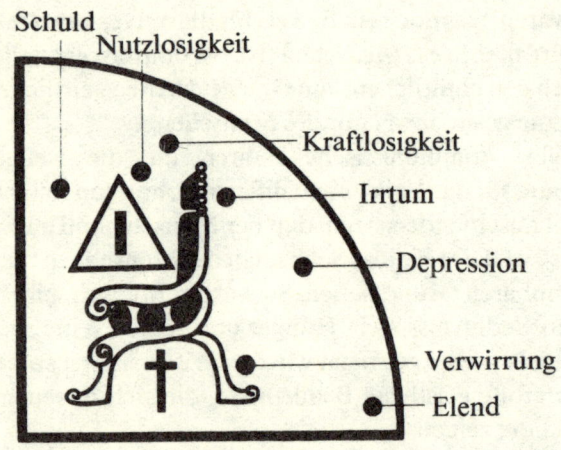

ein Christ, der in seinem Leben selbst
bestimmt

Zur geistlichen Natur des Menschen gehört sein Wille – eines der Merkmale, durch die er sich eindeutig vom Tierreich unterscheidet. Gott gab jedem die Fähigkeit, freie Entscheidungen zu treffen. So kann man willentlich und bewußt entweder an Gott vorübergehen und ihn ablehnen oder aber seine Existenz anerkennen und sich auf ihn einlassen. Eines steht fest: Diese Entscheidung liegt voll und ganz in der Hand des Menschen und stellt die Weichen für sein zukünftiges Glück.

In unserem Diagramm symbolisieren der im geistlichen Teil der menschlichen Natur eingezeichnete Stuhl diesen freien Willen und das I darauf das eigensüchtige Ich, das den Menschen selbstsicher und egoistisch werden läßt. Gott gibt jedem die Möglichkeit, sein eigener Herr zu sein und über seine seelischen Kräfte selbst zu verfügen. Das I auf dem Stuhl heißt also, daß das Ich unabhängig von Gott Entscheidungen trifft. Der Mensch wird so letztlich immer größere Enttäuschungen erleben und die Sinnlosigkeit des Lebens erfahren. Die einzelnen Punkte im Diagramm stehen für die vielen Entscheidungen, die man im Laufe seines Lebens trifft. Jeder muß sich bei der Wahl von Wohnort, Schule, Arbeitsplatz, Beruf und Ehepartner festlegen. Unser Leben setzt sich aus zahllosen Einzelentscheidungen zusammen, doch hängt unser Glück letztlich davon ab, ob sie richtig getroffen werden. Lebt der Mensch unabhängig von Gott und hat das eigene Ich die volle Verfügungsgewalt, wird er viel Enttäuschung, Verwirrung, Schuld und Angst erleben.

Dieses Diagramm habe ich in der Vergangenheit einigen hundert Menschen gezeigt, und noch nie bin ich bei Personen über vierzig auf Ablehnung gestoßen. Beim Rückflug von einem vierzehntägigen Urlaub auf Hawaii sprach ich kürzlich mit einer Angestellten darüber, die in einem Reisebüro Flugtickets verkaufte. Sie sagte mir, daß sie mit ihren zweiundzwanzig Jahren alles habe, was sie brauche. Doch als ich sie fragte, ob sie in ihrem Leben nicht auch Enttäuschungen und das Gefühl der Sinnlosigkeit kenne, schlug sie die Hände vors Gesicht und brach in Tränen aus. Diese Reaktion war zwar heftiger als bei der großen Mehrheit, doch keineswegs außergewöhnlich.

Die meisten niedergeschlagenen oder depressiven Menschen wissen nicht, daß ihr Elend darauf zurückzuführen ist, daß Gott in ihrem Leben keinen Platz hat und sie daher für eine Reihe geistiger, seelischer und körperlicher Störungen und Krankheiten anfällig sind. Dabei ist es offenbar unerheblich, ob sie Gott bewußt ablehnen oder ihn einfach übersehen. Sie empfinden eine ungestillte Sehnsucht nach Gott, haben aber keine geistliche Kraft, mit den Problemen fertig zu werden, die aus ihren eigenmächtigen Entscheidungen erwachsen. Diese innere Leere ist so alt wie die Menschheit. Die Bibel nennt sie „Tod". Als Adam und Eva im Paradies gegen Gott aufbegehrten und ihm ungehorsam waren, starben sie den geistlichen Tod. Dieser Zustand wurde von jeder Generation an die nächste weitergegeben mit der Folge, daß jeder Mensch eine solche Leere in sich hat. Zwar ist er in der Lage, für eine begrenzte Zeit geistig, seelisch und körperlich Glück zu empfinden, doch kann er nicht ständig glücklich sein, solange er dieses geistliche Vakuum in sich trägt. Bleibende Freude wird er nie erfahren und nicht in der Lage sein, seine Schwächen zu meistern.

Jesus Christus füllt die geistliche Leere aus

Jesus Christus ist Gottes Antwort auf die innere Leere jedes Menschen. Daß er vor über 1900 Jahren gelebt hat, ist geschichtlich bewiesen. Wozu er aber auf die Welt kam, ist vielfach unklar, obgleich uns der einzige authentische Bericht über seinen Lebensweg darauf Antwort gibt. Jesus Christus hat selbst gesagt: „Ich bin gekommen, damit sie Leben und reiche Fülle haben" (Johannes 10, 10). Dieses von Christus gegebene Leben im Überfluß füllt nicht nur die innere Leere des Menschen aus, sondern gibt ihm auch die Kraft, mit Depressionen und anderen psychischen Problemen fertig zu werden.

Ein seelisch schwer belasteter Mann kam eines Nachts zu Jesus (Johannes 3, 1–13) und wollte wissen, wie er in eine persönliche Beziehung zu Gott treten könne. Jesus sagte: „Wahrlich, wahrlich, ich sage dir: Wenn jemand nicht von oben her geboren wird, kann er das Reich Gottes nicht sehen." Nikodemus hatten diese erklärenden Worte Jesu offenbar verwirrt, und er fragte: „Wie kann ein Mensch geboren werden, wenn er alt ist? Kann er etwa zum zweitenmal in den Leib seiner Mutter eingehen und geboren werden?" Jesus erwiderte: „Wahrlich, wahrlich, ich sage dir: Wenn jemand nicht aus Wasser und Geist geboren wird, kann er nicht in das Reich Gottes kommen." Der Textzusammenhang macht ganz deutlich, daß Nikodemus eine persönliche geistliche Erfahrung fehlte. So wie er leiblich auf diese Welt gekommen war, war auch eine geistliche Geburt nötig, damit sein jetziges Leben sinnvoll würde und er sich auf das zukünftige vorbereitete. Diese geistliche Geburt, die sich ereignet, wenn man persönlich Jesus Christus als Herrn und Retter aufnimmt, gibt dem Menschen die nötige Kraft, psychische Probleme zu bewältigen. Das gilt besonders bei Depressionen.

Christus im Leben
eines Menschen

Der Mensch ohne Christus

Die weitverbreitete Ansicht, Jesus Christus komme ganz von selbst in das Leben eines Menschen, ist irrig, sonst wäre eine Wiedergeburt unnötig. Nein, wie das Diagramm zeigt, steht Jesus Christus außerhalb der geistlichen Natur des Menschen, der ja von Geburt an die innere Leere in sich trägt. Durch den Heiligen Geist und die biblische Verkündigung macht sich Christus im geistlichen Bewußtsein des Menschen bemerkbar. Er sagt: „Siehe, ich stehe vor der Tür und klopfe an. Wenn jemand meine Stimme hört und die Tür öffnet, werde ich zu ihm hineingehen und das Mahl mit ihm halten und er mit mir." Diese Zusage Jesu zeigt, daß jeder, der sich seiner inneren Leere und Auflehnung gegen Gottes Willen bewußt ist, ihn in sein Leben einladen kann. Christus verschafft sich nicht mit Gewalt Zutritt, sondern kommt nur, wenn er gebeten wird. Dann aber wird der Mensch geistlich lebendig. Er wird für Gott empfänglich und bekommt verstärkt die Fähigkeit, mit allen Lebensproblemen, so auch der Depression, fertig zu werden.

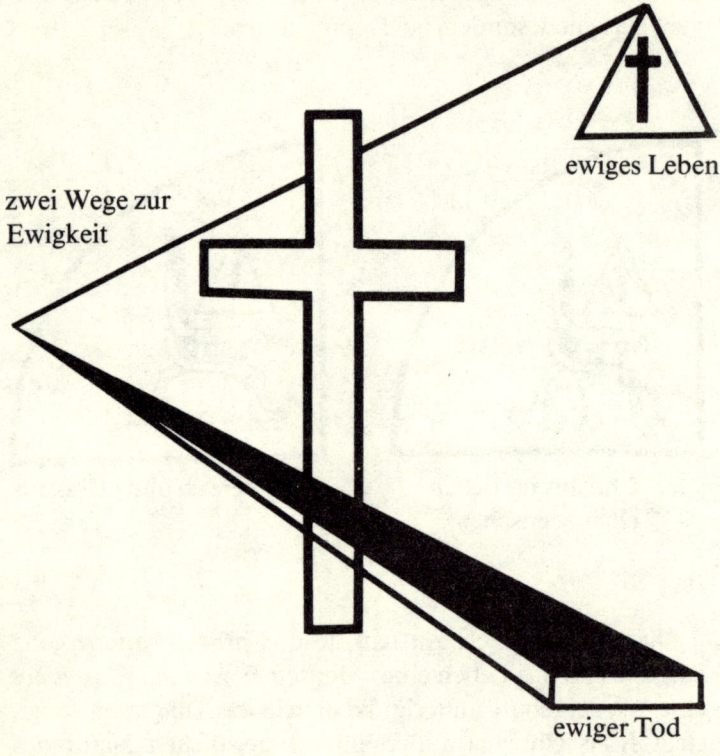

zwei Wege zur
Ewigkeit

ewiges Leben

ewiger Tod

Die Bedeutung Jesu

In der Bergpredigt zeigte Jesus Christus zwei Wege zur Ewigkeit auf – „den breiten Weg, der zum Verderben hinführt" und „den schmalen Weg, der zum Leben hinführt". Angesichts der wachsenden Zahl unglücklicher Menschen in unseren Tagen wird deutlich, daß die große Mehrheit sich auf dem breiten, ins Verderben führenden Weg befindet, der jedoch nicht nur ewigen Tod, sondern auch geistige, seelische und körperliche Selbstzerstörung zur Folge hat, und zwar in doppelter Hinsicht: durch ein Leben ohne Gott und die Folgen der vom Ich und nicht von Gott getroffenen Entscheidungen. Sobald ein Mensch für sich selbst Verantwortung übernehmen und Gut und Böse unterscheiden kann, geht er auf dem breiten, zum Verderben führenden Weg. Wird ihm durch geistige, seelische und körperliche Not seine innere Leere bewußt, sucht er unter Umständen Hilfe bei Gott. An diesem Punkt seines Lebens kann er Christus als seinen persönlichen Herrn und Heiland aufnehmen, wenn ihm gesagt wird, daß Jesus in diese Welt kam, um gerade für seine Sünden am Kreuz zu sterben.

Das Kreuz Jesu ist das Zeichen der größten Liebe, die es auf dieser Welt je gab. Hier starb Gottes Sohn für die Schuld der ganzen Welt. Christus war Gott und Mensch und lebte in seinen dreiunddreißig Lebensjahren ohne Sünde. Er nahm die Schuld der ganzen Welt auf sich und starb als Opfer, damit die Menschen durch ihn gerettet würden. So konnte er sagen: „Ich bin der Weg und die Wahrheit und das Leben; niemand kommt zum Vater außer durch mich" (Johannes 14, 6). Damit wird das Kreuz Christi zur Brücke, über die Menschen von der breiten, zum Verderben führenden Straße auf den Weg des Lebens kommen können.

Vier Punkte, die man beachten sollte

Wenn Sie Ihre innere Leere ausfüllen und eine geistliche Wiedergeburt erfahren wollen, müssen Sie vier Punkte beachten:

1. Ihr Eigenwille, Ihre Auflehnung gegen Gott und Ihre Sünde haben Sie von Gott getrennt und die innere Leere in Ihnen geschaffen. Nur Gott und Sie selbst kennen die Zahl ihrer Sünden. Ob es viele oder wenige sind, ist unerheblich. Erst wenn sie vergeben sind, können Sie auf Dauer Friede und Freude erfahren.

2. Jesus Christus starb zur Vergebung Ihrer in der Vergangenheit begangenen Sünden am Kreuz. Für Gott ist „der

Tod der Sünde Sold" (Römer 6, 23). Doch nicht Sie selbst müssen für Ihre Schuld sterben, da Christus das bereits für Sie getan hat.

3. Jesus Christus wurde von den Toten auferweckt, damit Sie das neue, ewige Leben jetzt und in Zukunft haben können. „. . . die Gabe Gottes ist das ewige Leben durch Jesus Christus, unseren Herrn."

Jesus sagte: „Ich lebe, und ihr sollt auch leben." Jesus wurde drei Tage nach seiner Kreuzigung auferweckt. Dies ist das Fundament der christlichen Lehre. Durch die Auferstehung Jesu Christi bekommen Sie nicht nur ewiges Leben im Himmel, sondern hier und jetzt schon ein Leben in Fülle, das Sie in die Lage versetzt, Ihre Schwächen zu überwinden.

4. Sie müssen Christus in Ihr Leben einladen und ihn persönlich als *Herrn* und *Retter* annehmen.

Ihr Eigenwille trennte Sie von Gott und ließ die innere Leere immer größer werden. Daher ist es unerläßlich, daß Sie Jesus Christus die Entscheidungsgewalt in Ihrem Leben überlassen. Dies bedeutet einen Rollentausch: Wenn Sie Christus zum Herrn Ihres Lebens machen, wird Ihr Ich sein Diener. Sie werden weiterhin in Ihrem Leben Entscheidungen zu treffen haben, doch nicht mehr ohne Jesus. Ganz praktisch heißt es statt: „Was soll ich machen?" nun: „Herr, was möchtest Du von mir?" Keiner, der so lebt, wird unglücklich werden, ebenso wie keiner, der anders lebt, auf die Dauer glücklich sein kann.

Eine wichtige Frage

Haben Sie irgendwann einmal Jesus Christus persönlich in Ihr Leben aufgenommen? Am besten beantworten Sie die Frage mit Hilfe der beiden Diagramme. Welches zeigt Ihr jetziges Leben?

Wenn Sie darüber nachdenken, sollten Sie wissen, ob es einen Zeitpunkt in Ihrem Leben gab, als Jesus Christus vor der Tür stand und Sie ihn eingeladen haben. Können Sie ei-

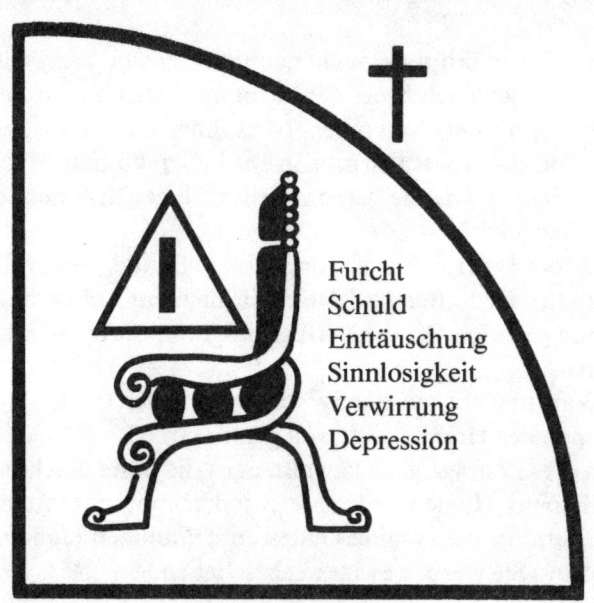

Furcht
Schuld
Enttäuschung
Sinnlosigkeit
Verwirrung
Depression

Der Mensch ohne Gott

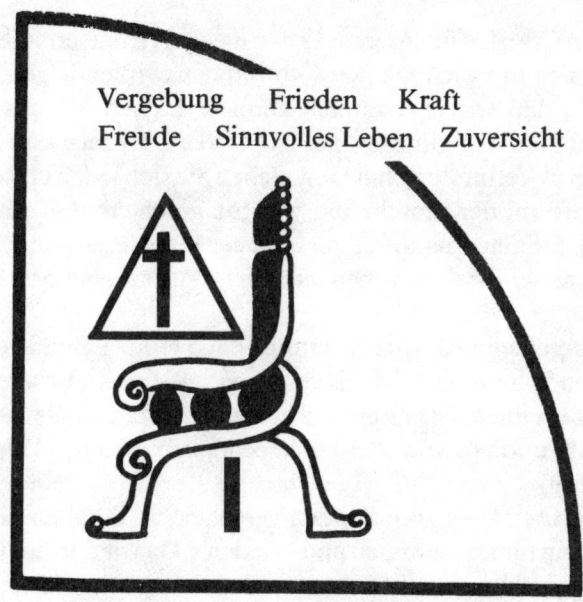

Vergebung   Frieden   Kraft
Freude   Sinnvolles Leben   Zuversicht

Der Mensch in Verbindung mit Gott

nen solchen Zeitpunkt nicht nennen oder sind Sie nicht ganz sicher, möchte ich Ihnen sehr Mut machen, Christus jetzt im Gebet in Ihr Leben zu bitten. Ist es Ihnen ernst, so sagt Ihnen Gott zu, daß Jesus Christus in Ihr Leben kommt. Wenn Sie nicht wissen, wie Sie beten sollen, schlage ich Ihnen folgendes Gebet vor:

Lieber Vater, ich weiß, daß ich ein Sünder bin und Jesus Christus als Retter und Herrn in meinem Leben brauche. Heute gebe ich Dir die Verfügungsgewalt über mein Leben. Amen.

War Ihr Gebet aufrichtig, verspricht Ihnen Gott: „Wer den Namen des Herrn anruft, soll gerettet werden." Machen Sie sich diese Zusage ganz bewußt, es ist die beste Nachricht Ihres Lebens. Heute wurden Sie „wiedergeboren" (Johannes 3, 3–5) und in die Familie Gottes aufgenommen (Johannes 1, 12), und Sie werden ewiges Leben haben.

Was bedeutet es, wenn Christus unser Leben steuert?

Wenn Christus in unserem Leben das Sagen hat, erhalten wir eine sich in vielen Dingen so positiv auswirkende geistliche Kraft, daß wir nur staunen können. Lassen Sie das Diagramm auf S. 79 intensiv auf sich wirken. Es zeigt den Menschen in Verbindung mit Gott. Sehen Sie sich jeden einzelnen Begriff an, der umschreibt, was Sie geschenkt bekommen, wenn Sie Christus aufnehmen. In der Bibel lesen wir, daß Jesus uns sehr viel erworben hat. Sechs Punkte sind besonders wichtig:

1. *Vergebung:* All Ihre Schuld ist nach Gottes Gnade durch seinen Sohn Jesus Christus vergeben: „Wenn wir unsere Sünden bekennen, ist er treu und gerecht, daß er uns die Sünden vergibt und uns von aller Ungerechtigkeit reinigt" (1. Johannes 1, 9).

2. *Frieden:* Weil Ihre Sünden vergeben sind, haben Sie vor Gott ein reines Gewissen und Frieden. „Da wir nun aus Glauben gerechtgesprochen worden sind, haben wir Frieden mit Gott durch unseren Herrn Jesus Christus" (Römer 5, 1).

3. *Kraft:* Allmählich gewinnt eine neue Kraft Einfluß auf Ihr Leben, wenn Sie sich vom Geist Christi bestimmen lassen. „Ist somit jemand in Christus, so ist er ein neues Geschöpf. Das Alte ist vergangen, siehe, Neues ist geworden" (2. Korinther 5, 17).

4. *Freude:* Glück ist vergänglich und von den äußeren Umständen abhängig, Freude dagegen beständig und abhängig von Ihrer Beziehung zu Gott. Je mehr Christus in Ihrem Leben bestimmen darf, desto länger werden die Phasen sein, in denen Sie Freude – oft trotz ungünstiger äußerer Umstände – erleben (Epheser 5, 19).

5. *Lebensziel:* In dem Augenblick, in dem Sie Jesus Christus aufnehmen, bekommt Ihr Leben einen neuen Sinn. Vorher lebten Sie nur sich selbst. Von nun an liegt Ihr Lebensziel darin, Jesus zu dienen. Der Apostel Paulus drückt dies in Apostelgeschichte 9, 6 so aus: „Herr, was willst du, daß ich tun soll?" Diese Haltung und dieses Gebet waren das Fundament seines glücklichen und erfolgreichen Lebens als Christ. Christus sagte: „Suchet zuerst Gottes Reich und seine Gerechtigkeit, dann wird euch alles andere hinzugefügt werden" (Matthäus 6, 33). Wenn Sie das tun, werden Sie die Erfahrung machen, daß er Ihnen immer die nötige Kraft gibt.

6. *Zuversicht:* Kann das neue Leben sich in Ihnen entfalten, weil Sie es durch gründliche Lektüre und Hören des Wortes Gottes fördern, werden Sie innerlich gewiß werden, daß Sie ein Kind Gottes sind, da eine nie gekannte Zuversicht in Ihnen wächst (1. Johannes 5, 10–15).

Wenn Sie das oben abgedruckte Gebet aufrichtig gesprochen haben, sind Sie nun ein Kind Gottes geworden und können somit ein Leben ohne Depressionen führen. Dies muß allerdings nicht notwendigerweise der Fall sein. Doch Sie haben Zugang zu jener Kraftquelle außerhalb Ihrer selbst, die ein solches Leben möglich macht. Dieses Buch möchte vor allem zeigen, wie man jene Kraft im Kampf gegen die Schwermut einsetzen kann.

Zwar haben wir schon ein ganzes Kapitel den Ursachen

der Depression gewidmet, doch blieben die wesentlichsten bisher ausgespart. Dies ist nicht schwer zu verstehen. Hat man keinen Zugang zur eben erwähnten geistlichen Kraft, kann man die wichtigsten auslösenden Faktoren der Schwermut nicht in den Griff bekommen. Wir sollten sie jetzt genauer untersuchen und uns auch die Therapie ansehen, die Gott anbietet.

7

DIE ROLLE DER AGGRESSION BEI DER
ENTSTEHUNG DER DEPRESSION

Depressionen haben stets eine Ursache. Dies gilt selbst dann, wenn sie dem Patienten nicht bewußt ist. In seinem Buch „The Psychology of Melancholy" schreibt Dr. Mortimer Ostow: „Sogar bei für Schwermut anfälligen Menschen braucht der depressive Prozeß im allgemeinen einen Auslöser, etwa eine ganz alltägliche Beleidigung."

Zwar würden wir die Schwermut gern auf organische oder psychologische Veränderungen im menschlichen Körper zurückführen, doch müssen wir realistisch sein und zugeben, daß sie aus unserer Reaktion auf Beleidigung, Enttäuschung oder Zurückweisung entsteht. Das erste Glied in der die Depression hervorrufenden Kettenreaktion ist der Ärger. Kein Wunder, wenn Sie sich an diesem Satz unwillkürlich stoßen. Ich habe immer wieder beobachtet, daß die schwermütigsten Menschen einfach nicht erkennen können, daß Sie voller Aggressionen stecken. Einige, denen ich das sagte, bestritten es; ich ließ aber nicht locker und fragte weiter nach ihren Denkstrukturen vor Ausbruch der Depression, und jedesmal stießen wir auf dieses Problem.

Dr. Ostow schreibt weiter: „In jeder Phase gehört Aggressivität zur Schwermut, ganz gleich, ob sie erkennbar und bewußt ist oder nicht. Die Wut richtet sich gegen die Person, die eigentlich Liebe geben sollte, diese Erwartung aber enttäuscht. Die Aggressivität kann in einzelnen Phasen den Wunsch wach werden lassen, das Gegenüber zu ärgern, zu verletzen oder zu zerstören, je nachdem wie stark der Schmerz ist, den der Patient empfindet.

Dr. Ostow erklärt das Problem der Aggressivität noch näher: „Manche Eltern haben ihren Kindern gegenüber eine äußerst feindselige Einstellung. Das Kind bleibt so an ein kindliches Verhaltensmuster im Umgang mit den Eltern gebunden und neigt folglich als Erwachsener dazu, gegen starke depressive Tendenzen ankämpfen zu müssen. Offene Feindschaft zwischen Eltern und Kind erscheint uns unmenschlich und pervers, doch sind uns viele derartige Fälle bekannt. Heutzutage spricht man viel vom abgelehnten und mißhandelten Kind. Manchmal werden kleine Kinder mit Zeichen schwerer körperlicher Mißhandlung ins Krankenhaus oder ins Leichenhaus gebracht. Nachforschungen ergeben, daß ihre Eltern sie ausgesetzt oder sogar mißhandelt hatten. Von Zeit zu Zeit liest man in der Zeitung, daß ein Kind von Vater oder Mutter umgebracht wurde ...

Aus psychoanalytischer Sicht hatten diese Patienten, die den eigenen Kindern gegenüber feindlich eingestellt sind, in ihrer Kindheit gegen heftige, auf Vater, Mutter oder Geschwister gerichtete Aggressionen zu kämpfen. Sie entwickelten Abwehrmechanismen, um ihre Wut einzudämmen – z. B. Liebe, Treue oder Unterwürfigkeit im Umgang mit der verhaßten Person. Im Umgang mit dem eigenen Kind waren diese Abwehrmechanismen zusammengebrochen, und man mußte erneut mit den äußerst heftigen Aggressionen fertig werden ...

Wenn die Eltern das Kind ablehnen, so bedeutet das eine ernste Bedrohung für sein Ich. Um so mehr klammert es sich daher an, und diese Anklammerungstendenzen sind ambivalent, d. h. Ausdruck sowohl von Liebe wie von Haß. Die Intensität dieser Gefühle läßt eine traumatische Situation entstehen, die sich im allgemeinen wiederholt. So reagiert das Kind möglicherweise auf jede weitere Ablehnung mit aggressiven Anklammerungstendenzen. Als Heranwachsender kann es sich an einen unzuverlässigen Partner binden, der es ablehnt. Der Erwachsene provoziert möglicherweise seinen Partner, bis er ihn fallen läßt. Als Vater oder Mutter schließlich kann man am eigenen Kind dasselbe Schema wiederholen: man stößt es zurück und mißhandelt es, so wie man es selbst in seiner Kindheit erlebte."

Die beiden stärksten menschlichen Gefühle sind Liebe und Zorn. Liebe läßt uns gesunden, Aggressionen aber sind gesundheitsschädlich. Folglich ist Zorn das negativste und zerstörerischste Gefühl, mit dem wir Menschen fertig werden müssen.

Der Zorn ist ein natürlicher Abwehrmechanismus gegen Beleidigung, Zurückweisung oder Kränkung. Daher sind auch viele zur Schwermut neigende Menschen aggressiv oder stammen aus aggressiven Familien, in denen sie Ablehnung oder Mißhandlung durch die Eltern erfuhren. Zorn richtet nicht nur in unseren Gefühlen, sondern auch körperlich und geistlich Schaden an. Ich bin der Überzeugung, daß sich die depressive Welle unserer Tage weitgehend auf die Unfähigkeit zurückführen läßt, mit den eigenen Aggressionen umzugehen. Die aufbegehrende, aggressive Generation der 60er Jahre entwickelt sich zur depressionsanfälligen der 70er.

In der Erziehung war man aufgrund von falschen Lehren behavioristischer Psychologen der vorigen Generation den Kindern gegenüber zu nachgiebig, und so wuchs eine Generation zorniger, aufbegehrender, aggressiver und verbitterter junger Menschen heran, die aus ihrer Aggressivität in Depressionen verfallen. Es ist durchaus nichts Ungewöhnliches, wenn sie während einer psychologischen Beratung wegen ihrer Schwermut schließlich mitteilen, daß sie vor Ausbruch ihrer Krankheit über irgend etwas in Wut geraten seien. Dem Patienten kann es sehr helfen, wenn er erkennt, daß Depressionen sich nicht spontan ergeben, sondern durch Aggressivität entstehen.

Die schwerwiegenden Folgen der Aggressivität

Es läßt sich überhaupt nicht ermessen, wie schwerwiegend sich Aggressionen im seelischen, körperlichen und geistlichen Bereich auswirken.

Seelisch rufen sie eine grundlose Verbitterung hervor. In „Reader's Digest" erschien kürzlich ein Artikel über die Hintergründe des tragischen Todes von vier Angestellten und der schweren Verletzungen eines fünften. Der Mörder war der Typ des liebenswürdigen Menschen, den man gern zum Nachbarn hätte. Mit 43 Jahren „schnappte" er scheinbar „über" und schoß auf seine Kollegen.

Die Untersuchungen ergaben, daß es sich hier nicht um eine spontane Reaktion handelte. Man hatte den Mann achtzehn Monate vorher bei einer Beförderung zugunsten eines anderen übergangen. Seine Frau erklärte, daß er sich von jenem Tage an allmählich in seiner Persönlichkeit verändert habe. Die Kette seiner Gedankengänge ist leicht zu rekonstruieren. Er gab seinem Groll und der Bitterkeit immer mehr Raum, grübelte über die ungerechte Behandlung nach und wurde psychisch schließlich so verwirrt, daß er seinen Revolver auf fünf Menschen richtete. Den Opfern war eines gemeinsam: alle hatten in der Firma führende Positionen inne, so daß sie an jener Entscheidung hatten mitwirken können. Heute sitzt der Mann hinter Gittern, fern von seiner geliebten Familie. Durch seine Aggressivität mußten vier Menschen zu früh sterben, und einer wird vielleicht sein Leben lang ein Krüppel bleiben.

Körperlich wirkt sich die Aggression in Form von zahllosen Krankheiten aus. Diese Fälle füllen heute die Wartezimmer der Ärzte. Der Mensch kann nur ein gewisses Maß an Streß ertragen, und nichts führt so leicht zu inneren Spannungen wie Zorn. Bei jungen Leuten kann der Körper einige Aggressionen verkraften, doch mit zunehmendem Alter läßt diese Fähigkeit nach. Folglich versagt das eine oder andere lebenswichtige Zentrum, es entstehen Magengeschwüre, Hochdruck, Darmentzündungen, Arthritis, Herzbeschwerden, Nieren- und Gallensteine sowie unzählige andere Krankheiten.

Eines Tages besuchte ich einen 72jährigen Pastor, der wegen weit fortgeschrittenem grünem Star im Kreiskrankenhaus in San Diego lag. Im Grunde meinte er es gut, er liebte Gott und wollte ihm dienen, hatte aber, wie viele Christen, nie die Sünde des Zorns in sich bekämpft. Beim Eintritt in sein Zimmer war ich nicht auf den Schwall wütender Worte gefaßt, der mir sogleich entgegenschlug. Er fing an, die Ärzteschaft im allgemeinen und dann speziell die Ärzte und Schwestern des Kreiskrankenhauses schlechtzumachen. Nach kurzer Zeit verfärbte sich buchstäblich sein Gesicht vor Wut. Ich packte ihn beim Handgelenk, schüttelte ihn und rief: „Paul, du wirst dich noch umbringen, wenn du damit nicht aufhörst!" Ich konnte dabei nicht ahnen, daß er binnen zwei Tagen an einem Herzanfall sterben würde, obgleich es der allererste war und man ihn deshalb überhaupt nicht ins Krankenhaus eingewiesen hatte.

Einige Monate nach seiner Beerdigung führte ich seinen Fall als Beispiel in einer Predigt an. Nach dem Gottesdienst sagte mir ein Augenarzt aus unserer Gemeinde: „Gerade letzte Woche las ich in einer medizinischen Zeitschrift, daß über einen langen Zeitraum angestaute Aggressionen eine der Hauptursachen bei grünem Star sind."

Mögen die seelischen und körperlichen Folgen des Zorns auch sehr schlimm sein, so lassen sie sich doch nicht mit den verheerenden Auswirkungen im geistlichen Bereich vergleichen. Einige eindeutige Erklärungen finden sich in Epheser 4, 30–32: „Und betrübt nicht den Heiligen Geist Gottes, durch den ihr das Siegel eures Heils empfangen habt auf den Tag der Erlösung hin! Alle Bitterkeit und Grimm und Zorn und Geschrei und Lästerung sei von euch weggetan samt aller Bosheit! Seid vielmehr gegeneinander gütig, barmherzig und vergebet einander, wie auch Gott durch Christus euch vergeben hat." Stellte ich die Frage: Wie betrübt man den Heiligen Geist?, würden Sie vermutlich eine Liste offenkundiger Sünden wie Ehebruch oder Mord anführen, doch machen diese Verse deutlich, daß zornige Gedanken die Ursache sind.

Ein Christ ist außerstande, sein geistliches Potential auszuschöpfen, wenn er den Heiligen Geist betrübt. Im letzten Kapitel sahen wir, daß der Heilige Geist oder der Geist Christi auf die Einladung eines Menschen hin in dessen Leben kommt. So gewinnt er die Kraft, mit seinen Schwächen fertig zu werden und eine Krankheit wie Schwermut zu überwinden. *Doch kommt der Sieg nicht von selbst!* Um ihn zu erringen, muß der Christ mit dem Heiligen Geist zusammenarbeiten. Dies bedeutet, daß er der Gedankensünde Zorn nicht Raum geben darf.

Mit Aggressivität haben mehr Christen zu kämpfen als mit jeder anderen Sünde, und wahrscheinlich erleiden sie hier auch die meisten geistlichen Niederlagen. So wird Gottes Verfügungsgewalt über unser Leben stark eingeschränkt, der Heilige Geist betrübt und unser geistliches Leben zum Verkümmern verdammt. Gott kann uns nicht nur kaum noch gebrauchen, auch unsere psychischen Krankheiten verschärfen sich.

Gottes Therapie gegen den Zorn

Der Mensch ohne Gott kennt keine sinnvolle Therapie gegen Aggressivität. Einmal kam ein junger Mann in meine Sprechstunde, der sagte, daß er sechsmal einen Psychiater aufgesucht habe. Die Diagnose lautete: „Sie hassen Ihre Mutter." Dieser Haß auf die Mutter führte zu Magenkrämpfen, ließ ihm manchmal die Haare auf den Armen zu Berge stehen und löste erste Eheschwierigkeiten aus. „Wenn Sie beim Psychiater waren und von ihm erfuhren, daß Ihre psychischen Spannungen auf den Haß gegen Ihre Mutter zurückzuführen sind, warum kommen Sie dann noch zu mir?" fragte ich. Traurig erwiderte mir der junge Mann: „Er wies mich auf mein Problem hin, aber er zeigte mir keine Lösung." Wir sollten uns nicht darüber wundern, daß dieser junge Mann nicht erfuhr, wie er mit seinen Aggressionen fertig werden könne, da es ohne die Kraft Gottes im menschlichen Leben keine Lösung gibt. In einem Artikel in „Reader's Digest" gab ein Psychiater seine für einen Menschen ohne Gott typischen Ratschläge. Danach solle ein zum Zorn neigender Mensch untersuchen, was seine Aggressionen auslöse, und versuchen, diese Anlässe zu meiden. Ein Mensch, der Gottes Kraft nicht in Anspruch nehmen will, sucht sein Heil im allgemeinen in der Flucht.

Jenem Psychiater läßt sich erwidern: „Was aber soll man

tun, wenn die eigene Frau, die Kinder, der Beruf oder die Nachbarn, ja unsere Welt insgesamt die auslösenden Faktoren sind?" Man kann ja unmöglich allem Störenden aus dem Wege gehen. Gott bietet daher eine bessere Lösung an. Denken Sie über das folgende Fünf-Punkte-Programm nach. Ich habe es einigen hundert Menschen vorgelegt, und es ist vielen zur Hilfe geworden.

1. *Geben Sie zu, daß Ihr Zorn Sünde ist.* Solange Sie ihn noch entschuldigen, kann Ihnen nicht geholfen werden! Nach 25jähriger Beratertätigkeit sind mir mittlerweile alle einschlägigen Erklärungen bekannt. So beklagte sich ein Patient: „Ich bin leider von Natur aus aufbrausend." Ein ehemaliger Mitarbeiter einer Missionsgesellschaft, aus der er wegen seiner Aggressivität ausgeschlossen wurde, sagte mir: „Ich bin syrischer Abstammung; mein Vater, meine Mutter, ja die ganze Familie neigt zum Zorn." Ein anderer Patient erklärte: „Mein Vater und meine Mutter bekamen von ihren Aggressionen Magengeschwüre, auch mein Bruder und meine Schwester litten darunter – wie sollte ich da nicht aggressiv sein?" Zwar schätzten alle diese Menschen ihre Situation völlig falsch ein, doch kann ich mich in sie hineinversetzen, da auch ich bis zu meinem 36. Lebensjahr darüber geklagt habe, daß ich ja schottische, französische und irische Vorfahren habe und daher zwangsläufig aufbrausend sein müsse.

Doch das ist eine Ausflucht, ein falscher Weg, der vertuschen soll, daß wir schuldig geworden sind. Wenn der Mensch seinen Zorn nicht Sünde nennt und nicht aufhört, ihn zu entschuldigen, ist seine Lage hoffnungslos. Im Laufe der Jahre konnte ich vielen aggressiven Menschen helfen. Bei zahlreichen anderen jedoch hatte ich keinen Erfolg. Ihnen war eines gemeinsam: sie wollten nicht zugeben, daß sie zum Zorn neigten und rechtfertigten ihre Sünde.

Nur wenn Sie Ihren Zorn Sünde nennen, können Sie ihn überwinden. Es ist der erste große Schritt zum Sieg.

Als Berater höre ich immer wieder: „Wenn mein Mann sich änderte, wäre ich nicht zornig" oder: „Ich werde ja durch meine Frau zur Weißglut gebracht." Solche Patienten haben noch nicht gelernt, daß der Sieg durch Christus völlig unabhängig vom Verhalten anderer und einzig in Christus begründet ist.

2. *Bekennen Sie vor Gott, daß Ihr Zorn Sünde ist.* Zorn kann wie jede andere Schuld vergeben werden. In 1. Johannes 1, 9 finden wir die Zusage: „Wenn wir unsere Sünden bekennen, ist er treu und gerecht, daß er uns die Sünden vergibt und uns von aller Ungerechtigkeit reinigt." Je eher Sie Ihren Zorn er- und bekennen, desto rascher werden Sie ihn überwinden.

3. *Bitten Sie Gott, Ihnen Ihre aggressive Verhaltensweise zu nehmen.* In 1. Johannes 5, 14 u. 15 heißt es, daß Gott nicht nur hört, wenn wir etwas nach seinem Willen bitten, sondern unsere Bitten auch erfüllt. Wir wissen, daß Zorn nicht dem Willen Gottes entspricht, und können daher unseres Sieges gewiß sein, wenn wir Gott bitten, uns die aggressive Verhaltensweise zu nehmen. Ein Mensch ohne Gott kann zwar Sklave seiner Gewohnheiten sein, ein Christ jedoch ist frei davon. Wir haben wohl mit unseren Gewohnheiten zu kämpfen, doch brauchen wir nicht mehr total von ihnen abhängig zu sein, wenn uns die Kraft des Heiligen Geistes zur Verfügung steht.

4. *Danken Sie Gott für seine Barmherzigkeit, Gnade und Kraft.* Zur Bitte um den Sieg über unsere aggressiven Verhaltensweisen gehört der Dank für Gottes Barmherzigkeit und Vergebung, die wir gerade im Versagen erfahren. Wir sollen Gott danken, daß sein Geist in uns wohnt, denn durch diese Kraft können sich unsere aggressiven Verhaltensweisen ändern.

5. *Sie sollten jedesmal, wenn Sie zornig sind, dieses 4-Punkte-Programm anwenden.* Die Vorstellung, daß sich die aggressiven Verhaltensweisen, die seit der frühen Kindheit bestehen, gleich beim ersten Mal ändern, ist falsch. Man muß damit rechnen, daß auch nach der ersten Anwendung noch Aggressionen auftreten. Aber der Sieg rückt in immer greifbarere Nähe, je intensiver man nach diesen vier Punkten lebt. Wenn Sie daher schuldig geworden sind, bekennen Sie es vor Gott, bitten Sie ihn, Ihr Verhalten zu ändern, und danken Sie

ihm vertrauensvoll für alles, was er in Ihrem Leben noch tun wird. Nachdem jemand dieses Programm einige Wochen lang ausprobiert hatte, sagte er mir: „Am ersten Tag mußte ich wenigstens 1000mal bekennen, daß ich zornig geworden war; am folgenden waren es nur noch 997mal, es ging also bereits besser. Und jetzt gehört meine Aggressivität fast schon der Vergangenheit an." Dieses Beispiel ist meines Erachtens typisch dafür, wie der Zorn überwunden werden kann. Mir ist noch niemand begegnet, der schlagartig davon befreit worden wäre. Man muß statt dessen fortwährend auf sich achten und die neue Haltung einüben.

Vor einigen Jahren stellte mir ein älterer Herr nach einem meiner Vorträge zu diesem Thema eine Frage: „Glauben Sie, daß ein Mensch, der zeit seines Lebens aggressiv gewesen ist, auch noch im Alter von 70 Jahren davon loskommen kann?" Ich gab ihm im Glauben die Antwort: „Gottes Kraft ist auch für Sie da. Durch sie können wir von jeder Gewohnheit frei werden." Zwei Jahre darauf hielt ich in der Nähe dieser Stadt einen Vortrag und entdeckte jenen Mann mit seiner Frau unter den Zuhörern. Hinterher sagte er mir: „Ich möchte Ihnen von einem Erfolg berichten. Gott hat mich von meinem Zorn befreit. Fragen Sie meine Frau, wenn Sie es nicht glauben." Und ich konnte ihrem Gesicht ansehen, daß sie bezeugen konnte, daß die Kraft Gottes sein Leben verändert hatte. Wir könnten an dieser Stelle viele hundert Beispiele nennen, die deutlich machen, daß die Kraft des Heiligen Geistes das Herz eines jeden zum Zorn neigenden Menschen erfüllen kann, wenn er sich ihr öffnet. *Wird Aggression durch Liebe ersetzt, kann uns Schwermut nichts anhaben.*

8

SELBSTMITLEID UND DEPRESSION

Nun sind wir endlich bei der Hauptursache der Schwermut angelangt. Wir haben zwar schon eine Reihe von Faktoren aufgeführt, doch löst nichts so schnell derart schwere Depressionen aus wie das Selbstmitleid. Jedesmal, wenn ich einem schwermütigen Patienten diese Ursache seiner Krankheit vor Augen stelle, wehrt er ab und protestiert: „Ich bemitleide mich nie!" oder „Das mag ja in den meisten Fällen zutreffen, aber bei mir ist es anders." Eine Patientin erwiderte mir wütend: „Ich hatte Hilfe von Ihnen erwartet, aber jetzt merke ich, daß Sie mein Problem überhaupt nicht verstehen." Manche ziehen sogar beleidigt von dannen und schlagen die Tür hinter sich zu.

Die Wahrheit tut weh – so wie ein chirurgischer Eingriff. Ein Tumor kann einfach nicht schmerzlos entfernt werden. Auf der Ebene unserer Gefühle verhält es sich genauso. In dem Augenblick, in dem wir dem Patienten den Tumor Selbstmitleid zeigen, leistet er Widerstand. Doch so ändert sich nichts! Ich rechne nie damit, daß ein schwermütiger Patient mir in diesem Punkte recht gibt. In seiner Lage erscheint ihm Selbstmitleid als etwas Abscheuliches, und er kann es nicht verkraften. Er sähe es lieber, wenn wir ihm unser Mitgefühl ausdrückten, ihm Medikamente gäben oder auch über Belanglosigkeiten redeten, weil auch wir andere für seine Krankheit verantwortlich machen.

Ich habe immer wieder die Beobachtung gemacht, daß Menschen, die nicht depressiv sind, dieser Diagnose leicht zustimmen. Auch wer für Schwermut anfällig ist, widerspricht nur selten, solange er gesund ist. Aber die Depressiven leisten der Diagnose Widerstand. Zum Glück sehen die meisten nach einigem Nachdenken ihr Problem ein und unternehmen erste Schritte zu seiner Lösung. Einer Sache bin ich mir ganz sicher: Ändert sich die Denkstruktur Selbstmitleid nicht, besteht für den Patienten keine Hoffnung; je mehr er ihr Raum gibt, desto tiefer versinkt er in seiner Schwermut. Selbst Medikamente oder Elektroschocks können nur kurzfristig Erleichterung schaffen. Ändert sich die Denkstruktur nicht, wird der Patient über kurz oder lang von neuem schwermütig werden.

Depressive, die ihre schlimme Lage nicht auf das eigene Selbstmitleid zurückführen wollen, bringen alle möglichen Entschuldigungen vor. Intellektuelle oder sehr gebildete Patienten haben häufig den Einwand: „Das ist doch zu simpel! Alles ist gewiß sehr viel komplexer!" Andere wiederum verweigern eine Behandlung bei einem Berater, der eine derartige Erklärung für ihre Krankheit gibt. So leidet z. B. eine Frau seit über sieben Jahren an Depressionen, weigert sich aber standhaft, zu mir zu kommen. Ihren Freunden erklärt sie: „Er würde mir bestimmt nur sagen, daß ich mich bemitleide, und ich weiß, daß das nicht stimmt. Mein Problem sitzt viel tiefer." Ich bin fest davon überzeugt, daß sie schon vor Jahren hätte gesund werden können, wenn sie ihrem wirklichen Problem, nämlich Selbstmitleid, standgehalten hätte.

Ich habe vor vielen tausend Teilnehmern an Ehe- und Familienseminaren zum Thema „Selbstmitleid" gesprochen. Einige Zuhörer waren zwar zunächst nicht einverstanden, doch habe ich stapelweise Briefe erhalten, die meine These bestätigen.

Vor einigen Wochen kam ich in eine Stadt, in der ich im Jahr zuvor ein Seminar geleitet hatte. Eine Frau gestand mir: „Letztes Jahr hat mich Ihre Behauptung, Selbstmitleid sei die Ursache meiner Depression, so geärgert, daß ich vor Ende der Veranstaltung wegging. Aber eine Freundin kaufte die Kassette mit Ihrem Vortrag und bestand darauf, daß ich sie mir anhörte. Ich versuchte dann, mich an meine Gedanken vor Ausbruch der Krankheit zu erinnern, und stieß auf – Selbstmitleid. Diese Tatsache habe ich voll und ganz akzeptiert, und das hat mein Leben verändert."

Es macht mir keine Freude, depressive Menschen auf ihr Selbstmitleid hinzuweisen. Ich hatte dabei sogar einmal das Gefühl, kein guter amerikanischer Staatsbürger mehr zu sein. Damals leitete ich ein Seminar zu Ehe- und Familienfragen im mittleren Westen der USA. Ein Pfarrer bat mich, mit einer Frau seiner Gemeinde ein Beratungsgespräch zu führen. Sie trat ein, und ich dachte: „Das ist die magerste Frau, die ich je gesehen habe." In den letzten sechs Monaten hatte sie 39 Pfund abgenommen und wog nur noch 89 Pfund. Ihr Mann war als Pilot der Luftwaffe über Nordvietnam abgeschossen und offiziell als vermißt erklärt worden.

Als sie unter Tränen ihre Geschichte erzählte, hätte ich fast mit ihr geweint. Vier Jahre schon wußte sie nicht, womit sie rechnen sollte. War ihr Mann am Leben oder nicht? Täglich fragten sie ihre drei kleinen Söhne: „Mami, glaubst du, daß unser Papi lebt?" Sie verlor die Fassung und schluchzte: „Ich wüßte lieber, er ist tot, wenn nur die ständige Ungewißheit vorbei wäre!" Sollte ich je versucht gewesen sein, mit einem Klienten Mitgefühl zu haben, dann hier. Grundsätzlich zeige ich depressiven Patienten gegenüber kein Mitleid. Zwar sind Einfühlung, Verständnis und Hilfe gut, doch haben diese Menschen sich bereits zu sehr bemitleidet und dadurch gerade ihre Depressionen hervorgerufen. Man muß ihnen helfen und sie Schritt für Schritt zu dieser Erkenntnis führen.

Als ich diese Frau fragte, ob sie ihren Mann liebe, antwortete sie: „Ja! Er und die Jungen sind das einzig Wichtige in meinem Leben!" Ich wies sie dann darauf hin, daß ihre vorigen Sätze mehr Eigenliebe als Liebe zu ihrem Mann verrieten. „Ist für Sie die Gewißheit tatsächlich wesentlicher als die Möglichkeit, daß Ihr Mann am Leben sein könnte?" Sie richtete sich auf und stieß hervor: „Oh, ich hab' mich ja so durcheinanderbringen lassen, daß ich keine klaren Gedanken mehr fassen kann!" Das ganze Leben dieser Frau wurde anders, als sich ihre innere Einstellung veränderte. Die äußeren Umstände blieben dieselben, denn ihr Mann war immer noch vermißt. Doch sie bemitleidete sich nicht mehr, sondern fing an, dafür zu danken, daß sie keine Todesnachricht bekommen hatte. Die Liebe zu ihm wurde bald stärker als ihre Eigenliebe; das vermittelte sie auch ihren Söhnen. Wenn sie nach dem Vater fragten, beteten sie gemeinsam, er möge, wo er auch sei, durchhalten und sich auf ein Wiedersehen freuen. Diese Zielvorstellung holte die ganze Familie aus tiefer Hoffnungslosigkeit und Schwermut heraus. Nur weil sie Gottes Gnade in Anspruch nahmen und trotz der äußeren Umstände Gott dankten, konnten sie die ungewisse Zukunft ertragen.

Es läßt sich hier beispielhaft deutlich machen, welche Gefahren das Selbstmitleid in sich birgt. Jeder Amerikaner kann mit dieser Frau empfinden, auch ihre Wut und Bitterkeit angesichts der ungerechten Vietkong nachvollziehen, deren Behandlung der Kriegsgefangenen als eine der unmenschlichsten in der Neuzeit in die Geschichte eingehen wird. Man könnte sich über die Barbarei dieser Menschen vor Zorn verzehren, doch Aggressivität und Feindseligkeit führen nur zum Selbstmitleid, das seinerseits Depressionen hervorruft.

Die Depressionsformel

Nur selten können wir ein emotionales Problem auf eine Formel bringen, doch dies ist bei der Depression möglich:

Beleidigung
    oder
Kränkung + Wut × Selbstmitleid = Depression
    oder
Ablehnung

Die Gültigkeit dieser Formel hat sich unzählige Male sowohl in psychologischen Beratungen wie auch sonst bestätigt.

Auf einem Flug von Mobile nach Atlanta saßen zwei Geschäftsleute rechts neben mir. Ich schrieb gerade an diesem Buch und war ins Manuskript vertieft, merkte aber, daß der Mann auf dem Fensterplatz, ein fünfzigjähriger leitender Angestellter einer Ölgesellschaft, mitlas. Schließlich sagte er:

„Entschuldigen Sie bitte, könnten Sie mir wohl einige Erläuterungen zum Thema Schwermut geben? Meine Frau war bis zu unserer Silberhochzeit kaum je schwermütig, wurde aber vor acht Jahren nach der Geburt unseres jüngsten Kindes schwer depressiv. Wir haben ein Vermögen für fachärztliche Behandlung und Elektroschocks ausgegeben, doch es wird immer schlimmer mit ihr. Jetzt merke ich, daß auch ich allmählich schwermütig werde, weil sie es ist."

Ich stellte die naheliegende Frage und traf damit ins Schwarze: „Wollte denn Ihre Frau vor acht Jahren überhaupt schwanger werden?" „Nein", erwiderte er, „während der ganzen Schwangerschaft war sie mir böse, und sie hat mir nie verziehen." Es würde mich sehr wundern, wenn die Geburt oder eine Hormonstörung im Klimakterium ihre Depression ausgelöst haben sollte. Die Depressionsformel für diese Frau lautet: ungewollte Schwangerschaft + Groll × Selbstmitleid = Depression.

Daß ihre Depression nicht verschwand, sondern schwerer wurde, beweist, daß keine hormonelle Störung, sondern das Selbstmitleid die Ursache dafür war. Je mehr sie sich bemitleidete, desto schlimmer wurde die Krankheit. Für den Ehemann lautet die Formel: depressive Ehefrau + Ärger × Selbstmitleid = Depression.

Eines Tages flogen meine Frau und ich von einem Seminar nach San Diego zurück. Eine recht gut aussehende Stewardeß beobachtete mich, wie ich am Manuskript dieses Buches schrieb. Schließlich siegte ihre Neugier, und sie fragte: „Sie schreiben ja wie wild. Was soll denn das werden?" Ich sagte ihr, es handele sich um ein Buch zum Thema „Depression und ihre Überwindung", und sie meinte spontan dazu: „Schreiben Sie es schnell zu Ende – ich muß es sofort lesen!" Dieser jungen Frau, die überhaupt nicht so wirkte, als hätte sie irgendwelche Sorgen, erwiderte ich: „Wie? Könnten Sie denn mit 22 Jahren wegen irgend etwas schwermütig sein?" Sofort kam sie mit ihrem Ärger heraus: „Unsere Fluggesellschaft sorgt für überhaupt nichts. Auf diesem Flug haben wir nicht genügend Personal, und man hat uns zu wenig Proviant mitgegeben, wir können unsere Passagiere nicht mal einigermaßen vernünftig bedienen." Ich erklärte ihr die Formel: Ärger × Selbstmitleid = Depression, und sie sagte: „Ach, das wird schon werden, wenn ich erst am Strand liege und die Brandung höre. Das tut meinen strapazierten Nerven gut." Selbst auf die Gefahr hin, lästig zu wirken, mußte ich sie darauf hinweisen, daß ihre Bitterkeit bald das Rauschen der Wellen übertönen würde, wenn sie nicht aufhörte, sich zu bemitleiden. „Aber das kann ich nicht", stieß sie hervor. Ich erzählte ihr dann von Jesus Christus, der unsere falschen Denkgewohnheiten verändern kann.

Selbstmitleid und die daraus resultierende Schwermut ist nicht auf bestimmte Menschengruppen beschränkt: sowohl Intellektuelle wie geistig wenig geschulte Menschen sind davon bedroht. Ich kenne einen hervorragenden Wissenschaftler, der weltberühmt geworden ist. Er ist jedoch schwermütig. Nach seiner Promotion galt der junge Mann als vielversprechend, und Fachkollegen sagten ihm eine große Zukunft voraus. Seine Ehe jedoch war schwierig, und er entwickelte allmählich feindselige Gefühle seiner Frau gegenüber, die ihn dann zum Selbstmitleid führten, was ihm wiederum allen Antrieb nahm. Nachdem dieses Denkmuster jahrelang bestanden hatte, kam er zu mir in die Beratung. Dieser begabte Mann hatte nur einige wenige Artikel veröffentlicht, kein einziges Buch zu Ende geschrieben und so die schöpferischen Möglichkeiten seines Lebens verspielt. Natürlich gab er seiner Frau und nicht sich selbst die Schuld daran: „Ohne diese Frau hätte ich mit meinen Fähigkeiten zum Zuge kommen können." Schließlich mußte er eingestehen, daß nicht sie für seine Antriebslosigkeit verantwortlich zu machen war, sondern daß er selbst die Schuld daran trug. Er brauchte nämlich soviel Zeit, um sich zu bemitleiden, daß in seinen Gedanken und Gefühlen für schöpferische Arbeit kein Raum mehr blieb.

Noch ein typisches Beispiel für die Depressionsformel: Eine Frau trat in mein Sprechzimmer und seufzte: „Ich bin acht Monate verheiratet und jetzt völlig gefühlskalt." Diese hübsche junge Frau hatte einen gutaussehenden jungen Mann geheiratet. Wie sie sagte, waren beide ganz furchtbar verliebt gewesen und hatten sich sehr auf ihre Hochzeit gefreut. Wenige Monate später war sie schwermütig und hatte jegliches Interesse an ihrem Mann verloren. Allem Anschein nach hatte ihre Stiefmutter ihr im Alter von 14 Jahren zum Vorwurf gemacht, sie habe wahllos sexuelle Beziehungen. Zwei der älteren Schwestern hatten vor der Ehe einen sehr lockeren Lebenswandel geführt und der Familie viel Schande bereitet. Als das Mädchen so falsch verdächtigt wurde, nahm sie sich vor: „Wenn ich heirate, will ich auf jeden Fall unberührt sein." Doch als ihr der so gutaussehende Verlobte den Verlobungsring ansteckte und sie den Hochzeitstermin festlegten, gab sie nach, und sie hatten Geschlechtsverkehr. Sie gestand mir, daß sie Gefallen daran gefunden habe und sie einige Male vor der Hochzeit miteinander geschlafen hätten. Ihre Schwierigkeiten begannen eigentlich, als sie zum ersten Mal das weiße Hochzeitskleid anzog, wodurch ihr erstmals zum Bewußtsein kam, daß sie nicht unberührt in die Ehe ging. Je länger sie darüber nachdachte, desto ärgerlicher wurde sie. Anstatt sich selbst die Schuld zu geben, machte sie einzig und allein ihren Mann für ihr Nachgeben verantwortlich. Selbstrechtfertigung ist ja ein normaler Abwehrmechanismus gegen die Selbstbezichtigung; folglich war es leichter, ihn für schuldig zu erklären, als die Schuld gemeinsam zu tragen. Sehr bald entwickelte sich Selbstmitleid aus ihrer feindseligen Haltung, und schließlich wurde sie depressiv. Der Arzt verschrieb ihr Medikamente, die nur kurzfristig halfen. Für diese Frau bestand nur dann Hoffnung, wenn sie ihrem Mann und sich selbst verzieh und Gott um Vergebung ihrer Schuld bat. Schließlich tat sie das und wurde nicht nur von ihrer Schwermut befreit, sondern konnte auch ganz neue Liebe für ihren Mann empfinden. Seither hat sich ihre Ehe zu einer sehr herzlichen und tiefen Beziehung entwickelt.

Die meisten Menschen sind felsenfest davon überzeugt, daß ihre Depression durch veränderte Umstände zu Ende sein würde. Doch leider ist diese Hilfe nur kurzfristiger Natur. Wandeln sich bei veränderten Umständen die Denkstrukturen nicht, wird die Depression wieder auftreten. Eine zum viertenmal verheiratete Frau gestand mir, daß in Wirklichkeit ihr erster Mann der beste von allen gewesen sei. Nachdem sie bei vier verschiedenen Partnern depressiv wurde, war sie schließlich zu dem Eingeständnis bereit, daß das Problem bei ihr selbst und nicht bei ihnen lag.

Selbstmitleid ist Sünde

Das Selbstmitleid versteckt sich hinter der Maske von Entschuldigung und Selbstrechtfertigung; nimmt man sie ab, bleibt eine Gedankensünde übrig. Vielen, die vor einer Sünde wie Ehebruch oder Hurerei zurückschrecken würden, scheint diese Gedankensünde keine Gewissensbisse zu machen.

Selbstmitleid läßt den biblischen Grundsatz nicht gelten, daß „denen, die Gott lieben, alle Dinge zum Guten mitwirken, denen, die nach seiner zuvor getroffenen Entscheidung berufen sind" (Römer 8, 28). Dieser Satz besagt nicht, daß alles gut ist, sondern, daß alle Dinge *zum Guten mitwirken*. Das ist ein großer Unterschied. Gott kann aus allem in unserem Leben Gutes machen, und er möchte, daß wir bei den belastenden Problemen unseres Lebens endlich um seine Führung bitten. Dazu ist es unabdingbar, daß der Mensch, der sein Selbstmitleid als Sünde erkannt hat, Gott um die Gnade bittet, die äußeren Umstände ertragen zu können. Je schneller er im Glauben wächst und zu diesem Zweck intensiv das Wort Gottes studiert und sich vom Heiligen Geist erfüllen läßt, desto eher wird er frei werden.

Haben Sie Jesus Christus in Ihr Leben aufgenommen, sind Sie ein Kind Gottes? (Johannes 1, 12) Als Glied der Gottesfamilie haben Sie einen himmlischen Vater, der Sie nicht nur reichlich versorgen kann, sondern auch an jeder Einzelheit Ihres Lebens ungemein interessiert ist. Nach den Worten Jesu ist er der Gott, der alle Haare Ihres Hauptes gezählt hat und den Spatz sieht, der vom Dach fällt, und auch die wunderschönen Lilien des Feldes geschaffen hat. So zieht Jesus den Schluß: „Wenn aber Gott das Gras des Feldes, das heute steht und morgen in den Ofen geworfen wird, so kleidet, wird er das nicht viel mehr euch tun, ihr Kleingläubigen?" (Matthäus 6, 30) Als Christen sollten wir nicht aus den Augen verlieren, daß Gott sich für jeden Aspekt unseres Lebens interessiert und uns nur zu gern den Sieg über unsere Probleme geben will.

Versuchungen übersteigen nicht unsere Kräfte

Jedem Menschen begegnen Versuchungen. Aus irgendwelchen Gründen setzt sich aber bei Christen die Vorstellung fest, daß ihnen als Glaubenden das Leid erspart bliebe. Dies stimmt einfach nicht. Dr. Henry Brandt, ein christlicher Psychologe, hat ein ausgezeichnetes Buch geschrieben: Christians Have Troubles Too (Auch Christen haben Probleme), in dem er aufzeigt, daß Gott nicht versprochen hat, uns vor Schwierigkeiten zu bewahren, sondern uns beizustehen, wenn wir mitten drinstecken. Auch der Apostel Paulus hatte dies gelernt, denn er schrieb: „Mein Gott aber wird all euer Bedürfnis nach seinem Reichtum in Herrlichkeit erfüllen in Christus Jesus" (Philipper 4, 19). D. L. Moody hat diesen Vers Gottes Blankoscheck genannt, weil hier auf übernatürliche Weise für jedes menschliche Bedürfnis gesorgt wird.

Versuchungen gehen nicht über unsere Kräfte, es scheint nur so. 1. Korinther 10, 13 gibt dafür eine Erklärung: „Es hat euch noch keine Versuchung erfaßt als nur menschliche. Gott aber ist *getreu,* der euch nicht über euer Vermögen versuchen läßt, sondern mit der Versuchung auch ihr Ende schaffen wird, so daß ihr sie ertragen könnt." Jeder Christ kann irgendwann einmal einer Prüfung ausgesetzt werden, doch hat er die absolute Gewißheit, daß sie nicht über seine Kräfte gehen wird. Gott kennt Ihre Grenzen. Der Evangelist Ken Poure drückt es so aus: „Dies ist die Garantie, daß die Versuchung zuerst am Vater vorbeigegangen ist." Anders ausgedrückt: Jede Prüfung in Ihrem Leben ist durch die Hände des himmlischen Vaters gegangen. Er achtet darauf, daß das Problem nicht so groß ist, daß Sie darunter zerbrechen. Den meisten Christen reicht aber die Gnade Gottes nicht, wenn sie in den Feuerofen der Prüfung geworfen werden, sondern sie bitten um sofortige Befreiung oder um einen Weg, der dem Leid ausweicht.

Keinem machen die Prüfungen seines Lebens Spaß, doch Jakobus 1, 2 und 3 weist uns an: „Achtet es für lauter Freude, meine Brüder, wenn ihr in mancherlei Versuchungen geratet, und erkennet, daß die Erprobung eures Glaubens Geduld wirkt." So wachsen wir geistlich und seelisch zu reifen Persönlichkeiten heran.

Wie der Stahl werden auch Menschen nur durchs Feuer gehärtet. Die Prüfungen Ihres Lebens sind wesentlich, damit Sie fest werden. Wir hörten schon, daß dies nie über unsere Kräfte geht. Mag sein, daß das absolut nicht Ihren Wünschen entspricht, doch Gott kennt Ihr Temperament, er hat einen Plan für Ihre Zukunft und weiß genau, was Sie brauchen. Deswegen hören wir im Wort Gottes, daß wir alles dies „für lauter Freude achten" sollten, statt uns zu beschweren und zu bemitleiden, was doch nur zur Schwermut führt.

Die Beratungsstunden einer depressiven Patientin vergingen vorwiegend damit, daß sie ihren Ehemann schlechtmachte. Alles, was er tat, schien ihr zu mißfallen. Voller Selbstmitleid rief sie aus: „Warum nur habe ich nicht einen so netten und freundlichen Mann wie den von Frau K. am Ende der Straße geheiratet. Er ist so rücksichtsvoll, aufmerksam und höflich zu seiner Frau." Ich kannte den Mann der Patientin und wußte sehr wohl, daß er jedem Menschen mürrisch, rücksichtslos und unfreundlich begegnete, mußte ihr aber etwas Mutmachendes sagen. So erwiderte ich: „Gottes Gnade reicht auch für Sie aus." Ich erklärte ihr dann, daß die Gnade desto größer wäre, je schwieriger ihre Probleme seien. „Die Frau in Ihrer Straße hat keine besonderen Schwierigkeiten in ihrem Leben, und so kann sie auch nicht viel Hilfe von Gott erwarten. Sie aber sehen sich so ungeheuren Problemen gegenüber, daß Ihnen mehr gegeben wird, damit Sie sie meistern können." Voller Ärger antwortete sie: „Mir wäre ein freundlicher Mann lieber als die Gnade!"

Ihre Reaktion ist typisch und dabei erfreulich ehrlich. Die meisten Menschen würden lieber den Prüfungen ihres Lebens ausweichen, als sich die Gnade schenken lassen, sie mutig zu bestehen.

Es sollte uns allen ein Trost sein, daß jede Schwierigkeit durch die Hände des Vaters geht. Das bedeutet doch, daß er die Entscheidung trifft, ob wir sie tragen können oder nicht, noch ehe sie uns begegnet, und daß er sich dafür verbürgt, „mit der Versuchung auch den Ausgang zu schaffen". Begegnet Ihnen eine Prüfung, müssen Sie eine klare Entscheidung treffen. Entweder Sie reagieren mit Wut und Bitterkeit und geben sich dem Selbstmitleid hin, das dann zur Schwermut führen wird, oder aber Sie blicken auf Gott, Ihren himmlischen Vater, danken ihm im Glauben für seine Kraft und Gnade, die Sie die Prüfung bestehen lassen wird, und verlassen sich auf ihn. Eine Entscheidung müssen Sie treffen. Doch Sie können sicher sein, daß Sie unweigerlich schwermütig werden, wenn Sie sich dem Selbstmitleid überlassen!

Krisensituationen – Prüfungen und Streß

Wie man Krisen und Prüfungen besteht, wirkt sich oft entscheidend auf die Gesundheit aus. Dr. Thomas Holmes, Professor für Psychiatrie an der University of Washington in Seattle, entwickelte eine Skala, die anzeigt, wieviel Streß in jeder Lebenskrise entsteht. Am 18. 7. 1972 erläuterte er in einem Artikel der *Chicago Tribune,* daß er nach fünfundzwanzigjähriger intensiver Beschäftigung mit diesem Problem eine Liste der 43 häufigsten streßerzeugenden Lebenssituationen erstellt habe, denen er je nach Streßmenge eine Skala von 11–100 Punkten zuordne. Man sollte bei der Lektüre nicht vergessen, daß kein Mensch alle Krisen vermeiden kann (und hoffentlich niemand jede durchlebt!).

Rang	Art der Krise	Punktzahl
1.	Tod des Ehepartners	100
2.	Scheidung	73
3.	Trennung vom Ehepartner	65
4.	Gefängnisaufenthalt	63
5.	Tod eines nahen Angehörigen	63
6.	Körperverletzung oder Krankheit	53
7.	Heirat	50
8.	Kündigung	47
9.	Versöhnung mit dem Ehepartner	45
10.	Pensionierung	45
11.	Erkrankung eines Familienglieds	44
12.	Schwangerschaft	44
13.	Sexuelle Probleme	39
14.	Familienzuwachs	39
15.	Geschäftliche Veränderung	39
16.	Veränderte finanzielle Situation	38
17.	Tod eines engen Freundes	37
18.	Arbeitsplatzwechsel	36
19.	Zunahme oder Abnahme von Ehestreitigkeiten	35
20.	Hypothek über 20 000,– DM	31
21.	Fälligkeit einer Hypotheken- oder Darlehensschuld	30
22.	Neue berufliche Aufgaben	29
23.	Auszug von Sohn oder Tochter	29
24.	Schwierigkeiten mit Verwandten	29
25.	Außergewöhnliche eigene Leistung	28
26.	Beginn oder Ende des Berufslebens der Ehefrau	26
27.	Schulanfang oder -abgang	26
28.	Veränderte Lebensbedingungen	25
29.	Veränderte eigene Gewohnheiten	24
30.	Schwierigkeiten mit dem Chef	23
31.	Änderung von Arbeitszeit oder -bedingungen	20

Rang	Art der Krise	Punktzahl
32.	Umzug	20
33.	Schulwechsel	20
34.	Andere Freizeitgestaltung	19
35.	Neue Aufgaben in der Gemeinde	19
36.	Andere gesellschaftliche Kontakte	18
37.	Hypothek oder Darlehen unter 20 000,– DM	17
38.	Veränderte Schlafgewohnheiten	16
39.	Zunahme oder Abnahme von Familientreffen	15
40.	Veränderte Eßgewohnheiten	15
41.	Urlaub	13
42.	Weihnachten	12
43.	Ordnungswidrigkeit	11

Dr. Holmes erstellte dann eine Skala, an der sich ablesen läßt, daß das Erkrankungsrisiko innerhalb von zwei Jahren hoch ist, wenn man eine gewisse Punktzahl erreicht.

Krankheitsrisiko	Gesamtpunktzahl
gering	150–200
mittel	225–300
hoch	325–375

Nach dieser Skala ist die Wahrscheinlichkeit hoch, körperlich zu erkranken, wenn man innerhalb relativ kurzer Zeit 300 oder mehr Punkte erreicht. Verliert jemand beispielsweise seinen Ehepartner und geht aus seiner Einsamkeit heraus überstürzt eine zweite Ehe ein, hat er bereits 150 Punkte. Kauft er mit seiner Frau ein Haus, auf dem eine Hypothek von mehr als 20 000,– DM lastet (31 Punkte), stellen sich in der zweiten Ehe sexuelle Schwierigkeiten ein (39 Punkte), wechselt er seinen Arbeitsplatz (36 Punkte) und kommt er, wie es sich durch die Partnerin natürlicherweise ergibt, in einen neuen Bekanntenkreis (18 Punkte), passiert ihm ein geringfügiger Verstoß gegen die Straßenverkehrsordnung (11 Punkte), hat er mit der zweiten Frau die eine oder andere Auseinandersetzung (12 Punkte), fehlt nur noch das Weihnachtsfest (12 Punkte) oder der Urlaub (13 Punkte), um die Streßpunktzahl zu überschreiten, die zur Krankheit führen kann.

Ist es realistisch, diese Krankheit auf die erwähnten Krisen oder den veränderten Lebensstil zurückzuführen? Bei näherem Zusehen zeigt sich, daß eigentlich die innere Einstellung, nicht aber die Prüfungen und Lebenskrisen verantwortlich sind. Sie kennen gewiß Menschen, die seelisch gesund bleiben, obgleich sie derartiges durchmachten, und andere, die nur eine einzige Krise in Verzweiflung und Depression stürzte. Folglich sehen wir wieder, daß die Einstellung gegenüber den Lebenskrisen wichtiger ist als diese selbst.

Meine Sekretärin hat an der Streßskala des Dr. Holmes eine interessante Beobachtung gemacht. Sie hatte sich bemüht, alle 43 Lebenssituationen ihrem Rang nach auf ein Dia zu schreiben, das ich bei meinen Vorträgen zeigen wollte, und sagte: „Eines ist allen gemeinsam: die Veränderung." Beim Durchlesen der Liste werden Sie ihr Recht geben. Unbewußt lehnen die meisten von uns eine Veränderung ab, aber wer könnte ihr aus dem Weg gehen? Das Leben wäre ja tödlich langweilig, wenn sich nicht von Zeit zu Zeit etwas änderte. Nicht die Veränderung bringt Probleme; wer die richtige innere Einstellung hat, kann sehr gut damit leben. Doch wer darüber schimpft, und sei es im stillen, und sich wegen dieser notwendigen Veränderung leid tut, wird Schwierigkeiten bekommen. Die Haltung mancher Menschen ist so falsch, daß sie schon beim Gedanken an eine bevorstehende Veränderung depressiv werden können. Der Fehler eines zu Schwermut neigenden Menschen liegt darin, daß seine Denkstrukturen zu sehr auf ihn selbst bezogen sind. Er beurteilt alles im Leben von diesem ichhaften Standpunkt aus. So kann er aufgrund der geringsten Beleidigung oder Schwierigkeit depressiv werden. Nur wenn er das Selbstmitleid als Sünde erkennt und es direkt angeht, kann er einen dauerhaften Sieg über diese heimtückische Gewohnheit erringen, die ihn geistlich, geistig, seelisch und körperlich zugrunde richtet.

Das folgende Schaubild, auf dem die drei Depressionsarten dargestellt sind, zeigt die Wichtigkeit der inneren Einstellung. Wenn Sie sich nacheinander die geistige, körperliche, seelische und geistliche Ebene ansehen, können Sie verfolgen, wie sich falsches Denken auf den ganzen Menschen auswirkt.

Charakteristische Merkmale der drei Depressionsarten			
	Entmutigung (leicht)	*Hoffnungs- losigkeit (schwer)*	*Verzweiflung (sehr schwer)*
Geistig	*Zweifel an sich selbst Groll Selbstmitleid*	*Selbstkritik Wut Selbstmitleid*	*Selbsthaß Bitterkeit Selbstmitleid*
Körperlich	*Appetitver- lust Schlaflosig- keit ungepflegtes Äußeres*	*Apathie Krankheits- wahn „heulendes Elend"*	*Isolation Passivität Katatonie*
Seelisch	*Unzufrieden- heit Traurigkeit Reizbarkeit*	*Niederge- schlagenheit Sorgen Einsamkeit*	*Hoffnungs- losigkeit Wahnvorstel- lungen Verzweiflung*
Geistlich	*Zweifel an Unzufrieden- heit mit Undankbarkeit Unglaube* } *Gottes Willen*	*Wut über Ablehnung von Schimpfen über* } *Gottes Willen*	*Ärger an Gleichgül- tigkeit und Mißtrauen gegenüber* } *Gottes Wort*

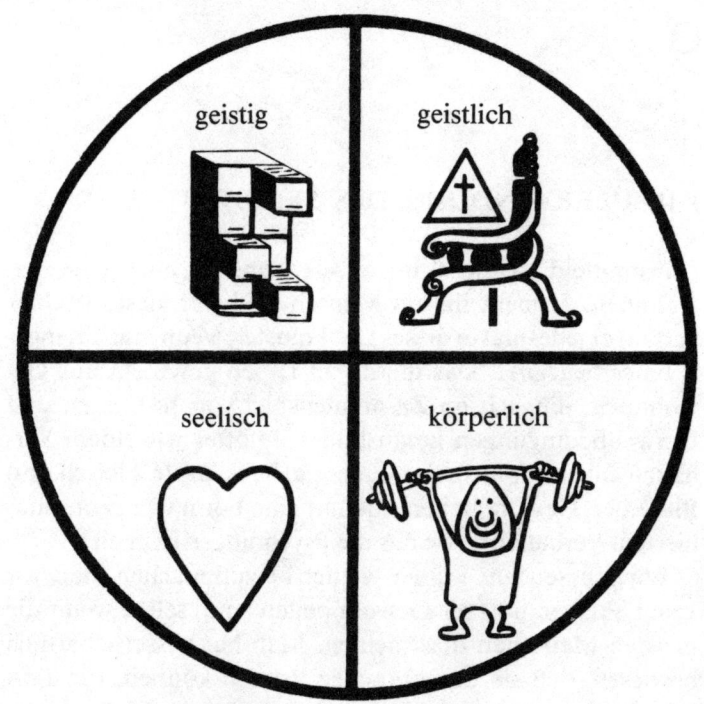

der Mensch ohne Depressionen

9

DIE ÜBERWINDUNG DES SELBSTMITLEIDS

Selbstmitleid ist nicht nur Sünde, sondern auch eine Gewohnheit. Je mehr ihr ein Mensch nachgibt, desto leichter verfällt er jedesmal in dieses Denkmuster, wenn ihm Unangenehmes begegnet. Das meiste im Leben geschieht aus Gewohnheit, die sich im Zusammenspiel von Instinkten und Umweltbedingungen herausbildet. Je öfter wir einem Verhaltensmuster folgen, desto mehr geht es uns in Fleisch und Blut über. Gewohnheiten sind nur eine Form von „konditioniertem Verhalten", wie das die Psychologen nennen.

Wir müssen uns immer wieder bewußtmachen, daß wir keine Sklaven unserer Gewohnheiten sind, selbst wenn die meisten Menschen dies meinen. Man hat wissenschaftlich bewiesen, daß sie durchbrochen werden können. Ein Forscher kommt zu dem Schluß, daß alles, was wir 39 Tage lang regelmäßig tun, zur Gewohnheit wird, oder umgekehrt jedes 39 Tage lang nicht gezeigte Verhalten aufhört, eine Gewohnheit zu sein. Dies mag für Trimm-Trab, Rauchen, Kaffeetrinken und ähnliches gelten, doch bezweifle ich ernsthaft, daß die Gültigkeit dieser Behauptung für das Selbstmitleid zutrifft. Es können nämlich sehr wohl 39 Tage ohne jede Gelegenheit zum Selbstmitleid vergehen. Doch unterstreicht dieses Ergebnis die Tatsache, daß eine über längere Zeit andauernde Veränderung der Denkweise die gedankliche Gewohnheit des Selbstmitleids durchbrechen kann.

Vielen zur Schwermut neigenden Menschen habe ich das folgende Programm zur Überwindung des Selbstmitleids weitergegeben. Wer bereit war, ihm zu folgen, erfuhr eine deutliche Besserung. Denjenigen, die lieber am „angenehmen Selbstmitleid" festhielten, wurde nicht geholfen. (So überraschend es klingen mag, das Selbstmitleid ist für viele eine angenehme geistige Tätigkeit, auch wenn die Schwermut als Folge gar nicht so schön ist.)

1.) Erkennen Sie Ihr Selbstmitleid als Sünde.

„Tut alles ohne Murren und Bedenken" (Philipper 2, 14). Der erste Schritt, sich aus der Sklaverei des Selbstmitleids zu befreien, besteht darin, es als Sünde zu erkennen. Dies ist wohl auch der schwerste Schritt, denn menschlich gesehen läßt sich das Selbstmitleid so leicht rechtfertigen.

Doch statt Mitleid mit sich zu empfinden und anderen die Schuld an Beleidigung, Kränkung, Zurückweisung oder den tragischen Ereignissen zu geben, sollten Sie das Selbstmitleid ganz klar als schwere Gedankensünde erkennen, die Sie zugrunde richten wird.

Wenn Sie Ihr Selbstmitleid nicht schlicht Sünde nennen, werden Sie diese Gewohnheit nie loswerden. Rechtfertigen Sie es, so gleichen Sie einem Alkoholiker, der seine Krankheit leugnet. Man kann keine eingefleischte Gewohnheit ablegen, wenn man nicht zum Eingeständnis bereit ist, daß sie schlecht und man von ihr abhängig ist.

Suchen Sie das Selbstmitleid nie zu entschuldigen. Menschlich gesehen wäre das einfach. Vielleicht haben Ihre Eltern Sie nicht akzeptiert, oder jemand, dem Sie Ihr Vertrauen schenkten, hat es mißbraucht, oder Sie haben möglicherweise eine schlechte Stelle ohne Aufstiegsmöglichkeiten oder einen sehr selbstsüchtigen, wenig einfühlsamen und rücksichtslosen Ehepartner. Vielleicht sind Sie körperbehindert oder müssen von den liebsten Menschen getrennt leben. Rein menschlich kann man diese und andere Probleme als gute Gründe für das Selbstmitleid gelten lassen. Doch seien Sie sicher: Es wird zur Depression führen, ganz gleich, ob es zu Recht besteht oder nicht.

Darüber hinaus wird Sie die Sünde des Unglaubens, aus der das Selbstmitleid erwächst, daran hindern, die Kraft Gottes, den Heiligen Geist, in Anspruch zu nehmen, wenn Sie sie brauchen. Auch als Kind Gottes werden Sie so kraftlos wie die Nichtchristen, wenn Sie den Heiligen Geist durch Selbstmitleid einschränken oder betrüben. Je eher Sie also die

Denkstruktur Selbstmitleid Sünde nennen, desto schneller werden Sie den ersten Schritt auf dem Weg zur Heilung tun.

2.) Bekennen Sie das Selbstmitleid als Sünde.

„Wenn wir unsere Sünden bekennen, ist er treu und gerecht, daß er uns die Sünden vergibt und uns von aller Ungerechtigkeit reinigt" (1. Johannes 1, 9). Unser himmlischer Vater ist ein barmherziger Gott, immer bereit zu vergeben, wenn Sünder im Namen seines Sohnes Jesus Christus ihre Schuld bekennen. Das Wort „bekennen" bedeutet Gott recht geben: „Ich habe gesündigt; ich habe dem Selbstmitleid Raum gegeben." Je früher Sie das Selbstmitleid als Schuld bekennen, desto eher machen Sie den zweiten Schritt, um von dieser selbstzerstörerischen Gewohnheit frei zu werden.

3.) Bitten Sie Gott um Sieg über das Selbstmitleid.

„Und darin besteht die Zuversicht, die wir zu ihm haben, daß er auf uns hört, wenn wir nach seinem Willen um etwas bitten. Und wenn wir wissen, daß er auf uns hört bei dem, worum wir bitten, so wissen wir auch, daß wir das Erbetene wirklich besitzen, das wir von ihm erbeten haben" (1. Johannes 5, 14 und 15). Gott hat sein Urteil über das Selbstmitleid schon gesprochen, und so können wir sicher sein, daß er uns auf unsere Bitte hin den Sieg darüber schenkt. Denken Sie daran, daß ein Christ über Kraftquellen verfügt, die dem Nichtchristen verschlossen sind. Daher betone ich: Ein Christ braucht kein Sklave seiner tyrannischen Gewohnheiten zu sein.

Vor elf Jahren sagte Dr. Henry Brandt zu einer Gruppe von Pastoren in San Diego: „Sie können Ihr Verhalten nur so lange mit Herkunft und Umwelteinflüssen erklären, bis Sie Christ werden. Danach gilt diese Entschuldigung nicht mehr." Wenn ein Mensch Jesus Christus aufnimmt, bekommt er eine neue innere Kraft, die ihm den Sieg über alte Gewohnheiten gibt (2. Korinther 5, 17). Bei aller Hochachtung vor menschlicher Selbstdisziplin und -kontrolle muß man doch sagen, daß den meisten die Charakterstärke fehlt, um alle Gedanken des Selbstmitleids abzuschneiden. Doch da der Geist Jesu Christi, der in das Leben des „natürlichen

Menschen" kommt, ihm übernatürliche Kraft gibt, ist er voll und ganz in der Lage, den Sieg davonzutragen. Was der Apostel Paulus sagte, gilt für jeden unter uns: „Alles vermag ich durch den, der mich stark macht" (Philipper 4, 13).

4.) Danken Sie Gott in jeder Situation Ihres Lebens.

„Danket für alles! Denn das ist der Wille Gottes in Christus Jesus für euch" (1. Thessalonicher 5, 18). Von diesem Schritt hängt der Sieg ab! Wenn Sie nicht mit Gottes Hilfe und im Gehorsam gegen sein Gebot in Ihrer Situation dankbar sind, wird das Selbstmitleid wiederkommen und Ihrer Depression neue Nahrung geben. Sie müssen erkennen, daß Danken „für alles" in doppelter Hinsicht wichtig ist: einmal braucht Gott es, damit wir geisterfüllte Christen werden, zum anderen – wie wir noch in einem späteren Kapitel sehen werden – setzt es auch heilende Kräfte in unserer Seele frei.

Nicht immer können wir Gott *für* die Situation danken, doch ist es wichtig, ihm *in* der Situation Dank zu sagen.

Es mag Ihnen seltsam erscheinen, daß ein hoher Prozentsatz der Depressiven häufig betet. Sie sind durch ihr unerwünschtes Verhalten – das gewohnheitsmäßige Selbstmitleid und ihre ständige Unzufriedenheit – selbst den besten Freunden fremd geworden. Sie führen nur Klagen im Munde, was selbst die engste Freundschaft bis an die Grenzen strapaziert. Schließlich hat es den Anschein, daß nur noch Gott sie kennt. Ein schwer depressiver oder verzweifelter Mensch wird natürlich zu der Ansicht neigen, daß selbst Gott sich nicht mehr um ihn kümmert.

Vielleicht wundert es Sie auch, daß nicht jedes Beten gut ist. Vieles, was man Gebet nennt, ist geradezu schädlich, weil es dem Willen Gottes überhaupt nicht entspricht. Für die meisten depressiven Menschen ist es eine Möglichkeit, immer wieder ihren Groll zu äußern und ihr Selbstmitleid in Worte zu kleiden. Dies hat nicht nur seelisch, sondern auch geistlich schlimme Folgen.

Das schlechteste Beispiel in bezug auf das Gebet gibt uns Mose, eine der bedeutendsten Gestalten des Alten Testaments. Er war sichtlich unzufrieden mit den Israeliten, weil sie ständig murrten. Er projizierte sein Mißfallen auf Gott und betete: „Warum tust du so übel an deinem Knechte, und warum finde ich nicht Gnade vor deinen Augen, daß du mir die Last dieses ganzen Volkes auflegst? *Habe denn ich dieses ganze Volk empfangen, oder habe ich es geboren,* daß du zu mir sagst: Trage es an deinem Busen, wie die Wärterin den Säugling trägt, in das Land, das du seinen Vätern zugeschworen hast? Woher nehme ich Fleisch für dieses ganze Volk? Denn sie wehklagen vor mir und sprechen: Gib uns Fleisch zu essen! *Ich vermag dieses ganze Volk nicht allein zu tragen;* es ist mir *zu schwer.* Willst du so an mir handeln, *so töte mich lieber, wenn ich anders Gnade vor deinen Augen gefunden habe, damit ich mein Elend nicht mehr ansehen muß"* (4. Mose 11, 11–15).

Am Anfang dieses Gebets steht der Groll, es folgt das Selbstmitleid und am Ende die tiefe Schwermut, die Mose um seinen Tod bitten läßt. Armer Mose! Voll Ärger über die Klagen des Volkes und seine Aufgabe als Anführer achtete er Gottes übernatürliche Fürsorge für alles Nötige gering. Nach einem solchen Gebet wird man stets depressiv sein.

Ein befreundeter Pastor erzählte mir von einer Untersuchung, die während seiner Studienzeit zur Frage des Gebets durchgeführt wurde. Eine Anzahl schwermütiger Menschen, die dem christlichen Glauben nahestanden, teilte man in drei Kategorien ein. Die erste Gruppe bekam Gruppen- und Einzeltherapie. Die zweite traf sich, um richtiges Beten zu lernen. Die Mitglieder der dritten Gruppe sollten jeder für sich zu Hause beten. Nach einigen Wochen ging es fast 50% derjenigen, die man beraten hatte, besser; denen, die wöchentlich unter Anleitung gemeinsam gebetet hatten, wurde zu 85% geholfen. Doch bei denen, die allein, ohne Anleitung beteten, trat keine Besserung ein, und einigen ging es sogar schlechter. Man fand heraus, daß jeder von ihnen in seinen Gebeten sich immer wieder bemitleidet hatte. Natürlich verschlimmerte sich so die Depression.

Um etwas Gutes zu bewirken, muß unser Beten auch Dankgebet sein. Die Bibel ermahnt uns: „Sorget euch um nichts, sondern in allem lasset im Gebet und Flehen mit Danksagung eure Bitten vor Gott kundwerden! Und der Friede Gottes, der allen Verstand überragt, wird eure Herzen und Gedanken bewahren in Christus Jesus" (Philipper 4, 6 und 7).

Richtiges Gebet hat positive Auswirkungen, doch gehört stets der Dank hinzu. Wenn Sie wirklich glauben, daß Gott auf Gebet antwortet und für Sie etwas tun kann, danken Sie ihm, noch ehe deutlich wird, was er tut. Solches Beten hat heilende Wirkung. Gebet ohne Dank wird Ihnen schaden und Sie vielleicht schwermütig machen. Wenn Sie nach dem Beten depressiver sind als vorher, prüfen Sie, ob eines dabei fehlte – nämlich der Dank.

Vor einigen Jahren bedeutete mir ein neues Auto noch mehr als heute. Ich lernte damals eine wichtige Lektion. Ich wollte meiner Frau nach einem Festessen die Wagentür aufhalten, als ich bemerkte, daß uns ein anderes Auto den Kotflügel eingedrückt hatte. Einen Augenblick lang war ich wie erstarrt, ich hatte ein flaues Gefühl im Magen, und ziemlich üble Gedanken schossen mir durch den Kopf. Doch dann sagte ich: „Der Herr sei gelobt!" Obwohl ich nicht wußte, wieso dies passiert war, wollte ich Gott gehorsam sein; daher dankte ich ihm im Glauben, wie er es von uns in solchen Situationen erwartet. Die Folge war, daß ich wegen des Unfalls nie ein schlechtes Gefühl hatte. Das wäre sicher anders gewesen, hätte ich nicht gedankt.

Diese Situation verdeutlichte mir den Grundsatz, daß man ein Ereignis nicht verstehen und sich auch nicht darüber freuen muß, um danken zu können. Nein, angesichts einer unerwarteten Situation erschafft sich der Mensch seine Gefühlslage selbst, indem er entweder schimpft oder aber dankt.

5.) Bitten Sie darum, daß Sie mit dem Heiligen Geist erfüllt werden.

„Wenn nun ihr, die ihr doch böse seid, euren Kindern gute Gaben zu geben wißt, wieviel mehr wird der Vater im Himmel den Heiligen Geist denen geben, die ihn bitten!" (Lukas 11, 13). Sie haben Ihre Sünde erkannt und bekannt. Ihnen ist

vergeben, Sie haben Gott gebeten, Ihr „Selbstmitleid" wegzu-
nehmen, und ihm gleich im Glauben gedankt. Jetzt können
Sie mit dem Heiligen Geist erfüllt werden. „Wie oft soll man
um das Erfülltwerden mit dem Heiligen Geist bitten?" werde
ich oft gefragt. Meine Antwort darauf lautet: „Immer wenn
Ihnen bewußt ist, daß Sie innerlich leer sind." Epheser 5, 18
macht deutlich, daß wir uns ständig vom Heiligen Geist füllen lassen sollen.

*6.) Wiederholen Sie diese Punkte jedesmal, wenn das
Selbstmitleid erneut auftritt.*
Von Pädagogen können wir lernen, daß Wiederholung
beim Lernen hilft. Nach meiner Erfahrung ist sie ein wesentlicher Schritt, wenn man eine Gewohnheit in den Griff bekommen will. Die Erwartung, die Denkstruktur des Selbstmitleids werde sofort verschwinden, ist unrealistisch, und so
wird man dieses Programm viele Male anwenden müssen,
um den endgültigen Sieg zu erringen. Doch je früher Sie Ihr
Selbstmitleid angehen, desto eher werden Sie über längere
Zeit hinweg die Oberhand behalten.

Gehen Sie nicht davon aus, daß Ihr Sieg über das Selbstmitleid ein Wunder der Gnade Gottes ohne jedes Zutun Ihrerseits wäre. Viele schwermütige Menschen möchten, daß
Gott ihnen ohne eigene Anstrengung diese falsche Denkstruktur nimmt, selbst wenn sie schon die Ursache ihrer Depression eingesehen haben. Ich habe manchmal erlebt, daß
man sich über Gott ärgerte, weil er nicht auf wunderbare Weise dieses Selbstmitleid wegnahm. Doch Gott tut nichts für
uns, was er nach der Bibel von uns selbst erwartet, sondern er
ermahnt uns, mit dem Heiligen Geist zusammenzuarbeiten,
der uns zu allem befähigt, was er uns aufträgt.

Der Sieg über das Selbstmitleid und damit über die
Schwermut kann Ihnen gehören, wenn Sie Christ sind, aber
nur, falls Sie von der geistlichen Kraft Gebrauch machen, die
ein mit dem Heiligen Geist erfülltes Leben bietet.

In der Einleitung sagte ich, daß ich am 7. 10. 1969 zum ersten Mal depressiv wurde. Seit dieser Zeit hatte ich noch dreimal Gelegenheit, das Programm zur Überwindung des Selbstmitleids am eigenen Leib auszuprobieren.

Unsere Gemeinde wuchs, und so kauften wir 40 Morgen Land mitten in San Diego, um dort unsere Kirche, unser Gymnasium, College sowie das „Institute for Creation Research" neu erbauen zu können. Im Glauben bezahlten wir 500 000 Dollar für das Grundstück, von dem wir 16 Morgen hätten bebauen können. Es lag an der Kreuzung zweier Autobahnen, von denen eine ein Verkehrsaufkommen von 105 000 Autos pro Tag hatte – in unserer Stadt ein idealer Standort für eine Kirche.

Drei Jahre lang hatte ich mich Tag und Nacht in meinen Gedanken und Träumen damit beschäftigt. Monatelang war ich herumgefahren und hatte die Besitzer von Nachbargrundstücken aufgesucht, bis wir 15 Grundstücke besaßen und so eine Zufahrt zu unserem Bauplatz hatten. Doch die Kommunalpolitik und die erste Welle der Umwelthysterie schienen gemeinsam Front gegen unser Projekt zu machen. Zwei Jahre lang kämpften wir gegen die Stadtverwaltung. Wir gaben Tausende von Dollar für Rechtsanwälte aus und hätten doppelt soviel zahlen können, wenn nicht Juristen, die zum Freundeskreis der Gemeinde gehörten, sich kostenlos zur Verfügung gestellt hätten. Ich zweifelte nicht im geringsten an der Genehmigung unserer Pläne. In meiner Naivität kam mir nie der Gedanke, daß unsere Stadtväter ein größeres Interesse daran haben könnten, statt einer Kirche an dieser Stelle mit staatlichen Geldern 200 Häuser zu bauen, die Steuern bringen würden. Folglich war ich auch wie betäubt, als das Abstimmungsergebnis auf dem Bildschirm übertragen wurde: unser Bebauungsantrag war abgelehnt worden.

Menschen liefen eilfertig herum, doch ich konnte mich kaum von der Stelle rühren – ich war wie gelähmt! Schließlich nahm ich alle Kraft zusammen und verschwand so unauffällig wie möglich. Endlich war ich für mich und fuhr allein zum Grundstück. Ich wagte nicht, an die Stelle zu gehen, an der meine Frau und ich auf die Knie gefallen waren und das Grundstück dem Herrn geweiht hatten, sondern ging statt dessen zu einem Platz mit schöner Aussicht und setzte mich auf den Boden, um zu überlegen. Können Sie sich vorstellen, was ich zuerst dachte? Ich muß gestehen, es war nichts Angenehmes. „Warum, Herr? Warum hast du das geschehen lassen? Was habe ich falsch gemacht? Ich habe doch für dieses Grundstück gebetet, ich bin darübergelaufen, habe es in deinem Namen in Besitz genommen, so wie auch andere das gemacht haben. Warum hast du das geschehen lassen? Bei Abraham hat es geklappt, auch bei einigen befreundeten Pastoren; warum nicht bei mir?" Ich hatte sehr viele Fragen. Und je mehr ich mich beklagte, desto schlechter fühlte ich mich. Nach zwei Stunden war es so schlimm, daß ich mich zum Gehen entschloß. Ich stieg auf den Hügel, den wir hatten abtragen wollen. Dort stand meine Frau, die mich trösten wollte. Ich ging zu ihrem Wagen und wollte ihr danken, daß sie gekommen war, doch meine Stimme versagte. So sehr ich mich auch mühte, ich bekam keinen Ton heraus. Schließlich ging ich weg, setzte mich in mein Auto und fuhr los.

Zwei Tage lang durchlitt ich die schlimmste Depression meines Lebens. Schließlich ging mir auf, daß ich den Heiligen Geist betrübt hatte und mich wie ein gottloser Mensch verhielt. Mir kam der Gedanke: Da bist du nun, hast ein ganzes Kapitel darüber geschrieben, wie man Depressionen heilt, bist ein Pastor, der Christen ermahnt, nicht schwermütig zu werden – und bist es selbst. Warum lebst du nicht aus, was du predigst? Als ich mein Selbstmitleid, meine Zweifel, mein Schimpfen und mein Mißtrauen Gott gegenüber als Sünde bekannt hatte, fing ich an zu danken. Ich dankte Gott für seine Macht und seine Führung und dafür, daß es seine und nicht meine Angelegenheit sei, auch wenn ich nicht wisse, was er tun würde.

An diesem Tag geschah etwas Aufregendes. Die Depression ließ nach, meine Stimmung wurde besser, und ein tiefer

Friede erfüllte mein Herz. In den folgenden Monaten war ich zwar sehr damit beschäftigt, ein neues Grundstück ausfindig zu machen, und war stets auf der Suche nach günstigen Gelegenheiten, doch hatte ich noch keine genauere Vorstellung von Gottes Plan für unsere Gemeinde. Das Erstaunliche war jedoch, daß ich überhaupt nicht mutlos wurde, solange ich Gott im Glauben dafür dankte, daß er wisse, was er tue, auch wenn es mir nicht klar war.

Die nächsten zwei Jahre versuchte ich auf jedem nur denkbaren Weg, die Baugenehmigung zu erhalten. Nichts klappte! Damen in Tennisschuhen, die darauf versessen waren, jeden Baum im Kreis San Diego zu retten, erschienen bei jedem Hearing. Schließlich versuchten wir, das Land zu verkaufen, mußten aber die Erfahrung machen, daß man angesichts der Tatsache, daß einer Kirche die Erlaubnis zur Bebauung von 4% des Grundstücks versagt wurde, befürchtete, keine Genehmigung zur Bebauung im großen Stil zu erhalten. Gleich blieb nur die jährlich aufzubringende Summe von 55 000 Dollar.

In dieser Zeit hatte ich noch dreimal mit Schwermut zu kämpfen. Immer war das Selbstmitleid der erste Schritt zur Niederlage. Oh, ich konnte es sehr wohl rechtfertigen – hatte ich nicht die ersten Schritte im Glauben gemacht? Brauchten wir etwa keine neue Kirche? Bei unseren drei Vormittagsgottesdiensten war sie bis zum letzten Platz besetzt, wir hatten nicht genügend Parkplätze, und die Menschen blieben deswegen schon weg. Solche Gedanken machten mich depressiv.

Jedesmal, wenn ich die Schwermut merkte und das oben beschriebene Programm anwandte, wurde mir leichter. Mein natürlicher Optimismus kehrte zurück, und ich konnte mich wieder über den großartigsten Beruf der Welt freuen – darüber, daß ich Prediger des Evangeliums war.

Im Sommer 1970 holte mich der Herr aus der letzten Depression heraus, die aus diesem Problem erwuchs. Damals übergab ich ihm alles ohne Einschränkung und beschloß, nichts mehr selbst zu unternehmen und ihn dafür sorgen zu lassen. Kurze Zeit darauf legte mir der Herr die Ehe- und Familienseminare aufs Herz. In diesem Dienst bin ich in über 38 Städten der USA gewesen, und viele tausend Familien haben durch unsere Wochenendseminare Hilfe erfahren. Offen gestanden war ich zu sehr mit Seelsorge, Reisen, Vorträgen und dem Abfassen dieses Buches beschäftigt, als daß ich Zeit für Selbstmitleid gehabt hätte. Folglich wurde ich auch nicht schwermütig.

Gott ist stets treu, und es könnte Sie interessieren, was geschehen ist, seit ich Gott im Glauben zu danken begann, statt mich voller Unglauben zu beschweren. Am 27. 2. 1973 kauften wir eine sehr schöne katholische Schule und Kirche auf einem 30 Morgen großen Areal mit 28 Nebengebäuden, unter anderem Schlafsälen, Küche, Sportplatz, Schwimmbad und einem Hörsaal für 700 Menschen. Nach Ansicht erfahrener Architekten hätten wir etwas Derartiges für drei bis fünf Millionen Dollar nicht bauen können. Und was mußten wir bezahlen? $ 1.325.000 – genau den Preis, den unser erstes Grundstück mit Erschließungsgebühren und Kosten für den Parkplatz ohne ein einziges Gebäude verschlungen hätte.

Heute besitzen wir zwei Kirchen, die eine in San Diego und die andere 39 km entfernt in El Cajon, und wir haben mehr als doppelt soviele Möglichkeiten. Beim Gang über das schöne Grundstück blicke ich auf die 33 550 bebauten qm mit den Gebäuden, die wir sofort beziehen können, und habe sichtlich Grund zum Danken. Manchmal wurde mir sogar etwas schwindlig bei dem Gedanken, wie sich alles ergeben hat. Es war ganz sicher Unglaube und damit Sünde und dazu noch Zeitverschwendung, daß ich 1969 und 1970 schwermütig wurde. Gott weiß, was er aus unserem Leben macht. Glücklich der Christ, der ihm vertrauen und danken kann, selbst wenn alles finster erscheint. Dies ist der Schlüssel zu einem Leben ohne Depressionen.

10

SCHWERMUT UND DER MENSCHLICHE GEIST

Der erstaunlichste Mechanismus der Welt ist das menschliche Gehirn. Und doch lassen wir sein phänomenales Potential immer wieder ungenutzt. Der Durchschnittsbürger gebraucht nämlich nach Aussage von Wissenschaftlern nie mehr als 10 % seiner geistigen Fähigkeiten.

Dr. Gerhard Dirks, der mehr Patente (über 50) für den IBM-Computer besitzt als irgend jemand sonst, hat mir persönlich gesagt: „Die meisten Ideen für den Computer kamen mir beim Studium des menschlichen Gehirns." Jemand hat einmal gesagt: „Wenn die Wissenschaftler einen Computer bauen könnten, der dem menschlichen Gehirn gleichkäme, müßte er so groß wie das Empire State Building werden."

Bewußtes und Unbewußtes

Bewußtes und Unbewußtes bilden die zwei großen Bereiche des menschlichen Geistes. Wir haben beachtliche Kenntnisse über das Bewußtsein, wissen jedoch über das Unterbewußtsein wenig. Genaue Untersuchungen der letzten Jahre haben viel Erstaunliches zutage gebracht, vor allem die Erkenntnis, daß wir nichts von dem vergessen, was wir sehen, fühlen, hören, tasten oder schmecken. Natürlich kommt es darauf an, sich im richtigen Moment daran zu erinnern! Aber wir können sicher sein, daß sich unsere heutigen Vorlieben, Abneigungen, Gefühle und Reaktionen auf dem Hintergrund unbewußter Erinnerungen bilden, vor allem, wenn diese in den aufnahmefähigen Jugendjahren entstanden sind.

Kürzlich entdeckte man, daß der Mensch stärker vom Unterbewußten als vom Bewußten beeinflußt wird. Lassen Sie mich das verdeutlichen. Nehmen Sie einmal an, Sie hätten 15 Pfund Übergewicht und Ihr Bewußtsein warne Sie: „Iß diese Praline nicht, du wirst sonst noch dicker werden." Ob Sie sie essen? Das hängt von der Reaktion Ihres Unterbewußtseins ab. Wenn es erwidert: „Aber ich habe nun mal einen süßen Zahn", „ich bin von Natur aus dick", „ich kann einfach nicht widerstehen", so werden Sie die Praline essen.

Übertragen Sie dies jetzt auf das Selbstmitleid. Nehmen Sie einmal an, ein Freund weise Sie ab, beleidige oder verletze Sie. Bewußt werden Sie sich sagen (vor allem, wenn Sie dieses Buch gelesen haben): „Jetzt fang nicht an, dich zu bemitleiden!", doch wenn Ihr Unbewußtes aus lauter Gewohnheit erwidert: „Alle behandeln dich wie den letzten Dreck; dir wird immer übel mitgespielt" oder „man kann niemandem vertrauen" oder „wie konnten sie mir das antun nach allem, was ich für sie getan habe?", werden Sie sich bemitleiden, und das führt ganz sicher zu Depressionen.

Ein weiteres wichtiges Ergebnis der Hirnforschung betrifft die Reaktion des menschlichen Geistes auf die Phantasie. Meiner Ansicht nach ist die Vorstellungskraft einer der bedeutsamsten Aspekte des menschlichen Geistes. Bei aller Willensstärke wird ein negatives Bild in unserer Vorstellung unseren Willen schließlich brechen.

Einer meiner Freunde ist Alkoholiker, doch seit sechs Jahren abstinent. An einem heißen Tag drängte sich ihm plötzlich ein Gedanke auf: „Ein Glas eiskalten Biers würde jetzt bestimmt gut schmecken." Bewußt sagte er sich: „Tu's nicht! Du bist Alkoholiker." Da er aber in der Phantasie das Bier plastisch vor sich sah, redete er sich ein, daß er nach sechs Jahren sein Problem in den Griff bekommen habe. Es dauerte keine zwei Stunden, ehe er eine Bar aufsuchte, ein Glas probierte und dann noch eins – Sie können sich den Rest denken.

Immer wenn Wille und Vorstellungskraft in Konflikt geraten, trägt die Phantasie den Sieg davon. Daher ist Selbstmitleid in unserer Phantasie absolut schädlich.

Auf Seite 66 sahen wir, welchen Einfluß Geist, Wille und

120

Gefühl auf unser Tun haben. Vom Willen hängt ab, was wir denken, dies wiederum aktiviert die Gefühle und bestimmt schließlich das Verhalten. So ergibt sich die Kettenreaktion:

Wille + Gedanken + Gefühle = Taten

Unser Wille entscheidet darüber, was wir an Neuem in unser Denken aufnehmen, doch kann er nicht unsere Haltung dem Alten gegenüber bestimmen und auch nicht völlig unseren Geist kontrollieren, vor allem nicht das Unbewußte, das sich willentlich nicht direkt steuern läßt, jedoch mit Hilfe der Vorstellungskraft zu beeinflussen ist. Letztlich beherrscht die Phantasie den Geist. Ihr folgt er, sowohl im Bewußten wie im Unbewußten.

Wir wollen anhand einer Kinoleinwand die Macht der Phantasie über Unbewußtes und Bewußtes klarmachen.

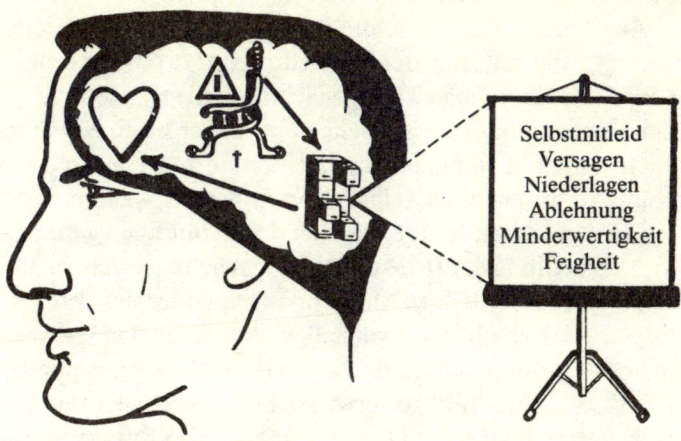

Der negative Gebrauch der Phantasie

Man kann die eigene Vorstellungskraft entweder positiv oder negativ einsetzen. Letzteres tun leider die meisten, denn sie sehen sich als untaugliche, ungeschickte, ängstliche Menschen, die von den anderen abgelehnt werden. Werden diese Phantasien für ihr Selbstbild bestimmend und engen sie ihre

Erwartungen ein, so können diese Menschen bei den schlechten Erfahrungen der Vergangenheit stehenbleiben und nur Negatives für die Zukunft erwarten. Es ist viel besser, die eigene Vorstellungskraft schöpferisch einzusetzen. Nur wenn man sich Förderliches und Positives vorstellt, kann man das falsche Selbstbild hinter sich lassen, in dem die meisten Menschen befangen sind.

Das Beharrungsvermögen des Unbewußten

Womit Sie sich in Ihrer Phantasie beschäftigen, hat bestimmenden Einfluß auf Ihr Tun. Ihr Selbstbild entscheidet darüber, wie Sie sich fühlen, und als Folge davon, wie Sie arbeiten und sich verhalten. Das Unbewußte arbeitet unerbittlich an der Verwirklichung dessen, was Sie sich vorstellen. Deswegen sollten Sie darauf achten, was Sie in Ihrer Phantasie beschäftigt, und Ihre Vorstellungskraft geschickt nutzen.

Ausführliche Untersuchungen an dicken Menschen haben gezeigt, wie man mit der Vorstellungskraft positiv arbeiten kann. Die Gier vieler Übergewichtiger, die nur sehr schwer abnehmen, nimmt um so mehr zu, je länger sie eine Diät machen. Sehen sie Süßigkeiten, scheinen sie unfähig, der Versuchung zu widerstehen, selbst wenn sie wissen, was das bedeutet. In den letzten Jahren hat man den Schuldigen gefunden: die Vorstellungskraft. Wenn Übergewichtige sich in ihrer Phantasie als fettleibige Menschen sehen oder sich ihre Lieblingsspeisen so plastisch vorstellen, daß ihnen das Wasser im Munde zusammenläuft, drängt sie ihr Unbewußtes unerbittlich dazu, dieses Bild zu verwirklichen. Selbst wenn sie gerade gegessen haben, treibt sie eine mächtige Kraft dazu, Nahrung zu sich zu nehmen. Dieses Problem kann durch Willenskraft kaum gelöst werden, doch hat man große Erfolge mit „schlanken Phantasiebildern" gehabt. Wenn diese Übergewichtigen sich in ihrer Phantasie als schlanke und anziehende Menschen sehen, wird ihr Unbewußtes sofort Nahrung verweigern, die diesem Bild widerspricht. Es wird leichter, eine Diät einzuhalten, weil allmählich das sehnliche Verlangen nach solchen Nahrungsmitteln, die dem neuen Selbstbild nicht entsprechen, verlorengeht.

Mehrfach habe ich dies depressiven Menschen vorgeschlagen, die mit ihrem Gewicht kämpften, und viele haben damit gute Erfolge gehabt. Ich habe festgestellt, daß es den angeblich gutgelaunten Dicken nicht gibt; äußerlich mag er lachen, doch innerlich leidet er. Er muß sein Selbstbild verändern. Nur dann wird er mit einer Diät dauerhafte Erfolge erzielen.

Eines Abends wurde mir dies in einer Eisdiele unserer Stadt sehr deutlich. Es trat eine Frau ein, die ich vor einigen Monaten getroffen hatte, als sie noch 45 Pfund mehr wog. Sie hatte sich damals von mir psychologisch beraten lassen. Ihre Freunde bestellten einen Eisbecher mit heißer Schokoladensoße, sie aber lehnte das ab und verlangte eine Portion Erdbeeren ohne Sahne. Später sagte sie mir: „Es kostet mich nichts mehr, seit ich gelernt habe, mich in meiner Vorstellung als schlanke Frau zu sehen. Sicher, ich hätte den Eisbecher gern, aber fast ebenso gern wäre ich schlank." Während sie redete, gingen meine Gedanken zu jenem Tag im Sprechzimmer zurück, als sie mir gestand, daß sie es seit fast 20 Jahren erfolglos mit Diät versucht habe. Nicht ihre Willenskraft hatte sie verändert, sondern die Entdeckung einer wirksamen Regel: der Einsatz der Phantasiekräfte, um das erwünschte Verhalten zu erzielen. Denken Sie daran: Was immer Sie sich in Ihrer Phantasie vorstellen mögen, wird zum Ziel, zu dem Ihr Unterbewußtsein Sie unwiderruflich führen wird. Die Bibel lehrt uns, „Erwägungen zu zerstören und jeden hohen Bau, der sich wider die Erkenntnis Gottes erhebt, und jeden Gedanken gefangenzuführen in den Gehorsam gegen Christus" (2. Korinther 10, 5).

Schöpferische Phantasie und Depression

Dieser Grundsatz, Geist, Gefühl und Taten durch positive Vorstellung zu bestimmen, führt bei der Depression zu ausgezeichneten Ergebnissen.

Menschen, die sich erfolglos mit verschiedenen therapeutischen Techniken von ihrer Schwermut befreien wollten, haben diese Methode mit gutem Erfolg angewandt, vor allem, weil sie am Problem und nicht bei den Symptomen ansetzt.

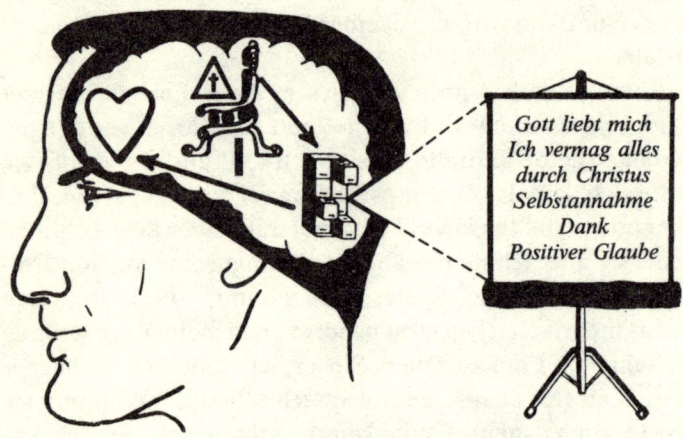

Der positive Gebrauch der Phantasie

Medikamente, psychologische Beratung, Schockbehandlung und andere Methoden werden nur geringen Erfolg haben, wenn der einzelne nicht seine inneren Bilder ändert. Depressive Menschen stellen sich Negatives vor, bemitleiden sich und erzeugen so unausweichlich ihre Niedergeschlagenheit. Wenn sie aber eine andere, positive Vorstellung entwickeln, ändern sie allmählich ihre Gefühle und ihr Verhalten.

Der Besitzer einer Baumschule, ein einsamer Mann in den mittleren Jahren, kam zu mir in die Beratung, nachdem ihn seine Frau verlassen hatte. „Sie konnte meine langen depressiven Phasen einfach nicht mehr ertragen", gab er offen zu. „Ich habe alles versucht, aber offenbar hilft nichts." Bei ihm zeigte sich das altbekannte Schema: ein perfektionistischer Vater hatte ihn abgelehnt und kritisiert, so fühlte er sich völlig unzulänglich, war ängstlich und konnte seine wahren Fähigkeiten nicht entfalten. Seine inneren Bilder waren negativ und von Selbstmitleid und Kritik geprägt. Ich ermutigte ihn, Gott zu vertrauen, daß er ein neues Selbstbild bekommen werde. Beim gemeinsamen Gebet wurde deutlich, daß er nie zuvor Gott für seine guten Eigenschaften und Gaben gedankt hatte, und er bekannte Gott vor allem auch seine undankbare Haltung. Doch noch vor Ende des Gebets fielen ihm drei Dinge ein, für die er dankbar sein konnte, und ehe er hinausging, sah man die Spur eines Lächelns auf seinem Gesicht. Nach eigenen Aussagen ist er nun seit fünf Jahren von Depressionen frei. Seine Frau erklärte einem Freund später, warum sie in der Lage gewesen sei, zu ihrem Mann zurückzukehren. „Er ist nicht mehr der grämliche, pessimistische Kritikaster, mit dem ich 23 Jahre zusammengelebt habe. Seine Gegenwart macht mir jetzt Freude."

Schöpferische Phantasie und der Heilige Geist

Der Heilige Geist wußte über die Funktionen des menschlichen Geistes sicher Bescheid, als er Menschen die Bibel schreiben ließ. Daher heißt es nie, daß wir an negative oder unerwünschte Dinge denken sollen, sondern wir werden dazu geführt, ausschließlich positive Vorstellungen zu entwickkeln.

Anders als der Analytiker, der seinen Patienten dahin bringt, daß er seine Frustration ausspricht oder sich an seine Kindheitserlebnisse erinnert, sagt die Bibel dem Glaubenden, er solle „vergessen, was hinter ihm ist" und „sich nach dem ausstrecken, was vor ihm ist, und, das Ziel im Auge, dem Kampfpreis der Berufung nach oben durch Gott in Christus Jesus nachjagen" (Philipper 3, 13 und 14).

Wir sollen nicht an die eigene Unzulänglichkeit und das – tatsächliche oder phantasierte – Versagen denken, sondern die Bibel sagt uns: „Diese Gesinnung heget in euch, die auch in Christus Jesus war" (Philipper 2, 5). Wenn ein Freund Sie beleidigt, verletzt oder abgewiesen hat, befolgen Sie Sprüche

24, 19: „Erhitze dich nicht über die Bösewichte, und ereifere dich nicht über die Gottlosen."

Römer 12, 2 macht deutlich, wie wichtig es ist, seine Vorstellungswelt von negativen, schädlichen und schlechten Gedanken freizuhalten und sie durch gute und nützliche zu ersetzen: „Wandelt euch um durch die Erneuerung des Sinnes." Wie die Gedanken, so das Verhalten! Es wird nur durch einen erneuerten Sinn verändert. Anders ausgedrückt: Ersetzen Sie Ihre natürlichen (oft negativen) Denkmuster durch die Weisheit Gottes, die sich in seinem Wort findet.

Auch Römer 8, 6 illustriert dieses Prinzip: „Denn das Trachten des Fleisches bedeutet Tod, das Trachten des Geistes aber Leben und Frieden." Ein geistlich gesinnter Mensch wird sich in seiner Phantasie nur Dinge vorstellen, die Gott gefallen. Folglich wird er sich so fühlen und so handeln, wie es Gott möchte. Der Heilige Geist versetzt uns in die Lage, solche Vorstellungen in unserer Phantasie zu entwickeln, die ein gesundes Gefühlsleben zur Folge haben.

Die Kraft der Phantasie

Sie sollten den Einfluß der Phantasie auf Ihren Verstand nicht unterschätzen. Sie kann uns nicht nur motivieren, sondern auch die Produktion der Drüsen anregen. Denken Sie zum Beispiel daran, was geschieht, wenn Sie sich einen köstlichen roten Apfel vorstellen. Schon der bloße Gedanke regt Ihre Speicheldrüsen an, bis Ihnen das Wasser im Munde zusammengelaufen ist. Denken Sie lange genug daran, können Sie den Apfel förmlich schmecken.

Haben Sie jemals darüber nachgedacht, daß man Depressionen auf dieselbe Weise hervorrufen kann? Nach einem Vortrag über das Thema Schwermut vor einer Gruppe von Pastoren fuhr mich eine attraktive Pfarrfrau zum Flughafen. Offensichtlich beschäftigte sie sich sehr mit dem Thema; sie stellte mir eine Frage, die viele Frauen interessieren dürfte: „Ist es nicht ganz normal, wenn Frauen zur Zeit der Periode verstimmt sind?" Ich erwiderte: „Das kommt ganz darauf an, ob sie damit rechnen, daß sie depressiv werden." Wenn eine Frau Monat für Monat zu dieser Zeit eine Verstimmung erwartet, wird sie nicht enttäuscht werden. Wir wollen hier nicht die physiologischen Veränderungen im weiblichen Körper herunterspielen; die moderne Wissenschaft hat uns ja darauf aufmerksam gemacht, daß eine veränderte Hormonlage eine größere Ängstlichkeit und ein Nachlassen der Energie zur Folge haben kann. Wenn auch die meisten Frauen dies nicht wahrhaben wollen, kann man diese Symptome durch die Vorstellungskraft verstärken und verschlimmern.

Die Frau des Pastors lachte und gab offen zu: „Ich habe an mir beobachtet, daß mir die Periode längst nicht soviel ausmacht, wenn ich wegen anderer Dinge aufgeregt bin und mich in Gedanken damit beschäftige." Ein Psychiater hätte das nicht besser ausdrücken können. Wenn eine Frau von ihrer Mutter gelernt hat, daß sie jeden Monat drei oder vier Tage lang mit körperlichem und seelischem Unwohlsein rechnen muß, wird sie sich auch so fühlen, ehe sie nicht ihr Denken ändert. Hat man sie jedoch gelehrt, daß die Monatsblutung Teil von Gottes großartigem Plan für ihr Leben ist, ein Symbol des Frau- und Mutterseins, für das sie dankbar sein sollte, wird sie dadurch wohl kaum apathisch werden.

Die Vorstellungskraft bestimmt auch den Verlauf des Klimakteriums. Viele Frauen gehen davon aus, daß es ihnen in der Menopause sehr schlecht geht, und ihre Erwartungen werden selten enttäuscht! Ich kenne jedoch Frauen, die entschlossen waren, diese Zeit ihres Lebens als ganz normale Phase zu betrachten, und die sich dadurch nicht beeinträchtigen lassen wollten – und sie überstanden das Klimakterium gut.

Wichtiger als die Hormone ist in diesen Fällen unsere innere Einstellung, denn sie hat Einfluß auf die Produktion der Drüsen. Jedes Phantasiebild wirkt sich auf Ihr Leben aus, und zwar vom Unbewußten über das Bewußte bis hin zur Funktion der Drüsen.

1.) Ihre Phantasie

Wie wir schon zeigten, kann man die Vorstellungskraft negativ einsetzen oder positiv zur Ehre Gottes nutzen. Ihre Aufgabe liegt darin, sie gezielt einzusetzen.

2.) Zielvorstellung

Die meisten depressiven Menschen kreisen zwanghaft um sich selbst. Es reicht nicht, wenn sich der einzelne gute Selbstbilder schafft; es müssen noch lohnende Zielvorstellungen hinzukommen, damit er Gottes verändernde Kraft in seinem Leben erfährt. Hier aber liegt das Dilemma: Die meisten Menschen geben sich mit wenigem zufrieden. Ein Glaubender rechnet immer mit Großem. Warum auch nicht? Er ist ja Sohn des großen Gottes, dessen überreiche Kraft ihm stets zur Verfügung steht. Einer der großen Denker der Christenheit, der Apostel Paulus, hat uns in diesem Zusammenhang eine wesentliche Wahrheit vermittelt: „Mein Gott aber wird all euer Bedürfnis nach seinem Reichtum in Herrlichkeit erfüllen in Christus Jesus" (Philipper 4, 19).

Nicht zufällig ist unser Zeitalter seelischer Verzweiflung und Depression auch von der Hoffnungslosigkeit bestimmt. Die junge Generation, die in erschreckendem Maße schwermütig ist, hat vielfach alles Vertrauen in Vaterland, Gesellschaft, Kultur und die Menschheit insgesamt verloren. Die Bibel weist uns darauf hin, daß Menschen ohne Hoffnung zugrunde gehen. Sicher kann kein Mensch ohne Hoffnung oder Ziel leben. Da der menschliche Geist zielgerichtet denkt, muß, damit er gesund bleibt, etwas Erstrebenswertes vorhanden sein. Wenn Sie sich in Ihrer Vorstellung keine lohnenden Ziele setzen, die Ihren Einsatz fordern, werden Sie allmählich gewohnheitsmäßig so selbstzerstörerische und pessimistische Vorstellungen entwickeln, daß Sie allen Antrieb verlieren und depressiv werden.

Wohl kaum 5% der Bevölkerung über 21 Jahre haben schon einmal ihre Ziele aufgeschrieben. Ziehen Sie eine kürzlich erschienene Statistik zum Vergleich heran, nach der 95%

der erfolgreichen Geschäftsleute sich die Zielvorstellungen notiert hatten, von denen sie sich leiten ließen. Das Formulieren der Ziele läßt die inneren Bilder noch plastischer werden, so daß das Unbewußte eher an der Erfüllung arbeitet. Haben wir unsere Zielvorstellungen einmal schriftlich niedergelegt, sollten wir es uns zur Gewohnheit machen, sie 60 Tage lang täglich durchzulesen.

3.) Geistliche Grundsätze

Der Psalmist sagte: „Ich berge deinen Spruch in meinem Herzen, auf daß ich mich nicht an dir versündige" (Psalm 119, 11). Der beste Weg, negatives Denken umzupolen, ist der, sich biblische Grundsätze einzuprägen, die positiv wirken. Bei der Lektüre dieses Buches haben Sie vielleicht festgestellt, daß Sie nicht nach grundlegenden biblischen Lehren leben und so Ihre innere Freude verloren haben. Jesus Christus hat gesagt: „Wenn ihr dies wißt, glücklich seid ihr, wenn ihr es tut." Glück ist demnach die Folge:

a) vom Wissen um Gottes Regeln für unser Leben und

b) von ihrer Verwirklichung.

Als Pastor habe ich unsere Gemeindeglieder oft dazu ermuntert, sich Notizblätter in die Bibel zu legen und die praktischen Anweisungen aufzuschreiben, die sie beim Lesen besonders ansprechen. Gottes Wort steckt voller Ratschläge für unser Leben, so daß der Hörer bei jeder schriftgemäßen Predigt etwas für seine spezielle Situation mitnehmen kann. Je mehr man sich einprägt, desto leichter kann das Unbewußte die Gewohnheiten in jene Verhaltensweisen verwandeln, die zu einem glücklichen Leben führen.

4.) Gedächtnis

Wir haben schon davon gesprochen, daß der menschliche Geist niemals vergißt. Selbst wenn uns etwas nicht bewußt ist, kann es uns doch unmittelbar beeinflussen. Eine Frau sagte mir, daß sie stets schwermütig werde, wenn ein bestimmter Choral in der Kirche gesungen werde; manchmal habe sie sogar schon weinend hinausgehen müssen. Später erfuhr sie von einem Verwandten, daß man bei der Beerdigung ihrer Mutter dieses Lied gesungen hatte. Als kleines Mädchen hatte sie damals sehr unter dem Verlust gelitten und daher unbewußt auf das Lied reagiert, auch wenn sie sich bewußt nicht daran erinnerte.

Oft sehen wir nicht, daß einige Erlebnisse unser Verhalten stark beeinflussen. Daher sollten wir positive, Gott wohlgefällige Erinnerungen sammeln, indem wir ständig ein Leben im Heiligen Geist führen. Wer sexuellen Gedanken nachhängt, prägt sie sich ein und bekommt Lust auf sexuelle Aktivitäten. Dasselbe gilt bei der Depression. Wer sich mit jeder Enttäuschung, Zurückweisung und jedem Verlust intensiv beschäftigt, wird sicher für Schwermut anfällig werden.

Immer wenn Ihnen derartiges in den Sinn kommt, sollten Sie sich angewöhnen, „das zu vergessen, was dahinten liegt". Bleiben Sie nicht bei den unangenehmen Erlebnissen der Vergangenheit stehen, denn sonst prägen sie sich nur noch tiefer ein und verstärken Traurigkeit oder Schwermut. Freuen Sie sich bewußt an der Kraft und dem Segen Gottes. Und verändern Sie Ihre Einstellung, indem Sie im Glauben Schwierigkeiten angehen und so negative Denkmuster voll Selbstmitleid abbauen, die Sie unbewußt schwermütig machen würden.

5.) Gewohnheiten

Jeder weiß, daß Gewohnheiten unser Leben bestimmen. Was man immer wieder tut, fällt jedesmal leichter, daher ist es wichtig, daß Sie positive, aufbauende Denkgewohnheiten erlernen. Je mehr Sie positiv über Gottes Segen nachdenken, desto leichter werden Sie eine lebensbejahende Haltung annehmen können. Natürlich stimmt auch das Umgekehrte. In Römer 12, 2 spricht der Apostel Paulus von dem Geheimnis, daß man „durch Erneuerung des Sinnes verändert" wird. Wenn wir unser Denken neu nach den Grundsätzen Gottes ausrichten und die richtigen Gewohnheiten annehmen, bekommen wir den veränderten Lebensstil, den Gott jedem Gläubigen verspricht.

6.) Der Heilige Geist

Eine besondere Aufgabe des Heiligen Geistes ist die, „euch an all das zu erinnern, was ich (Jesus) euch gesagt habe". Daher ist es für uns wichtig, Gottes Wort regelmäßig zu lesen und es sich einzuprägen, so daß der Heilige Geist ihn an das erinnern kann, was Gott gesagt hat. Er wird Ihnen nur bewußt machen, was Gott zu Ihnen gesprochen hat, denn wenn wir Gottes Lebensregeln hören, lesen, meditieren, studieren und uns einprägen, gestaltet er unser Denken um. Aus dem Schatz biblischer Grundsätze kann der Heilige Geist uns bei Bedarf reichlich geben. Darüber hinaus nimmt der Einfluß schädlicher Erinnerungen durch das Lernen biblischer Lebensregeln ab, und die positiven Zusagen Gottes treten an ihre Stelle, so daß der Mensch getrost der Zukunft entgegensehen kann und bereit wird, seinen Weg anzunehmen.

Der Heilige Geist möchte Sie erfüllen und reich machen, damit das so reiche Leben eines Christen beispielhaft an Ihnen deutlich wird. Dazu ist Ihre Mitarbeit nötig: Sie müssen Gottes Wort hören und befolgen. Gott segnet diejenigen, die ihm gehorchen, doch geht stets das Wissen dem Gehorsam voraus. Das meinte offenbar der Psalmist, als er in Psalm 1 über den glücklichen Mann schrieb: „Glücklich ist der Mann ... der seine Lust hat am Gesetz des Herrn ... der ist wie ein Baum, gepflanzt an Wasserbächen, der seine Frucht bringt zu seiner Zeit und dessen Blätter nicht verwelken, und alles, was er tut, gerät ihm wohl" (Psalm 1, 1–3).

Wenn Sie im übertragenen Sinn wie ein an den Wasserbächen gepflanzter Baum leben möchten, so müssen Sie sich täglich das Wasser des Lebens, nämlich Gottes Wort geben lassen.

11

DEPRESSION UND SELBSTBILD

„Die Einstellung eines Menschen zu sich selbst hat einen bestimmenden Einfluß auf seine Beziehung zu Gott, zu seiner Familie, seinen Freunden, seiner Zukunft und vielen anderen wichtigen Lebensbereichen." (Bill Gothard, nationales Jugendwerk).

Jeder meiner depressiven Klienten hatte Schwierigkeiten mit der Selbstannahme. Das ist kein sehr tiefsinniger Satz, wenn man bedenkt, daß fast jeder Mensch ein unzutreffendes Selbstbild hat. Irgendwann muß sich selbst der Tapferste und Selbstbewußteste damit auseinandersetzen, daß er sich ablehnt. Wenn auch die meisten ihr inneres Gleichgewicht wiederfinden, ist doch niemand dagegen gefeit.

In den letzten Jahren hat die Forschung mit der „Selbstbildpsychologie" neue, für viele hilfreiche Konzepte entwickelt. Nach Dr. Maxwell Maltz ist die Selbstbildpsychologie die wichtigste Entdeckung unseres Jahrhunderts. Sie geht von der Vorstellung aus, daß jeder von uns durch ein inneres Bild von der eigenen Persönlichkeit bestimmt wird.

Zwei bekannte Aussagen der Selbstbildpsychologie verdeutlichen diese Grundannahme: „Man ist, was man zu sein glaubt", und: „Die Meinung anderer über uns ist nicht annähernd so wichtig wie das, was wir von uns selbst halten. Gedanken rufen Gefühle hervor, diese wiederum führen zu Taten; folglich haben alle Selbstbildvorstellungen Einfluß auf unser Tun, sei es im negativen oder positiven Sinn."

Wer sich seines Wertes bewußt ist, wird seine Fähigkeiten voll ausnutzen, nicht jedoch, wer unsicher ist und wem es an Selbstvertrauen fehlt. So erklärt sich, daß manche sehr begabte Menschen versagen, dagegen durchschnittliche Erfolg haben.

Das Selbstbild eines Menschen bildet sich nicht durch ein einziges Ereignis oder Erlebnis heraus, sondern es ist die Summe aller Lebenserfahrungen. Viele unbewußte Einflüsse erzeugen es, darunter die vielen tausend Siege, Niederlagen, Enttäuschungen, Demütigungen und Erfolge, die wir erleben. Der Einfluß, den sie auf unser Selbstbild haben, hängt weitgehend von unserem angeborenen Temperament ab.

Unter Temperament verstehen wir die Grundausstattung, mit der wir geboren werden, die Kombination der Eigenschaften, die uns über die Gene von den Eltern mitgegeben werden. Das Temperament ist wohl der bedeutendste Faktor bei der Entfaltung unserer Persönlichkeit. Wie wir in einem späteren Artikel sehen werden, gehören sowohl Stärken wie auch Schwächen dazu. Wie es auch sein mag, es wird durch unsere Erlebnisse beeinflußt. Wenn man von Natur aus ein sorgloser Optimist oder sehr selbstbewußt ist, kann man durch übermäßig kritische Eltern, die stets etwas auszusetzen haben oder die Unfähigkeit und das Versagen des Kindes betonen, zum Pessimisten gemacht werden. Wenn man umgekehrt als pessimistischer Eigenbrötler zur Welt kommt und zu Entscheidungsschwäche und Unsicherheit neigt, können kluge Eltern eine negative Grundstimmung vermeiden helfen, wenn sie dem Kind, vor allem in den ersten Jahren, viel Liebe zeigen, es annehmen und ermutigen. Wie das Selbstbild auch entstanden sein mag, es bestimmt unser Leben! Denken Sie an den Satz: „Man ist der, für den man sich hält." Meint man, häßlich oder unfähig zu sein, ist man es auch. Die wahre Natur spielt keine Rolle, denn das Selbstbild hat Einfluß auf unsere Leistungsfähigkeit und unser Tun.

Ich kenne eine junge Mutter, die stets die Aufmerksamkeit auf sich lenkt, wenn sie ins Zimmer tritt. Die Blicke von Männern und Frauen sind auf sie gerichtet. Als ich das kürzlich gegenüber einigen Mitarbeitern erwähnte, waren alle der Ansicht, daß sie keine schöne Frau ist, aber daß irgend etwas an ihr die Aufmerksamkeit auf sich zieht. Bei näherer Bekanntschaft merkte ich, daß sie eine sehr große Selbstachtung hat. Ganz gleich, wohin sie geht, sie sieht immer äußerst gut aus.

Sie ist nicht übertrieben modisch, aber sehr hübsch gekleidet. Sie wählt Kleider und Accessoires sorgfältig aus und strahlt Selbstbewußtsein aus, so wie es für einen dynamischen Christen typisch ist. Sie ist nicht hochmütig oder stolz, sondern macht das Beste aus ihren Gaben. Ich kenne viele ihrer Freundinnen, die hübscher sind, auf die man aber nicht so achtet. Und weshalb? Sie haben kein so positives Selbstbild. Es ist interessant, daß diese Frau ihr Selbstbewußtsein nicht in der Familie gewann, man lehnte sie nämlich wegen ihres Christseins ab. Nur ihr persönlicher Glaube an Christus hat ihr das Vertrauen gegeben, daß er sie zu einer dynamischen, anziehenden Frau machen kann. Und das ist sie auch!

Die zwei schönsten Frauen unter meinen Klienten waren schwer depressiv. Mit Bestürzung merkte ich, daß beide sich nicht annehmen konnten. Ich blickte sie an – die meisten Frauen hätten sie um ihr hübsches Gesicht beneidet – und mußte daran denken, daß das Äußere allein nichts bedeutet. Wichtig ist, wie man auszusehen glaubt. Keine dieser wunderschönen Frauen hielt sich für anziehend. Was nützte es also, daß sie es tatsächlich waren?

Die jüngere von beiden war frigide, die etwas ältere mannstoll – und doch hatten beide dasselbe Problem. Eine war so besessen von der irrigen Vorstellung, schlecht auszusehen, daß sie es nicht ertragen konnte, dem anderen Geschlecht ihren Körper zu zeigen und sich hinzugeben. Die andere kreiste so sehr um denselben Gedanken, daß sie eine Reihe von Verhältnissen mit Männern einging, um endlich die ersehnte Bestätigung zu bekommen. Heute sind beide gesunde und engagierte Christen, ein durchschlagender Beweis dafür, welch stabilisierenden Einfluß Jesus Christus in diesem Lebensbereich haben kann. Am Anfang stand die Erkenntnis, daß Gott ihnen vergab und sie annahm. Das half ihnen, sich selbst anzunehmen.

Der große Irrtum

Die meisten Menschen machen einen Fehler, wenn es um ihr

Selbstbild geht: sie lassen es durch das Bild, das andere von ihnen haben, beeinflussen. Das Gegenteil ist richtig: Wie man sich selbst sieht, bestimmt die Meinung anderer. Mir hat sich dies viele Male bei der Gepäckabfertigung im Flughafen gezeigt: Ein Gepäckträger geht auf den einen Passagier zu und spricht ihn zuvorkommend und höflich an, einem anderen dagegen begegnet er ziemlich unhöflich, ohne auch nur ein Wort zu sagen. Aus dieser unterschiedlichen Behandlung schließe ich, daß demjenigen, der Selbstbewußtsein und Selbstliebe ausstrahlt, andere Menschen mit Achtung begegnen. Ähnliche Beobachtungen kann man im Restaurant machen, wenn ein Kellner an den Tisch kommt.

Hat jemand erst einmal verstanden, daß er sein Image selbst durch sein Verhalten und sein Selbstbild erschafft, wird er begreifen, wie wichtig die Selbstannahme ist, denn sie entscheidet darüber, ob er sich selbstbewußt oder sehr unsicher zeigt. Glauben Sie es: wenn Ihnen das Vertrauen zu sich selbst fehlt, werden es auch die anderen nicht haben. Ich nenne Ihnen hier drei Gründe, weshalb man sich in seinem Selbstbild nicht von der Einstellung anderer beeinflussen lassen sollte:

1.) Sie sollten sich so annehmen, wie Sie von Gott und nicht von den anderen gesehen werden.

2.) Man kann nicht immer an den Mienen und dem Verhalten der anderen ablesen, was sie von uns halten, denn möglicherweise denken sie gerade intensiv über etwas anderes nach.

3.) Was andere von Ihnen denken, spiegelt im allgemeinen Ihr eigenes Selbstbild. Wenn Sie sich minderwertig fühlen, bringen Sie das anderen gegenüber auf irgendeine Weise zum Ausdruck, und man wird Sie für minderwertig halten.

Vier Aspekte der Selbstannahme

Das von Bill Gothard geleitete Institut für Probleme der Jugend hat wohl mehr Menschen geholfen, mit Gottes Kraft und Hilfe die Kunst der Selbstannahme zu lernen als jedes andere Trainingsprogramm.

Gothards außerordentlicher Erfolg läßt sich nicht nur in der großen Schar von Seminarteilnehmern ablesen, sondern zeigt sich auch an vielen Tausenden, die wirklich verändert wurden, nachdem sie die von ihm gelehrten biblischen Regeln angewandt hatten. Die meisten Seminarteilnehmer haben eine allseitige, gute Ausbildung genossen – sowohl geistig wie seelisch als auch psychisch. Doch da sie überwiegend der atheistisch-humanistisch-philosophischen Gehirnwäsche unseres Bildungswesens ausgesetzt waren, fehlt es ihnen an geistlichem Wissen und geistlicher Kraft. Wenn sie die geistliche Natur des Menschen (siehe Kapitel 6) erkennen und die von Gothard gelehrten biblischen Regeln anwenden, werden sie fähig, sich selbst anzunehmen und sich zu reifen, leistungsfähigen Persönlichkeiten zu entwickeln.

Bill Gothard nennt in seinen Seminaren vier Aspekte der Selbstannahme, weil sich nämlich die meisten Menschen in diesen Punkten ablehnen: das Äußere, die Fähigkeiten, die Familie und das Milieu.

1.) Aussehen

Ich habe die Beobachtung gemacht, daß fast jeder sein Äußeres ablehnt. An 12 Hollywoodstars beiderlei Geschlechts wurde die Frage gestellt: „Wenn Sie etwas an Ihrem Gesicht ändern könnten, was wäre das?" Pro Person wurden 4 bis 12 Punkte genannt. So unglaublich es klingen mag, diese von Millionen als schönste und bestaussehende Menschen unserer Gesellschaft verehrten Stars nahmen sich selbst nicht an. Wieder begegnen wir der Tatsache, daß es nicht so wichtig ist, was wir sind, sondern für wen wir uns halten. Wenn wir unser Äußeres nicht mögen, ist dies ein zutiefst geistliches Problem. Da Gott unser Schöpfer ist, machen wir ihm wegen unseres Soseins Vorwürfe. Der unbewußte und manchmal bewußte Groll gegen Gott hindert uns daran, reife Christen zu werden. Im Laufe der Jahre konnte ich vielen hundert Menschen helfen, die keine Heilsgewißheit hatten. Fast in jedem Fall fand ich heraus, daß sie vor allem deswegen so unsicher waren, weil sie ihr Äußeres nicht mochten. Sie waren ihrer Ansicht nach entweder zu groß oder zu klein, zu dick oder zu dünn. Außer der täglichen Lektüre des 1. Johannesbriefs wenigstens 30 Tage lang verlangte ich von ihnen, daß sie sich im Spiegel betrachteten und Gott dankten, daß er sie so geschaffen hatte. Nur wenn der Groll über ihr Aussehen beseitigt wurde, konnte der Weg zur so nötigen Selbstannahme frei werden.

2.) Fähigkeiten

Abgesehen von einer sehr kleinen Zahl begabter Menschen haben die meisten ein unangemessenes Bild von ihren Fähigkeiten, vor allem wenn sie zum Vergleich mit anderen neigen. Ob wir Fußball spielen, Motorrad fahren, oder eine Geometriearbeit schreiben, immer stehen wir mit anderen im Wettstreit. Über kurz oder lang halten wir jemanden für besser als uns selbst, und dies kann der erste Schritt zur Schwermut sein. Normalerweise sind wir beim Vergleich unserer Fähigkeiten mit denen anderer Menschen nicht objektiv. Wenn jemand sehr viele Tore schießt, heißt das noch nicht, daß er seine Persönlichkeit entwickelt hat. Viele reife Menschen können nicht einen einzigen Ball ins Tor bekommen, sind aber großartige Ehemänner, Väter, Lehrer, ja Menschen. Viel besser ist es, wenn wir unsere Fähigkeiten als Gaben Gottes annehmen und so leben, daß ihm gedient und er verherrlicht wird (Offenbarung 4, 11). Erfülltes Leben, Glück und Selbstannahme findet man am besten, wenn man nach dem Willen Gottes lebt.

Ich beobachte immer wieder, daß der Einsatz unserer Gaben bei der Erziehung von Kindern uns am meisten befriedigt. Im ersten Gebot, das Gott den Menschen gab, hieß es ja, er solle fruchtbar sein, sich mehren und die Erde füllen; folglich ist die Erfüllung dieses Gebotes eine lohnende Sache. Wir müssen allerdings dabei berücksichtigen, daß Gott hier nicht nur von der rein biologischen Zeugung spricht, sondern das Gebot im umfassenden Sinn versteht: wir sollen unseren Kindern die Wahrheiten Gottes nahebringen, so daß sie als junge Leute verantwortliche Christen werden und in der Lage

sind, ihren eigenen Kindern die göttlichen Lebensregeln wei-
terzugeben.

Fünfundzwanzig Jahre lang habe ich nun mit Menschen zu
tun und bin zu der Ansicht gekommen, daß beruflicher Erfolg keine dauerhafte Basis für die Selbstannahme ist. Viele
würden gern auf das im Leben verdiente Geld verzichten,
wenn sie das Versagen ihrer in jungen Jahren vernachlässig-
ten Kinder rückgängig machen könnten. Andererseits kenne
ich viele hundert glückliche und zufriedene Christen, die sich
sehr reich fühlen, weil sie mit Stolz und Zufriedenheit auf ihre
Kinder blicken können.

Glauben Sie jedoch nicht, daß Sie erst Großeltern werden
müßten, um diese Selbstachtung zu erreichen. Auch geistliche Elternschaft kann dazu führen. Wer sich ganz dem Dienst
für Christus verschreibt und seinen Glauben anderen weiter-
sagt, hat im allgemeinen keine grundsätzlichen Probleme mit
der Selbstannahme. Nützliche Tätigkeit gibt uns Selbstachtung. Dies ist ein Grund dafür, weshalb viele Teenager sich
nicht annehmen können – sie konnten nämlich noch nichts
leisten.

3.) Familie

Wer sich seiner Eltern schämt, dem wird die Selbstannahme sehr schwerfallen. Heute hassen zu viele junge Leute ihren Vater und ihre Mutter, stehen damit unter Gottes Fluch
und müssen die schlimmen Folgen ihrer Aggressivität tragen.
Es stimmt, daß manche Eltern geradezu unmenschlich mit ihren Kindern umgehen. Als Pastor habe ich die unglaublich-
sten Situationen kennengelernt.

Kürzlich konnte ich kaum an mich halten, als ich beobachtete, wie grausam eine junge Mutter ihren etwa 1½ Jahre alten
Sohn behandelte. Ich stand an einem Schalter im Flughafen
an und beobachtete, wie diese etwa 25jährige Frau auf den
Schalterbeamten zustürzte, voller Sorge, sie könne ihr Flugzeug verpassen. Der Junge im Schlafanzug neben ihr klam-
merte sich an sie, weil er ihre Angst spürte. Zunächst schob sie
ihn mit dem Koffer weg, wütend trat sie ihn dann und schob
ihn beiseite. Als die Mutter wegging, fiel der Junge weinend

zu Boden. Das letzte, was ich sah, war ein verzweifelt weinender Junge, der, völlig außer sich, versuchte, mit der Mutter Schritt zu halten. Man braucht kein Psychiater zu sein, um sagen zu können, wie dieses Kind im Teenageralter sein wird, wenn es weiterhin so behandelt wird. Gewiß wird der Junge aufbegehren und bei anderen die Bestätigung suchen, die ihm fehlt. Weil er ständig abgelehnt wird, klammert er sich jetzt an. Später jedoch werden diese Tendenzen durch eine gefährliche Bitterkeit ersetzt werden, so daß er entweder alle Frauen ablehnen und der Sünde der Homosexualität verfallen wird oder aber seine Frau und seine Töchter unmenschlich behandeln wird.

Nichts wirkt so zerstörerisch wie Bitterkeit, vor allem, wenn sie gegen die eigenen Eltern gerichtet ist. Im Umgang mit vielen hundert Menschen, die dieses Problem hatten, bin ich zu folgender Überzeugung gelangt: Wenn es nicht gelingt, sich von dieser Bitterkeit zu befreien, werden die normalen Liebesbeziehungen dadurch zerstört. Nur wer diese Aggressivität als Sünde bekennt (siehe Kapitel 7), wird Befreiung erfahren. Die Bibel lehrt: „Stehe ab vom Zorn und laß den Grimm; erhitze dich nicht, du tätest nur übel" (Psalm 37, 8).

Der Groll gegen die eigenen Eltern hat außer im geistlichen Bereich noch weitere schlimme Folgen. Seit vielen Jahren habe ich die Beobachtung gemacht, daß junge Menschen, die ihre Eltern hassen, als Erwachsene selbst genauso werden oder aber einen ähnlichen Partner heiraten. Wissenschaftler erklären dieses seltsame Phänomen mit dem Unbewußten, das stets das innere Phantasiebild verwirklicht. So habe ich beobachtet, daß Töchter von Alkoholikern dazu neigen, einen alkoholkranken Mann zu heiraten. Dies läßt sich leicht erklären. Viele tausendmal hat das kleine Mädchen den betrunkenen Vater vor ihrem inneren Auge gesehen und sich geschworen: „Nie werde ich so einen Mann heiraten!" Doch das Unbewußte bringt die Frau unweigerlich dazu, die vom Ekel und Haß auf den Vater geprägten Vorstellungen zu erfüllen. Dasselbe passiert dem jungen Mann, den sein grausamer, aggressiver Vater schlecht behandelt hat. Selbst wenn er sich immer wieder sagt, daß er sich nie so verhalten will, wird er es doch tun. Als Erwachsener wird der von mir im Flughafen beobachtete kleine Junge, der von seiner Mutter so schlecht behandelt wurde, wahrscheinlich eine Frau heiraten, die seiner Mutter sehr ähnelt. Sein ganzes Leben lang wird nämlich sein innerer Groll auf die Mutter ihr Bild in ihm wachhalten, und er wird sich sagen: „Nie heirate ich eine Frau wie sie." Und doch wird er genau das tun.

All diese verhängnisvollen Entwicklungen können vermieden werden, wenn man erkennt, wie wichtig es ist, nur die Bilder zuzulassen, die Gott gefallen. Wir können nicht alles kontrollieren, was uns in den Sinn kommt, aber doch hartnäckige, immer wiederkehrende Gedanken unter Kontrolle bringen; sie sind es ja, die das Unbewußte aktivieren, das dann Gefühle hervorruft, die ihrerseits zu Taten führen. Stellen Sie sich nichts Negatives, sondern Positives vor. Wenn die junge Frau statt des alkoholkranken Vaters sich das innere Bild eines gesunden, jungen Mannes, der nach Gottes Grundsätzen lebt, vor Augen gemalt hätte, hätte sie auch einen solchen Partner gewählt. Jeder andere hätte ihrem inneren Bild widersprochen. Ich kenne tatsächlich eine junge Frau, die einen Alkoholiker zum Vater hat und einen gläubigen jungen Mann abwies, um einen anderen zu heiraten, der sich dann als alkoholkrank entpuppte. Warum? Sie war auf das falsche innere Bild fixiert.

4. Milieu

Wenn das Milieu in der behavioristischen Psychologie der letzten Generation auch stark überbewertet wurde, hat es doch einen entscheidenden Einfluß auf unsere Selbstannahme. Schämt sich jemand seines Zuhauses und seiner Familie, wird er sich schlecht fühlen, und die Scham und innere Ablehnung wird sein Selbstbild unverhältnismäßig stark beeinträchtigen. Wichtiger als die wirklichen Gegebenheiten ist die innere Einstellung dazu. Denken Sie nur an die bekannte Geschichte von dem jungen Mädchen, das sich seiner Mutter schämte, weil deren Hände durch Verbrennungen entstellt waren. Als der Vater merkte, daß es möglichst nicht mit ihr in der Öffentlichkeit gesehen werden wollte, erklärte er, wie die Narben entstanden waren. Das Mädchen war als Säugling in den offenen Kamin gefallen, und die Mutter hatte es gerettet. Dabei wurden ihre Hände für immer entstellt. Das Mädchen schämte sich so, der Mutter durch sein egoistisches Verhalten Kummer gemacht zu haben, daß es zu ihr ging, die vernarbten Hände ergriff, sie küßte und unter Tränen sagte: „Mutter, ich liebe dich. Kannst du mir verzeihen, daß ich dich so behandelt habe? Ich kann dir für all deine Liebe und Güte nicht genug danken." Von nun an war sie stolz, mit der Mutter gesehen zu werden, und die häßlichen Hände wurden zum Ehrenzeichen. Wie erklärt sich diese Veränderung? Die Hände blieben häßlich, doch die innere Einstellung der Tochter hatte sich geändert.

Manche jungen Menschen sind einem negativen Selbstbild zum Opfer gefallen, weil sie die irrige Vorstellung haben, ein schlechtes Milieu brächte immer schlechte Menschen hervor. Gettobewohner sind dafür ein gutes Beispiel. Sie haben gelernt, sich für minderwertig zu halten, weil sie aus diesem Milieu stammen.

Gettos sind nichts Neues. Es hat sie immer gegeben. Heute sind sie auf Grund des Bevölkerungswachstums nur größer und fallen mehr auf, weil die Öffentlichkeit in letzter Zeit darauf aufmerksam wurde. Während meiner Oberschulzeit lebte ich in einem Viertel, das man nach heutigen Begriffen ein Getto nennen müßte. Doch machte mir das nichts aus, weil keiner mir sagte, wie schrecklich es war. In meiner Naivität hielt ich es für recht gut, so bewahrte ich meine positive Einstellung.

Immer wieder berichten uns die Geschichtsbücher von Männern, die in ärmlichen Verhältnissen aufwuchsen und zu großen Persönlichkeiten wurden, oder die sich vom Analphabeten zum vorbildlichen Pädagogen entwickelten. Kürzlich zeigte eine Untersuchung, daß die meisten erfolgreichen Persönlichkeiten aller Zeiten einem ungünstigen oder schlechten Milieu entstammen. Wesentlich ist, daß man zu seiner Herkunft ja sagt. Man sollte zumindest dafür danken, daß man aus diesem Milieu aufsteigen und dabei wertvolle Erfahrungen machen konnte.

Wir wollen hier innehalten und noch einmal darauf hinweisen, daß alle vier Aspekte des Selbstbilds von der rechten geistlichen Haltung beeinflußt werden. Wenn Sie wirklich glauben, daß Gott Sie liebt und einen Plan für Ihr Leben hat, wie es die Bibel lehrt, dann können Sie dankbar Ihr Äußeres, Ihre Fähigkeiten, Ihre Familie und Ihr Milieu annehmen. Geschieht dies im Glauben an Gott und sein Wort, wird Ihnen die Selbstannahme nicht schwerfallen. Wenn Sie jedoch einen oder mehrere dieser Bereiche nicht akzeptieren, werden Sie unter all den schlimmen Folgen des Selbsthasses zu leiden haben. Natürlich gibt es noch weitere Aspekte der Selbstannahme, doch sind die hier genannten die wichtigsten.

Die tragischen Folgen des Selbsthasses

Wir können in diesem Buch unmöglich alle Auswirkungen des Selbsthasses darstellen, denn er beeinflußt buchstäblich jeden Lebensbereich. Ich möchte jedoch acht wichtige Punkte herausheben.

1.) Depression

Wenn wir unsere äußere Erscheinung, unsere Fähigkeiten, unsere Familie oder unser Milieu ablehnen, entsteht Aggression, die sich leicht in Selbstmitleid verwandelt, das wiederum unweigerlich Depressionen hervorruft. Lernt man nicht, diese Bereiche als Werkzeuge in der Hand Gottes anzunehmen, die er zu seiner Ehre gebrauchen möchte, prägt sich die Schwermut im Laufe der Jahre immer stärker aus. Ein anderes Milieu oder veränderte Lebensbedingungen können eine Zeitlang Besserung bringen, doch wenn man die Denkstruktur Selbstmitleid nicht abbaut, wird man zum Sklaven der Depression.

2.) Fehlendes Gottvertrauen

Nur wer sich annimmt, kann eine lebendige, persönliche Beziehung zu Gott aufnehmen. Wenn wir Gott Vorwürfe ma-

chen, weil er uns diesen Körper, diese Fähigkeiten, diese Eltern und dieses Milieu gegeben hat, ordnen wir uns damit ihm
nicht willig unter, wie es für ein glückliches und fruchtbares
Christenleben nötig ist (Epheser 5, 21). Nur wenn man im
Glauben für alle diese Bereiche dankt, macht man den Weg
zu einer lebendigen Gottesbeziehung, der Voraussetzung für
ein Leben ohne Depressionen, frei.

Die meisten Menschen reden in aller Öffentlichkeit kritisch über sich. Doch Christen sollten es besser wissen und
nicht schlecht über sich sprechen, wenn sie Gottes Maßstab
nicht genügen. Bill Gothard erinnert uns daran, daß Gott, so
unvollkommen wir auch sind, noch nicht am Ende mit uns ist.
Als Kinder Gottes werden wir umgewandelt und für Gottes
Ziele vorbereitet. Statt sich abzulehnen, sollten Sie sich Gott
ausliefern und im Glauben in Anspruch nehmen, daß er Ihr
Leben einmal gebrauchen wird. Diese geistliche Sicht läßt eine Haltung entstehen, die Sie leistungsfähig macht, was wiederum der Selbstannahme dient.

3.) Auflehnung

Ganz gleich, wie der Selbsthaß entstanden ist, er wird in Ihnen das Feuer der Auflehnung gegen Gott und Ihre Mitmenschen schüren, seien es nun die Eltern, der Chef, Ihr Lebens-
gefährte oder ein Vorgesetzter.

Wir leben in einer rebellischen Gesellschaft – kein Wunder, daß sie auch nicht glücklich ist. Denken Sie einmal darüber nach! Zwar leben wir im Überfluß und haben Annehm-
lichkeiten, die man vor 25 Jahren nicht für möglich gehalten
hätte, doch ist unser Volk verbittert, aggressiv und größten-
teils unglücklich. Dies ist typisch für Menschen, die sich
selbst nicht annehmen können und daher dazu neigen, über
alles und jedes in ihrer Umgebung herzuziehen.

4.) Einsamkeit

Wer sich selbst nicht mag, hat auch keine Freude am Umgang mit anderen Menschen. Er registriert mit großer Empfindlichkeit, wie diese sein Äußeres, seine Fähigkeiten, Familie oder Herkunft beurteilen. So kapselt er sich ab, um Konflikten und der daraus entstehenden Traurigkeit aus dem

Weg zu gehen. Dabei kreist er immer mehr um die eigenen Bedürfnisse, Gefühle und Gedanken. Da er sich nicht mag, wird er immer unglücklicher.

5.) Materialismus

Wenn man sich nicht lieben kann, strebt man unverhältnismäßig stark nach Materiellem. Ein Mensch mit einer narzißtischen Störung legt übergroßen Wert auf Kleidung und Besitz, wird dadurch jedoch nicht glücklich. Man kann einen jungen Menschen nur schwer davon überzeugen, daß Besitz dem Glück nicht förderlich ist. Ich könnte mindestens 15 Millionäre aufzählen, denen ihr Geld kein Glück gebracht, sondern es manchmal sogar zerstört hat.

Jesus Christus hat gesagt: „Suchet vielmehr zuerst Gottes Reich und seine Gerechtigkeit! Dann werden euch alle diese Dinge hinzugefügt werden" (Matthäus 6, 33). Ich kenne auch Millionäre, die, anders als eben beschrieben, sehr glücklich sind. Doch liegt das nicht am Geld. Ihr wichtigstes Ziel war der Dienst für Gott, und ihr Reichtum ergab sich als Folge davon.

6.) Kritizismus und Versagenssyndrom

Oft hört man die bekannte Maxime: „Erkenne dich selbst!" Dieser Rat ist für jemanden, der sich ablehnt, gefährlich, denn er bedeutet für ihn: „Erkenne deine negativen Seiten!" Er erinnert sich an eine Vergangenheit, in der er Versagen, Unfreundlichkeit, Ablehnung und Beleidigung erfuhr. So kommt er zu dem Schluß: „Bei mir geht nie etwas glatt, nichts klappt. Ich bin wohl zum Scheitern verurteilt!" Da uns das Unbewußte dazu bringt, jedes innere Bild zu verwirklichen, führt solches Denken zwangsläufig zum Versagen, nicht aus Unfähigkeit, sondern weil man mit dem Mißerfolg rechnet.

7.) Übertriebene Nachahmung

Wer sich ablehnt, vergleicht sich nicht nur mit anderen Menschen, sondern versucht auch, sie nachzuahmen. Dies kann sehr schaden. Dr. Maxwell Maltz gibt den Rat: „Denken Sie täglich daran: Sie werden nie glücklich werden, wenn Sie ein anderer Mensch sein wollen. Gott schuf Sie einzigartig. Sie selbst sind wichtig, nutzen Sie das, verschleudern Sie diese Gabe nicht. Dies geschähe, wenn Sie versuchten, ein anderer Mensch zu sein, der Sie ja einfach nicht sind."

8.) Begrenzte Verfügbarkeit für Gott

Die traurige Folge mangelnder Selbstannahme ist, daß man sich nicht von Gott gebrauchen läßt, der für jeden Menschen einen Plan hat. Wir sind am glücklichsten, wenn wir danach leben, werden jedoch sehr unglücklich, wenn wir uns dagegen auflehnen. Wer sich nicht annimmt, vergeudet nicht nur die angeborenen Gaben, sondern hindert auch Gott daran, uns wunderbare Kraft zu schenken. Ein Leben im Glauben ist spannend! Die meisten Menschen lernen es nie kennen, denn statt Jesu Wort: „Ich bin gekommen, daß sie leben und reiche Fülle haben" (Johannes 10, 10) zu glauben, lehnen sie sich ab und blockieren Gottes Kraft durch ihren Unglauben. Sie werden das Leben in Fülle kennenlernen, wenn Sie im Glauben fassen, daß Gott gerade *Sie* segnen kann.

Warum die meisten Menschen zum Selbsthaß neigen

Was so weit verbreitet ist wie der Selbsthaß, müßte eigentlich auf eine gemeinsame Ursache zurückgeführt werden können. Denken Sie über die folgenden Möglichkeiten einmal nach:

1. Kleine Menschen in einer großen Welt

Wir alle fangen gleich an: als kleine Menschen, die nichts leisten können. Ob es sich um einen kleinen Jungen handelt, der seinem Vater bei der Autoreparatur helfen will und enttäuscht ist, daß sein kluger Vater im Gegensatz zu ihm alles in Ordnung bringen kann, oder um ein kleines Mädchen, dessen geschickte, erfahrene Mutter einen Kuchen backen kann, während die Kleine nur zuschauen kann – alle haben dasselbe Problem. Jeder möchte etwas leisten, doch sind wir zu ungeduldig, um uns Zeit zu lassen, zu üben und Erfahrungen zu sammeln.

2. Hänseleien anderer Kinder

Jeder Erwachsene ist als Kind von anderen verspottet worden. Viele gewöhnen sich somit an, Fehler stets bei sich selbst zu suchen.

3. Wissen um eigene Fehler, nicht um die Schwächen anderer

Seit langem beschäftigt mich, daß manche Perfektionisten so leicht andere Menschen bewundern, die weit weniger Fähigkeiten haben als sie selbst. Ihnen sind die Sünden stets bewußt – wie David im Alten Testament. So sieht ein Perfektionist viel eher eigene Fehler als die der anderen. Er muß fast ausschließlich daran denken.

4. Kritische Eltern, Verwandte, Lehrer und Freunde

Ständige Kritik ist immer schädlich. Jeder sucht und braucht Lob, vor allem von den liebsten Menschen. Leider sehen Eltern, die sich ablehnen, ihre Kinder äußerst kritisch, als wollten sie sich dadurch bestätigen, daß sie auf das ungeschickte und falsche Verhalten der Kinder aufmerksam machen. Ein Kind faßt dieses als Zurückweisung auf. Wenn seine Eltern es ablehnen, kann es sich nur schwer akzeptieren.

Kennzeichen echter Selbstannahme

Ein reifer Mensch ist nicht perfekt, sondern hat gelernt, sich so anzunehmen, wie er ist, also mit allen Stärken und Schwächen. Er wird versuchen, seine schwachen Seiten zu überwinden. Diese Selbstannahme wird sich in seinem Verhalten zeigen, ohne daß er sich dessen bewußt sein muß. Im Prozeß allmählichen geistlichen Wachstums wird er seelisch reifen. Er entwickelt sich zu einem lebendigen Beispiel für die zwei nach Jesu Worten wichtigsten Gebote, die von den Kennzeichen echter Selbstannahme sprechen: „Du sollst den Herrn, deinen Gott, lieben aus deinem ganzen Herzen und mit deiner ganzen Seele und mit deiner ganzen Kraft und mit deinem ganzen Denken und deinen Nächsten wie dich selbst" (Lukas 10, 27). Zu diesen Kennzeichen der Selbstannahme kommen noch mindestens sieben weitere hinzu. Wir sollten sie uns näher ansehen.

1. Man liebt Gott und dient ihm

Ein solcher Mensch macht sich ganz von Gott abhängig, er weiß, wer er ist, und muß nicht ständig Bestätigung im Erfolg suchen. Sein Bemühen um eine Beziehung zu Gott und der Wunsch, ihm zu gefallen, wird stärker sein als jeder Versuch, den eigenen Interessen zu dienen.

2. Man liebt und akzeptiert andere Menschen

Ein reifer Mensch kann andere lieben und sich an ihren Erfolgen freuen. Die Bibel sagt uns, daß wir mit den Fröhlichen fröhlich und mit den Traurigen traurig sein sollen. Ein reifer Mensch vermag beides, wohingegen ein selbstsüchtiger nur mit den Weinenden weinen kann. Können Sie sich aufrichtig mitfreuen, wenn Ihr Nachbar in einem Preisausschreiben einen neuen Mercedes gewinnt? Ein egoistischer, unreifer Mensch murrt: „Warum habe ich nie Glück?" Doch wenn die Frau des Nachbarn gestorben ist, fällt es nicht schwer, mit ihm zu weinen, ohne daß man dasselbe für sich wünscht. Eine wirklich reife Persönlichkeit wird andere lieben, sie als die Menschen annehmen, die sie sind, und sich über ihre Erfolge freuen.

3. Man akzeptiert und liebt sich selbst

Haben Sie keine Angst vor der Selbstliebe. Manche Christen meinen fälschlicherweise, sie sei auf jeden Fall Sünde, doch Jesus hat nicht gesagt: „Liebe dich nur nicht selbst!", sondern „Liebe deinen Nächsten wie dich selbst", weil er wußte, daß rechte Selbstliebe wichtig ist. Jeder mag sich in gewisser Weise, auch wenn er sich nicht selten in Gedanken ablehnt. Doch zu oft liebt man sich mehr als Gott oder den Nächsten. Jesus läßt genug Raum für die Selbstliebe, solange sie an dritter Stelle steht.

Die rechte Selbstannahme kann sich daran zeigen, wie man auf Komplimente über seine Arbeit und sein Äußeres reagiert. Statt darüber hinwegzusehen oder sich zu entschuldigen, nimmt ein reifer Mensch Lob gern an. Wer sich ablehnt, wird nervös und verwirrt und verstärkt dies noch, indem er schnell irgend etwas Dummes oder Überflüssiges sagt.

4. Man übernimmt Verantwortung

Ein reifer Mensch ist verläßlich und wird stets die volle Verantwortung für sein Tun übernehmen. Dies zeigt sich besonders, wenn etwas schiefgegangen ist. Wer sich annimmt, wird nicht anderen für den Fehler die Schuld geben, da er weiß, daß seine Selbstsicherheit und -annahme nicht von einem einzigen Erlebnis abhängt. Statt einen Schuldigen zu finden, möchte er eher aus Fehlern lernen. Ein reifer Mensch ist daher für Führungsaufgaben geeignet.

5. Man kann seine Gefühle ausdrücken

Ein reifer Mensch kann nicht nur entsprechend seiner Lage lachen oder weinen, er kann sich auch gefühlsmäßig auf seine Umgebung einstellen. Seine Freude hängt nicht von Menschen oder Umständen ab, sondern er strahlt sie selbst aus. In Epheser 5, 18–21 heißt es, daß ein mit dem Heiligen Geist erfüllter Mensch im Herzen singt, dankbar ist und sich unterordnet, d.h. er wird nie schwermütig werden.

6. Man bleibt flexibel

Ein reifer Mensch wird seine Pläne ändern, wenn es nötig sein sollte. Er will nicht ohne Rücksicht auf die Bedürfnisse anderer seinen Willen durchsetzen. Viele haben sich um wertvolle Erfahrungen gebracht, weil sie gegen äußere Umstände aufbegehrten, an denen sie nichts ändern konnten. Ein reifer Mensch ist entspannt und hat eine positive Einstellung, so daß er beim Auftreten widriger Umstände einen anderen Weg findet.

7. Man läßt sich kritisieren

Ein reifer Mensch fühlt sich nicht bedroht, wenn ihn jemand korrigiert oder ihm einen besseren Weg vorschlägt, sondern er schätzt die Meinungen anderer und probiert gern bessere Methoden aus, um sein Ziel zu erreichen.

Wie man ein besseres Selbstbild bekommt

Da ein positives Selbstbild so wichtig für die Überwindung der Depression ist, wollen wir uns längere Zeit damit beschäftigen.

1.) Suchen Sie eine persönliche Beziehung zu Gott

Sie müssen nicht nur Ihre innere Leere ausfüllen, indem Sie in eine persönliche Beziehung zu Gott durch seinen Sohn Jesus Christus eintreten, sondern es ist auch wichtig, daß Sie sich annehmen. Wenn Sie Jesus Christus wirklich in Ihr Leben aufgenommen haben, treten Sie in eine lebendige Beziehung zu Gott, indem Sie ihn in seinem Wort kennenlernen. Vom ersten Kapitel der Bibel an hat Gott sich Adam, Noah, Abraham und anderen unter verschiedenen Namen (Name heißt wörtlich Wesen) offenbart. Wenn daher im Alten Testament immer wieder ein neuer Name Gottes erscheint, zeigt er jeweils eine neue Seite seines Wesens, die seine Kinder zu diesem Zeitpunkt kennen mußten. Je mehr wir wie Abraham von Gott erfahren, desto mehr lieben wir ihn und um so leichter fällt es uns, uns Gott anzuvertrauen.

Man kann Gott nur dadurch kennenlernen, daß man das, was er von sich selbst in der Bibel sagt, hört, studiert, im Herzen bewegt und sich einprägt. Dem Menschen ohne Gott, der von ihm nichts weiß, macht der Selbsthaß sehr zu schaffen. Nur wenn er den in der Bibel offenbarten Gott kennenlernt, wird er zur Selbstannahme fähig. So sagt uns Kolosser 3, 16 und 17: „Lasset das Wort Christi reichlich unter euch wohnen; in aller Weisheit lehret und ermahnet einander mit Psalmen, Lobgesängen, geistlichen Liedern; singet Gott lieblich in euren Herzen! Und alles, was ihr tut mit Wort oder mit Werk, das tut alles im Namen des Herrn Jesus, indem ihr Gott, dem Vater, durch ihn dankt!" Wenn Gottes Wort reichlich in Ihnen wohnt, werden Sie im Frieden mit Gott, mit sich selbst und den Nächsten leben.

2.) Nehmen Sie sich als Geschöpf Gottes an

In der Bibel erfahren wir, daß wir „wunderbar gemacht" sind. Gott hat mit Ihrem Leben einen Plan, und damit er zum Ziel kommt, müssen Sie sich annehmen. Wenn Sie ihn um Führung, Kraft und die Erkenntnis seines Willens bitten, treten Sie mit dem allmächtigen Gott in Verbindung. Als Christ lernen Sie, sich zu akzeptieren, wenn Sie damit anfangen, Gott zu danken, daß Sie zu seiner göttlichen Familie gehören.

Wie wichtig dieser Schritt der Selbstannahme ist, wird im Leben einer jungen Frau deutlich, die mich kürzlich nach einem Seminar ansprach. Sie war 22 Jahre alt, trug abgeschabte Kordhosen und hatte lange, strähnige Haare. Sie sagte, daß sie gegen die Gewohnheit nicht ankomme, sich an einer bestimmten Stelle den Kopf zu kratzen, bis er kahl würde. Sie schob ihre Haare beiseite und zeigte es mir. Dann erzählte sie, daß ihr Vater sie zum besten Hautarzt in ihrer Stadt geschickt habe, der aber nichts Organisches habe finden können. Sie hatte verschiedene Beruhigungsmittel genommen und war ein paarmal bei einem Psychiater in Behandlung gewesen, doch eine Besserung habe sich bisher nicht eingestellt. Als ich von ihr wissen wollte, wie es mit der Selbstannahme bestellt sei, senkte sie den Kopf und gestand, daß sie ihr Äußeres nicht möge. Daraufhin schlug ich ihr zweierlei vor: Betrachten Sie sich im Spiegel und danken Sie Gott für Ihr Aussehen (sie sah nämlich nicht häßlich aus, hielt sich nur dafür). Gehen Sie zu einem Friseur und lassen Sie sich eine Frisur machen, die die kahle Stelle verdeckt.

Nach nicht einmal sechs Wochen ließ sie mich wissen, daß die ersten Härchen auf der kahlen Stelle sprießen würden. Diese junge Frau hatte sich ihre Häßlichkeit zu sehr eingeredet, so daß sie unbewußt begonnen hatte, auch den letzten Rest von Attraktivität zu zerstören, indem sie sich so lange kratzte, bis sie kahl wurde, und sich äußerst unvorteilhaft kleidete.

Ziemlich häufig kann man den Grad der Selbstannahme eines Menschen am Äußeren ablesen. Wenn man sich unzulänglich, schmutzig und niedergeschlagen fühlt, wird man dies in seiner Kleidung zum Ausdruck bringen. Wer über genügend Selbstliebe verfügt, wird sich entsprechend seinem Beruf, Milieu und seinen finanziellen Mitteln kleiden. Ich neige auch zu der Annahme, daß die lässige, für Männer und Frauen wenig elegante Kleidung, die heutzutage Oberschüler und Studenten bevorzugen, deren Selbsthaß nur verstärkt. Was sie einen Angriff auf das Establishment nennen, ist oft kaum mehr als Ausdruck ihres Gefühls der Unzulänglichkeit und ihres Selbsthasses. Natürlich ist jede Verallgemeinerung gefährlich. Einige tragen lieber sportliche Kleidung, weil sie bequemer ist, doch sollte man nicht vergessen, daß es uns wohl tut, wenn wir der Situation entsprechend angezogen sind. Der Geschmack mag sich mit dem Alter wandeln, weil man sich weiterentwickelt, und doch ist eine solche Veränderung oft Ergebnis der Selbstannahme.

3.) Lernen Sie, mit Schuldgefühlen umzugehen

Man macht oft die Beobachtung, daß Menschen, die sich selbst ablehnen, allen Mut verlieren, wenn sie nur eine Kleinigkeit falsch machen. Diese Reaktion steht in keinem Verhältnis zu ihrem Fehler, und sie scheinen zu vergessen, daß jeder Mensch irgendwann sich selbst, die Gesellschaft und Gott enttäuscht. Leider hat die moderne Psychologie alles getan, um Schuld wegzudiskutieren; sie macht die Religion dafür verantwortlich, statt echte Hilfe anzubieten.

Vor einigen Jahren behandelte mich ein befreundeter Arzt wegen einer Kehlkopfentzündung. Er nutzte es aus, daß ich nicht sprechen konnte, und teilte mir ziemlich bissig mit, daß seiner Meinung nach die Pfarrer mehr als jeder andere Berufsstand den Menschen geschadet hätten. Weiter erzählte er, daß er als Assistent in einem psychiatrischen Krankenhaus festgestellt habe, daß 95 % der Patienten wegen religiös bedingter Schuldgefühle dort gewesen seien. „Sie irren sich gewaltig, Herr Doktor", flüsterte ich. „Man fühlt sich schuldig, weil man Schuld *hat*!" Die Bibel lehrt, was die moderne Psychologie nicht wahrhaben will: daß der Mensch kein Lebewesen ohne Gewissen ist, das ungestraft sündigen könnte, sondern daß sein Gewissen ihn entweder anklagt oder freispricht (Römer 2, 15).

Für die seelische Gesundheit und die Selbstannahme ist das Gewissen wesentlich. Man sollte nicht von einem Psychiater erwarten, daß er die eigenen Gewissensbisse durch Erklärungen beseitigt, sondern muß seine Sünden erkennen und Gottes Vergebung annehmen. Darum hat Gott uns *die* gute Nachricht sagen lassen, „daß Christus Jesus in die Welt gekommen ist, um Sünder zu retten" (1. Timotheus 1, 15).

Das Neue Testament ist voll von dieser guten Nachricht, daß der Mensch bei Gott Vergebung und Befreiung von seinem tyrannischen schlechten Gewissen erlangen kann. Doch beginnt sie damit, daß er seine Sünde zugibt, denn die Bibel lehrt: „Alle haben ja gesündigt und ermangeln der Ehre vor Gott" (Römer 3, 23). Wer seine Schuld bekannt hat, muß Gottes Urteil über die Sünde, das er an seinem eigenen Sohn am Kreuz auf Golgatha vollstreckt hat, annehmen und erkennen, daß „das Blut Jesu, seines Sohnes, uns von aller Sünde reinigt" (1. Johannes 1,7). Mit diesem Vers ist gemeint, daß Gott uns immer wieder von unserer Schuld reinwäscht.

Wer Vergebung für seine Schuld erlangt hat, sollte Gott dafür danken. Er merkt, daß er von der Tyrannei seines belasteten Gewissens frei ist, und wird sich ein Leben wünschen, das Gott besser gefällt. Für die rechte Selbstannahme ist ein reines Gewissen wichtig, doch ist es eine Gabe Gottes, *nicht menschliche Leistung*.

Vor allem Perfektionisten haben mit einem übermächtigen Gewissen zu kämpfen, das sie unbarmherzig anklagt, weil sie ihre Maßstäbe im Leben nicht verwirklichen. Sie müssen lernen, wenn der vollkommene Gott ihre Sünden vergibt, sich auch selbst und ihren Mitmenschen, die in ihrem ganzen Leben „des Ruhmes bei Gott mangeln", zu verzeihen.

4.) Loben Sie Gott und danken Sie für Ihre Erfolge

Es ist nie gut, lange über Negatives nachzusinnen, da dadurch Unzufriedenheit und Selbstmitleid entstehen, die dann Depressionen hervorrufen. Statt dessen ist es hilfreich, Gott für seinen Segen zu danken. Ich habe dies als besondere Hilfe bei Eheberatungen erfahren, in Fällen, bei denen einer der Partner nach eigenen Worten keine Liebe für den anderen mehr empfand. Ich machte dem Betreffenden Mut, zehn Punkte aufzuschreiben, die er an seinem Ehepartner schätzte, und dann Gott täglich dafür zu danken und der Versuchung zu negativen Gedanken Widerstand zu leisten. Es ist erstaunlich, wie dann die Liebe neu erwacht, selbst da, wo man die Überzeugung gewonnen hatte, daß man nie wieder zu einem solchen Gefühl fähig wäre.

Kürzlich kam eine sehr schöne, aber selbstunsichere und frigide Ehefrau voll innerer Spannungen zu mir in die Beratung. Ich merkte sehr schnell, daß sich diese hübsche Frau schon vor der Eheschließung mit einem dynamischen, perfektionistischen Mann nicht akzeptiert hatte. Jeden Abend, wenn er von der Arbeit nach Hause kam, zeigte er ihr seine Verachtung, weil ihm nichts zusagte, was sie tat, und wie die meisten Männer wußte er nichts von der ungewöhnlichen Fähigkeit einer Frau, in den Gedanken eines Mannes zu lesen. Sie konnte ihn nicht zufriedenstellen, das schmerzliche Wissen, daß er sie ablehnte, verstärkte ihren Selbsthaß. Und je mehr sie sich ablehnte, desto weniger bemühte sie sich, ihm zu gefallen. Es war ein Teufelskreis.

Als ich mich mit ihrem Mann unterhielt, war er über meine Erklärung erstaunt, daß das Befinden seiner Frau in seiner Hand liege. Ich bat ihn sehr, Gott zweimal täglich für zehn positive Eigenschaften seiner Frau zu danken, und zwar morgens und auf dem Heimweg. Nicht lange danach berichtete er mir, daß sie zärtlicher werde und es Anzeichen für eine größere Selbstachtung und eine stärkere Motivation gäbe, was beides auf zunehmende Selbstliebe schließen ließ. Kürzlich fragte ich ihn, ob er seine Liste noch im Kopf habe. Er antwortete lächelnd: „Ich weiß sie nicht nur auswendig, ich finde auch neue Züge an ihr, für die ich täglich danken kann."

Aus Danken entsteht neue Dankbarkeit. Wenn Sie erst die Denkstruktur des Dankens aufgebaut haben – Dank für den Herrn, für sich selbst, Ihre Lieben, Ihre Familie, Ihren Beruf usw. –, wird Ihnen Dankbarkeit nicht schwerfallen. Dankbare Menschen können nicht depressiv werden.

5.) Freuen Sie sich auf die Zukunft

Jeder Leser dieses Buches hat eine Zukunft, aber wie sie im einzelnen aussehen wird, ist nicht so wichtig wie die Einstellung dazu. Viele Fachleute betonen immer wieder, daß die eigenen Erwartungen unsere Zukunft mitbestimmen.

Der Christ hat keinen Grund, sich vor der Zukunft zu fürchten. Wiederholt hat Jesus seine Jünger ermahnt: „Seid guten Muts . . . gehet hin, und siehe, ich bin bei euch alle Tage bis an das Ende der Welt." Da Jesus jetzt und in der Zukunft bei uns ist, haben wir keinen Grund, uns zu fürchten.

Glücklich der Christ, der erwartungsvoll in jeden neuen Tag geht und gespannt auf die Erfahrung von Gottes Segen und Fürsorge ist. Während einer Tagung teilte ich mit einem Pastor das Zimmer. Er ist ein geisterfüllter Christ und für seine Freude und sein Loben bekannt. Der Wecker klingelte um 6.10 Uhr. Draußen war es trüb, unfreundlich und kalt; die Sonne war nicht zu sehen. Mein Freund stellte den Wecker ab und rief laut: „Guten Morgen, Welt! Danke, Jesus, für diesen neuen, aufregenden Tag!" Er hatte meines Erachtens verstanden, was der Psalmist mit den Worten meinte: „Dies ist der Tag, den der Herr gemacht hat; lasset uns frohlocken und seiner uns freuen!" (Psalm 118, 24). Wer täglich in dieser Haltung dem Leben begegnet, wird mit Schwermut keine Probleme haben.

12

DEPRESSION UND TEMPERAMENT

Aus den zahlreichen Erklärungsversuchen für das menschliche Verhalten hat man unzählige Theorien entwickelt. In der Antike legte man das Hauptgewicht auf die erblichen Charakterzüge, die das menschliche Verhalten auslösen sollten. Freud und seine Schüler machten das Milieu und unsere Kindheitserfahrungen dafür verantwortlich. In Wirklichkeit beeinflussen uns beide Faktoren, am stärksten jedoch unser ererbtes Temperament.

Bei der Zeugung wird dem Menschen durch die Gene von Eltern und Großeltern sein Wesen vererbt, einschließlich der Haar- und Augenfarbe, des Körperbaus, der Begabung und natürlich des Temperaments. Letzteres beeinflußt ihn am stärksten, denn es erzeugt sein spontanes Verhalten. Gelegentlich wollen einige unserer von der modernen Psychologie bis zur Kritikunfähigkeit beeinflußten Zeitgenossen die Bedeutung des „erlernten Verhaltens" hervorheben, doch ich finde das eher merkwürdig. Unsere vier Kinder sind alle in derselben Umgebung erzogen worden, sie lernten auf dieselbe Art und Weise, doch sind sie so unterschiedlich wie Tag und Nacht! Dies muß an ihren Erbanlagen liegen. Bei uns lieferte der Kleiderschrank der Jungen stets ein gutes Beispiel. Eine Seite war ordentlich und aufgeräumt, und die andere sah aus, als wäre ein Wirbelsturm darüber hinweggefegt. Unsere Mädchen waren ebenso verschieden. Eines zog mit Vorliebe „alte Klamotten" an und trägt heute noch am liebsten bequeme, lässige Sachen. Noch ehe die andere Tochter drei Jahre alt war, zeigte sie eine ausgeprägte Vorliebe für gepflegte, aufeinander abgestimmte Kleidung. Diese und unzählige andere Unterschiede waren vorhanden, noch ehe wir darauf hätten Einfluß nehmen können.

Heute ist unser erstes Enkelkind neun Monate alt. Noch ehe es krabbeln konnte, entdeckte ich schon denselben starken Willen und die Verbissenheit, die mir von beiden Eltern bekannt sind. Der Grund dürfte auf der Hand liegen! Es erbte einige Züge, die sein Verhalten beeinflussen.

Die vier Temperamente

Unser aus den Erbanlagen entstandenes Temperament wird später durch die frühkindliche Erziehung, durch Schule, Lebenserfahrung, Milieu und menschliche wie geistliche Ziele beeinflußt.

Vor 2400 Jahren erdachte Hippokrates die beste Theorie der Temperamente. Es gibt vier Grundkategorien: der sanguinische, stark extrovertierte Geschäftsmann, der cholerische, extrovertierte, willensstarke Anführer, der melancholische, introvertierte Perfektionist und der phlegmatische, extrem introvertierte, passive Mensch. Diese Theorie wird, wenn auch abgewandelt, noch heute in einer dem Original sehr ähnlichen Form gelehrt. Der wichtigste Zusatz ist vielleicht der, daß kein Mensch ausschließlich einer Kategorie zuzurechnen ist, sondern daß jeder Züge von zwei oder mehreren in sich vereint. Dies ist einleuchtend, weil man ja auch körperlich beiden Elternteilen ähnelt.

Die meisten Menschen gehören überwiegend einem Temperament an und zeigen noch Züge eines weiteren. Es ist nicht ungewöhlich, wenn jemand zu 80 % Sanguiniker und zu 20 % Phlegmatiker oder zu 70 % Choleriker und zu 30 % Melancholiker ist. Es gibt unzählige verschiedene Möglichkeiten. Ein von mir getesteter Mann war zu 60 % Sanguiniker, 20 % Melancholiker und 20 % Phlegmatiker.

Temperament und verändertes Temperament

Die Analyse des menschlichen Temperaments zählt zum Faszinierendsten, mit dem ich mich je beschäftigt habe. Natürlich bin ich versucht, an dieser Stelle eine umfassende Darstellung zu geben, doch aus Platzgründen ist es mir unmöglich. Wir wollen uns hier nur insoweit damit beschäftigen, als Beziehungen zum Problem der Depression bestehen.

Das sanguinische Temperament und die Schwermut

Aus dem sanguinischen Temperament entsteht eine herzliche, freundliche, gesellige Persönlichkeit, die andere wie ein Magnet anzieht. Ein solcher Mensch ist ein guter Redner, ein unbekümmerter Optimist, der Mittelpunkt einer geselligen Runde. Er ist großzügig und mitfühlend, geht auf seine Umgebung ein und spürt die Stimmungen und Gefühle anderer, hat aber, wie die anderen Temperamente, auch einige Schwächen. Sein Wille ist oft wenig stark ausgeprägt, seine Gefühle sind nicht stabil, er ist aufbrausend, unstet und egoistisch. In seiner Jugend sagt man ihm Erfolge voraus, doch diese Erwartungen erfüllt er selten. Er hat große Schwierigkeiten bei mühevoller Kleinarbeit, ihm fehlt die innere Ruhe. Hinter seiner mutigen Fassade verbergen sich oft Unsicherheit und Angst. Sanguiniker sind gute Geschäftsleute, Redner, Schauspieler und manchmal auch Anführer. Ein Sanguiniker ist selten niedergeschlagen, wenn er in Gesellschaft ist. Er lebt so auf andere bezogen, daß ihr bloßer Anblick seine Stimmung hebt und ihn zum Lächeln bringt. Die Zeiten der Schwermut beginnen für ihn fast ausnahmslos, wenn er allein ist. Der angenehmste Zug eines Sanguinikers ist seine Fähigkeit, das Heute zu genießen. Er blickt nicht auf unerfreuliche Erfahrungen der Vergangenheit zurück und macht sich nie Sorgen über die unbekannte Zukunft.

Einer meiner nettesten Freunde, ein Sanguiniker, gibt dafür das beste Beispiel. Wir reisten durchs Land und unterhielten uns über meine Arbeit. Spontan sagte er: „Weißt du, ich hab' nie viel mit Schwermut zu tun gehabt, wohl weil Gott so gut zu mir war. Eigentlich kann ich mich gar nicht an wirkliche Probleme oder Schwierigkeiten erinnern." Ich wunderte mich über diese Worte, denn ich kannte ihn gut. Ich mußte daran denken, daß er erst mit fast 40 Jahren den Oberschulabschluß schaffte, weil er von zu Hause weggelaufen und zur Handelsmarine gegangen war. Während dieser Zeit heiratete er, zwei Kinder wurden geboren, dann starb eines an einer recht seltsamen und seltenen Krankheit. Seine Frau verkraftete das nicht, nach einigen unglücklichen Ehejahren ließ sie sich scheiden und heiratete einen anderen.

Mein Freund lebte bereits seit sechs Jahren allein. Nur ein Sanguiniker konnte so von seinem Leben reden: „Ich hab nie wirkliche Probleme gehabt." Aber es gäbe viel weniger Schwermut, wenn alle Temperamente so denken könnten.

Viele undisziplinierte Sanguiniker werden mit dreißig oder vierzig Jahren schwermütig. Durch ihre Willensschwäche und mangelnde Selbstbeherrschung sind sie ziemlich unproduktiv, ärgern sich darüber und sind enttäuscht. Sie neigen in diesem Alter zum Dickwerden, weil sie nicht in der Lage sind, zu kalorienhaltigen Nachspeisen und anderen Köstlichkeiten nein zu sagen. Dies beeinträchtigt ihre Selbstachtung und erhöht die Neigung zu Depressionen. Auch wenn sie sich im allgemeinen von anderen aufheitern lassen, verstärkt sich doch ihre leichte Depression. Man hat sie mit Peter Pan verglichen – sie möchten nie erwachsen werden. Obgleich man sie sehr gern mag und anziehend findet, kann man sich auf sie nicht verlassen, sie sind charakterschwach.

Wenn diesen reizenden Sanguinikern, die sich oft wie große Kinder verhalten, die eigene Oberflächlichkeit bewußt wird, nimmt ihre Unsicherheit zu. Sie gehen in die Defensive, reagieren empfindlich, wenn man sie nicht genügend beachtet oder sie kritisiert, und ihre Gedanken kreisen darum, was andere wohl über sie denken mögen. Es ist nicht ungewöhnlich, daß sie sich dann bemitleiden und daraufhin depressiv werden. Manchmal werfen sie sogar ihren Eltern vor, sie seien in der Kindheit zu nachsichtig mit ihnen gewesen, so daß sie nie Selbstdisziplin lernen konnten. Es fällt ihnen sehr schwer, die Schuld bei sich selbst zu suchen, sie zu bekennen und danach zu streben, daß der Heilige Geist sie erfüllt, um die so dringend benötigte Charakterfestigkeit zu erlangen. Wenn sie ihr Problem nicht realistisch einschätzen und lernen, im Heiligen Geist zu leben, wird es eine Zeitlang ein Auf und Ab zwischen Depression und Fröhlichkeit geben, bis sie, ähnlich wie Kinder, sich innerlich darauf einstellen, dann das Leben nicht mehr ernst nehmen und dabei weit unter ihren Möglichkeiten leben.

Der vom Heiligen Geist erfüllte Sanguiniker ist anders! Der Heilige Geist zeigt ihm nicht nur, daß seine Gedanken um das Selbstmitleid kreisen und daß dies Sünde ist, sondern führt ihn auch zu Tätigkeiten, die ihm die Selbstannahme und -liebe erleichtern. Wenn ein Sanguiniker wie der Apostel Petrus in der Apostelgeschichte vom Heiligen Geist erfüllt wird, wird er leistungsfähig sein, Erfolg haben, und die Schwermut wird ihm nichts anhaben.

Der Choleriker und die Schwermut

Das cholerische Temperament bringt einen aktiven Praktiker hervor. Er hat einen starken Willen, ist der geborene Anführer und sehr optimistisch. Sein Kopf steckt voller Ideen, Pläne und Ziele, die er im allgemeinen auch konsequent erreicht. Wie der Sanguiniker ist er extrovertiert, doch längst nicht so ausgeprägt. Wenn er auch sehr viel im Leben erreicht, hat er doch von Natur aus große Schwächen. Er ist überheblich, heftig und leicht erregt und neigt zu Härte und Unbarmherzigkeit. Ja, niemand kann so scharf und sarkastisch sein wie der Choleriker. Er kann gut Dinge in Gang bringen und überwachen, für eine Sache kämpfen und Befehle geben, er ist ein guter Politiker und Organisator, doch für die Kleinarbeit ungeeignet.

Ein Choleriker wird selten depressiv, vor allem weil er aktiv und zielbewußt ist und stets zehn verschiedene Pläne gleichzeitig hat. Wenn einer mißlingt, ist seine Enttäuschung nur von kurzer Dauer, und er wendet sich schnell einer neuen fordernden Aufgabe zu. Choleriker sind glücklich, wenn sie beschäftigt sind, und haben somit wenig Zeit, depressiv zu werden. Sie sind vor allem darüber enttäuscht, daß der Tag nicht genug Stunden hat, um alle Ziele verfolgen zu können.

Ablehnung und Beleidigung – die bei Menschen anderen Temperaments oft Depressionen auslösen – bringen einen Choleriker nicht in Verlegenheit. Er hat ein so dickes Fell, ist von Natur aus so selbstbewußt und unabhängig, daß er sich selten nach anderen Menschen sehnt. Statt sich zu bemitleiden, wenn er allein ist, denkt er sich in dieser Zeit Neues aus. Von allen Temperamenten ist er gefühlsmäßig am wenigsten entwickelt. Daher kennt er nur sehr geringe Gefühlsschwankungen. Obgleich er sehr schnell wütend wird, bemitleidet er sich kaum, sondern läßt seine Wut an den anderen aus. Da er kein Gespür dafür hat, was man über ihn denkt, ist er für Depressionen, die durch andere entstehen, nicht anfällig. Wenn ein Choleriker je mit Schwermut zu kämpfen hat, dann nach Enttäuschungen oder nach der Pensionierung. Ist ein Choleriker dreißig oder vierzig Jahre alt geworden, entwickelt er oft eine krankhafte Überaktivität, die darin besteht, daß ein Gedanke den anderen jagt. Diese Tendenz erwähnten wir im Kapitel über die Ursachen der Depression. Ein Choleriker, der Christ ist, muß lernen, bei Gott auszuruhen und ihm sein Leben zu überlassen. Seine Unnachgiebigkeit und sein Hochmut lassen ihn oft kein fruchtbares Christenleben führen, weil er alles selbst, ohne den Heiligen Geist tun will. Wenn er sich mit Erfolg für seinen Glauben einsetzt, nimmt sein Stolz ihm den geistlichen Weitblick, so daß er seine menschlichen Motive nicht erkennen kann.

Der Friede des Heiligen Geistes, der alles Verstehen übersteigt, wird sein Denken verändern und ihn dazu bringen, zunächst auf den Herrn und dann erst auf die Aufgabe zu blicken. Er hat zu lernen, daß Gottes Plan nicht von ihm abhängt, sondern daß, im Gegenteil, er sich von Gott abhängig machen muß, und sollte auch erkennen, daß der Dienst für Gott unbedingt in der Kraft des Heiligen Geistes getan werden muß. Die Bibel sagt es so: „Nicht durch Heeresmacht und nicht durch Gewalt, sondern durch meinen Geist, sagt der Herr der Heerscharen" (Sacharja 4, 6). Der Apostel Paulus ist vielleicht das beste Beispiel für einen mit dem Heiligen Geist erfüllten Choleriker, den Gott brauchen konnte. Er hatte diese Lektion gelernt, denn er sagte: „Wenn ich schwach bin, dann bin ich stark" (2. Korinther 12, 10).

Wenn ein ungeistlicher cholerischer Christ dieses Prinzip noch nicht verstanden hat, kann er depressiv werden, weil er angesichts seines geringen geistlichen Erfolges, trotz aller angestrengten Bemühungen, enttäuscht ist. Statt sich selbst wegen seiner ungeistlichen, eigenwilligen Haltung die Schuld zu geben, vergräbt er sich in Selbstmitleid und zieht sich von den Aufgaben seiner Gemeinde zurück. Die anderen Gemeindemitglieder erkennen oft schnell seine ungeistlichen Motive, und so wird er möglicherweise bei der Ältestenwahl übergangen. „Ich verstehe das nicht", beklagt er sich. „Ist meine harte Arbeit nicht Beweis genug für meine Hingabe an Christus?" Glücklich der Choleriker, der wie Jakobus sagen kann: „Wenn der Herr will und wir leben, wollen wir dies oder jenes tun" (Jakobus 4, 15). Wenn er durch den Heiligen Geist den Willen Gottes in seinem Leben zu erfahren sucht, wird er nicht nur leistungsfähiger, sondern auch gelassener werden. Wer einmal begriffen hat, daß das Leben im Heiligen Geist das Geheimnis geistlichen Erfolgs ist, wird in seinem geistlichen Leben beständig werden.

Eine andere Phase, in der ein Choleriker für Depressionen anfällig ist, ist der Ruhestand. Wenn er auch im allgemeinen frühestens mit 60 Jahren aus dem Berufsleben ausscheidet, bleiben ihm zwei Möglichkeiten: entweder eine andere Tätigkeit oder aber die Schwermut.

Ein ehemaliger Firmendirektor ging mit 65 Jahren in den Ruhestand. Nach sechs Monaten war er depressiv und kam zu seinem Pastor. Der erkannte schnell, daß der Mann nicht genug ausgelastet war. Hinzu kam natürlich, daß er die Sünde des Selbstmitleids beging und klagte: „Mein Leben ist vorbei, meine produktive Phase ist zu Ende, ich bin zu nichts mehr nütze." Die Gemeinde des Pastors war sehr lebendig und brauchte dringend jemanden, der die geschäftlichen Angelegenheiten abwickelte. Er brachte den Mann dazu, diese Aufgabe ehrenamtlich zu übernehmen. Heute verwaltet diese Kirchengemeinde ihr Geld rationeller als die meisten im

Land, und der tatkräftige Geschäftsmann hat großen Spaß an seinem Ruhestand.

Die Fähigkeit des Heiligen Geistes, die Neigung eines cholerischen Menschen zur Schwermut zu verändern, zeigt sich sehr gut im Leben des Apostels Paulus. Mehr als jeder andere war Saul von Tarsus der typische Choleriker, ehe er Christ wurde. Nach seiner Bekehrung sehen wir, wie sich sein unbezwingbarer Wille unter der Leitung des Heiligen Geistes in der Apostelgeschichte entwickelt. Seine Reaktion auf die Gefangenschaft gibt uns ein klassisches Beispiel dafür, wie dadurch daß der Heilige Geist über die Natur eines Menschen herrscht, niederdrückende äußere Bedingungen überwunden werden. Im kalten, feuchten römischen Gefängnis war Paulus eingekerkert, weil er das Evangelium gepredigt hatte, und zeigte doch nicht das geringste Selbstmitleid. Statt dessen nützte dieser dynamische Christ die Gelegenheit, jedem neuen römischen Wachsoldaten von seinem Glauben weiterzusagen. So viele kamen dabei zum Glauben, daß er an die römische Gemeinde schrieb: „Es grüßen euch alle Heiligen, ganz besonders aber die aus dem Hause des Kaisers" (Philipper 4, 22). Mehr noch, er schrieb aus diesem Gefängnis seine Briefe, darunter den „Brief der Freude" genannten Philipperbrief, in dem er sagt: „Ich habe gelernt, in der Lage, in der ich bin, mir genügen zu lassen" (Philipper 4, 11). Vom Geist erfüllte Choleriker werden nie depressiv.

Der Melancholiker und die Schwermut

Das vielfältigste Temperament ist das melancholische. Der Melancholiker ist nicht nur reich an Begabungen und ästhetischem Urteilsvermögen, er kennt auch das ganze Gefühlsspektrum. Er hat viele Schwächen, vor allem die Neigung zur Schwermut. Einige der größten Genies dieser Welt waren begabte Melancholiker, die in ihrer Verzweiflung ihre Talente verschleuderten und apathisch und unproduktiv wurden. Dies ist so offensichtlich, daß man in der Antike die Worte Melancholie und Depression für denselben Sachverhalt benutzte.

Das melancholische Temperament ist im allgemeinen das begabteste von allen. Der Melancholiker ist von Natur aus sehr empfindsam, für Künste empfänglich, perfektionistisch, er neigt zum Analysieren und opfert sich selbst auf. In der Regel ist er zurückhaltend und stellt sich selten in den Mittelpunkt, ist jedoch ein sehr treuer Freund. Oft aber ist er launisch, kritisch, pessimistisch und kreist um sich selbst. Die großen Künstler, Komponisten, Philosophen, Erfinder und Theoretiker waren meist Melancholiker.

Obgleich sich jeder durch seine Gedanken selbst schaden kann, reagiert doch keiner empfindlicher als der Melancholiker. Zu seinen schöpferischen Fähigkeiten zählt auch die, sich Dinge äußerst plastisch und lebendig vorzustellen. Weil Melancholiker von Natur aus launisch sind, können sie ihre Stimmungen für spontane Regungen halten, doch ergeben sich Stimmungen, wie wir sahen, unmittelbar aus unseren Denkstrukturen. Wenn ein Melancholiker auf sein Denken achthat und sich vor Gedankensünden wie Ärger, Groll, Selbstanklage und Selbstmitleid hütet, wird er seiner Neigung zur Depression nicht zum Opfer fallen.

Der starke Einfluß unserer Gedanken auf unsere Stimmungen kann an einem Erlebnis mit meinen heranwachsenden Söhnen verdeutlicht werden. An einem Sonntagabend erinnerten wir sie beim Zubettgehen, so wie das bei Millionen Kindern immer wieder liebevolle Eltern tun: „Denkt daran – morgen müßt ihr früh aufstehen und zur Schule gehen." Einstimmig kam die Antwort: „Müssen wir denn morgen zur Schule?" Ich versicherte ihnen, daß dies nötig sei, ertrug ihr Murren mit väterlicher Geduld und schickte sie ins Bett. Selbstverständlich wachten sie am Montagmorgen schlecht gelaunt auf. Nur sehr ungern schickte ich sie an diesem Tag zu ihrem Lehrer.

In der nächsten Woche lagen dieselben Jungen abends im gleichen Bett. Als ich sie zudeckte, erinnerte ich sie daran: „Denkt dran, ihr müßt morgen früh aufstehen, wir fahren ins Disneyland!" Sie können sich das Freudengeschrei vorstellen. Am nächsten Morgen sprangen die beiden aus dem Bett, aufgeregt und voller Erwartung angesichts des Ausflugs, der vor ihnen lag. Am Frühstückstisch dachte ich über diese Stimmungsschwankung innerhalb einer einzigen Woche nach. Ihre Augen waren heller, ihr Gesicht strahlender, ihr Stoffwechsel schien besser zu funktionieren, die ganze Welt sah freundlicher aus, weil sie eine positivere innere Einstellung hatten. Wenn ein Melancholiker erkennt, wie stark das Unbewußte seine Stimmungen beeinflußt, wird er nach der Kraft des Heiligen Geistes streben, um seinen Gedanken eine positive Richtung zu geben. Es ist schwer zu sagen, in welcher Phase seines Lebens ein Melancholiker am ehesten schwermütig wird. Im allgemeinen zeigen sich seine Verstimmungen schon in frühester Kindheit. Wenn er nicht durch die Kraft Gottes verändert wird, werden sie ihn wahrscheinlich sein ganzes Leben lang begleiten. Da er überempfindlich und auf sich selbst bezogen ist, interpretiert er vieles falsch und ist manchmal von der Vorstellung besessen, daß man ihn nicht mag oder ihn auslacht. – Einmal aß ich mit dem Geschäftsführer eines christlichen Colleges und meiner Frau (die die Verwaltungsarbeiten machte) in einem Restaurant zu Mittag. Plötzlich trat ein melancholischer junger Mann mit finsterem Gesichtsausdruck an unseren Tisch und fragte: „Verzeihung, aber darf ich fragen, ob Sie über mich gelacht haben?" Natürlich waren wir zunächst sprachlos, und schließlich erklärte ich: „Junger Mann, wir sehen Sie jetzt zum ersten Mal." Da entschuldigte er sich und ging weg. Wir dachten über diese Begebenheit nach und kamen zu dem Schluß, daß wir wohl während unserer Unterhaltung gelacht und in seine Richtung geblickt haben mußten. Dadurch gewann dieser bedrückte junge Mann den Eindruck, er werde ausgelacht. Genausowenig real ist vieles, was beim Durchschnittsmelancholiker Depressionen auslöst.

Melancholische Perfektionisten

Viele Melancholiker werden leicht schwermütig, weil sie Perfektionisten sind. Den meisten Menschen würde mehr Perfektionismus gut tun, doch der wahre Perfektionist wird dadurch unglücklich. Zunächst mißt er sich an seinen willkürlichen Maßstäben der Vollkommenheit und verzweifelt an sich, wenn er ihnen nicht gerecht wird. Ihm kommt nicht in den Sinn, daß dieser Maßstab so hoch ist, daß weder er noch irgend jemand sonst danach leben kann, sondern er besteht darauf, daß er „realistisch" sei.

Der Perfektionist ist auch sehr gewissenhaft und rühmt sich, „verläßlich" und „genau" zu sein. Natürlich entsprechen nicht alle seine Freunde diesem Maßstab. So ist es nicht ungewöhnlich, daß er seinet- und ihretwegen schwermütig wird. Er ist sehr streng und unbeweglich und kann daher nur schwer die kleinste Abweichung vom Maß der Vollkommenheit dulden. Zum Perfektionismus neigende Melancholiker können ihre Kinder von Herzen lieben und doch gleichzeitig ihretwegen schwermütig werden. Kinder kennen keine festen Regeln, und nichts ist bei ihnen vorhersehbar. Sie folgen ihren eigenen Vorstellungen und müssen sich wie Kinder verhalten. Wenig flexible melancholische Eltern können nur schwer damit umgehen und werden unter Umständen depressiv.

Eine melancholische Mutter ist ihren Kindern gegenüber manchmal ambivalent eingestellt, d.h. sie begegnet ihnen mit Liebe und gleichzeitig mit Ärger und Bitterkeit. Der sorglose, unbeschwerte, kleine Frechdachs, der unbedingt mit seinen nassen Turnschuhen durch die saubere Küche laufen muß, kann jede Mutter aufregen, besonders aber eine melancholische. Sie konnte als ledige Frau vermutlich nicht zu Bett gehen, ehe sie nicht die Schuhe in Reih und Glied aufgestellt und das Badezimmer aufgeräumt hatte. Kinder verändern die Situation sofort, doch können Perfektionisten nur schwer damit fertig werden. Sie entwickeln folglich eine Depression. Sie ärgern sich darüber, wie wenig vollkommen die anderen sind, und bemitleiden sich, weil sie als einzige hohe Zielvorstellungen haben. Solche Denkmuster führen stets zur Schwermut.

Wir wollen den Melancholikern nicht unrecht tun, denn

sie beurteilen sich selbst ebenso kritisch wie andere. Daher neigen sie von Kindheit an zu einem falschen Selbstbild. Mit zunehmendem Alter lernen sie es auch nicht, wie manche Menschen anderen Temperaments, zu sich ja zu sagen, sondern lehnen sich eher noch mehr ab. So werden ihre depressiven Phasen häufiger. Wenn sie als Kinder ihre Kritik aussprechen durften, neigen sie auch als Erwachsene dazu. Jedesmal setzt sich das Negative noch stärker in ihnen fest. Kritische Menschen sind nie glücklich!

Eines Tages wurde mir dies beispielhaft vorgeführt. Bei einer Kontrolle vor Betreten des Flugzeugs beklagte sich der Sicherheitsbeamte plötzlich, Passagiere dieser Fluggesellschaft seien „schluderig, rücksichtslos, unordentlich und undankbar". Ich ertrug das so lange wie möglich, lächelte ihn dann sehr freundlich an (mit einem Lächeln kann man meiner Meinung nach alles sagen) und sagte: „Sie müssen doch unglücklich sein!" Er blickte mich ziemlich verwirrt an und erwiderte: „Warum sagen Sie das?" „Weil Sie so kritisch sind. Wer an allem etwas auszusetzen hat, ist meiner Erfahrung nach nie glücklich." Als er mein Gepäck untersucht hatte, sagte er: „Vielen Dank, das war mal nötig." Ich war erstaunt, als er sich dem nächsten Passagier mit den Worten zuwandte: „Guten Tag, wie steht's? Schön, daß Sie mit uns fliegen." Ich weiß nicht, wie lange ihm dieses Erlebnis helfen wird, doch bin ich davon überzeugt, daß sein Glücklich- oder Unglücklichsein in seiner Hand liegt und davon abhängt, wie er über Menschen denkt und sie anspricht.

Melancholiker sind nicht nur wenig flexible Perfektionisten und sehr gewissenhafte Menschen, ihre Angst- und Spannungsschwelle ist auch sehr niedrig. Unser westlicher Lebensstil schadet ihnen eher. Wir leben in einer zu übersteigerter Aktivität neigenden, „cholerischen" Gesellschaft, in der sie nicht glücklich werden können, so wie das Dr. Paul Tournier in seinem Buch „Krankheit und Lebensprobleme" im Kapitel über die Temperamente beschreibt. Offenbar bringt unsere vom Evangelium von Christus am stärksten beeinflußte Kultur vorwiegend cholerische Menschen hervor.

Dies ist charakteristisch für die teutonische, nordische Rasse, bei der das cholerische Temperament vorherrscht. Diese Menschen siedelten sich in Skandinavien, Deutschland, Teilen von Frankreich, Irland und England an, also den Ländern, aus denen die meisten amerikanischen Siedler stammen. Wenn es auch schwer zu beweisen ist, so scheint es doch, daß die mutigsten, tüchtigsten und cholerischsten Europäer in Amerika siedelten. Folglich sind ihre Nachkommen in hohem Maße cholerische, zur Aktivität drängende Menschen, und dies mag der Grund für unsere industrialisierte, schnellebige und zielbewußte Gesellschaft sein. Eine solche Atmosphäre ist für den Melancholiker nicht die beste; er hat kein Interesse an der Quantität, sondern an Qualität und Vollkommenheit. Oft hört man die Klagen eines melancholischen Geschäftsmannes: „Wir haben einfach keine Zeit mehr, sorgfältig zu arbeiten."

Dies könnte erklären, warum so viele Hippies und „Ausgeflippte" aus der Gesellschaft „aussteigen". Sie lehnen ihr mörderisches Tempo ab, sehen als Idealisten ihre Unvollkommenheit und sind auf der Suche nach einer passiveren Kultur. Vielleicht ist dies ein Grund, weshalb einige positiv zu einem Regierungssystem stehen, in dem die Menschen im Gegensatz zur freien Marktwirtschaft, die ihrer Meinung nach alle zur Aktivität verdammt, passiv sein müssen.

Ich habe wiederholt die Beobachtung gemacht, daß viele der jungen „Ausgeflippten" sehr empfindsame, begabte und idealistische Menschen sind, die sich eher zurückziehen, als daß sie sich ernsthaft an der Veränderung der Gesellschaft versuchen. Dr. Tournier schreibt, daß einige indische und östliche Kulturen den mystischen oder passiven Menschen höher bewerten. So wurde etwa Mahatma Gandhi, dessen Fasten ein Symbol des passiven Widerstands war, zum Nationalhelden. Im Gegensatz dazu wird in der westlichen Welt der dynamische und leistungsfähige Choleriker verherrlicht. Was immer die Ursache sein mag, das irrsinnige Tempo unseres heutigen Lebens verstärkt die Neigung des Melancholikers zu Schwermut sehr.

Die Neigung, sich aufzuopfern und es sich schwerzumachen

Zwei charakteristische Merkmale des Melancholikers sind sein Wunsch, sich aufzuopfern und es sich schwerzumachen. Wenn er nicht darauf achtet, wird er sehr wahrscheinlich ein Opfer dieser Neigungen werden. Im allgemeinen wählt er sich den schwierigsten und anstrengendsten Arbeitsplatz. Wenn es scheint, daß andere mehr Erfolg haben oder berühmter werden, bemitleidet er sich, weil sein Weg beschwerlich bergauf führt, statt realistisch zu sehen, daß er selbst die Selbstaufopferung gewählt hat. Da ein Melancholiker stets etwas auszusetzen hat, verstärkt das seine negativen Gedanken und bringt ihn schließlich zur Verzweiflung. Daher kann ihm 1. Theasalonicher 5, 18 helfen! Folgt er gewissenhaft und beständig diesem Satz, wird er nie depressiv werden. *„Danket in allen Situationen! Denn das ist der Wille Gottes in Christus Jesus für euch."*

Die schöpferische Kraft des Melancholikers

Zum Glück hat der Melancholiker eine außergewöhnliche Vorstellungskraft. Hat er erst richtig erkannt, daß seine Gefühle unmittelbar aus seinem guten Selbstbild und den positiven Vorstellungen von seiner Umgebung erwachsen, ist er auf dem Weg zur Besserung und zur Verhütung weiterer depressiver Phasen. Melancholiker laufen vor allem Gefahr, schwermütig zu werden, weil sie ihre schöpferische Phantasie ständig falsch einsetzen; sie denken nämlich Negatives, bemitleiden sich, fühlen sich hilflos und verzweifelt. Wenn sie merken, daß diese Bilder entweder für oder gegen sie arbeiten, können sie sich auf diejenigen beschränken, die Gott gefallen. Dies wird ihre Stimmung heben, sie ausgeglichener machen und ihnen helfen, Depressionen zu vermeiden.

Der Phlegmatiker und die Schwermut

Der gelassene, nie aus der Fassung zu bringende „prima

Kerl" ist Phlegmatiker. Von Natur aus ist er ruhig, liebenswert und gut aufgelegt, für Teamarbeit geeignet, ein tüchtiger, konservativer, verläßlicher und humorvoller Mensch, der praktisch denkt. Er ist ziemlich introvertiert, so daß man im allgemeinen seine Schwächen wie seine Stärken nicht so schnell wie bei den anderen Temperamenten erkennt. Am ehesten sieht man seine Antriebslosigkeit. Er kann Arbeit gut übersehen und neigt zu Sturheit, Knauserigkeit und Unentschlossenheit. Seine Fähigkeit, das Leben aus der Position des Zuschauers zu betrachten, kann ihn dazu führen, daß er vor jedem Engagement zurückschreckt. Phlegmatiker sind gute Diplomaten, weil sie von Natur aus den Frieden suchen. Viele sind Lehrer, Ärzte, Wissenschaftler, Schauspieler und Zeitschriften- oder Buchverleger. Wenn sie von anderen einen Anstoß bekommen, entwickeln sie Führungsqualitäten.

Ganz allgemein kann man sagen, daß Phlegmatiker selten depressiv werden. Ihr einzigartiger Humor beweist, daß sie eine positive Einstellung zum Leben haben, und sie kennen kaum Stimmungsschwankungen. Man kann einen Phlegmatiker seit seiner Jugend kennen, ohne ihn je wütend erlebt zu haben, denn stets neigt er dazu, denjenigen im stillen zu entschuldigen, der ihn beleidigt, verletzt oder zurückgestoßen hat. Seine Fähigkeit, sich ungünstigen Umständen anzupassen, ist für die anderen drei Temperamente unvorstellbar, die ja in Gedanken oder Worten so leicht etwas auszusetzen haben.

Sollte ein Phlegmatiker je depressiv werden, ist oft seine mangelnde Aggressivität die Ursache. Er denkt praktisch und hat häufig einen passenden Plan für eine bestimmte Situation, doch wegen seiner Passivität oder aus Furcht vor Kritik behält er ihn für sich. Setzt ihn nun seine Familie oder eine Gruppe unter Druck, verfolgt er möglicherweise einen Plan, der schlechter als sein eigener ist. So kann er ärgerlich und, wenn noch Selbstmitleid hinzukommt, schwermütig werden. Glücklicherweise dauert seine Depression meist nur kurz, denn schon bald begegnet ihm ein Vertreter jener so interessanten Spezies Mensch, der ihn aufheitert und unterhält.

In einer bestimmten Phase seines Lebens ist ein Phlegmatiker ausgesprochen anfällig für Depressionen. Mit 40 oder 50 Jahren wird ihm oft bewußt, daß Menschen anderen Temperaments ihn beruflich, geistlich und in jedem anderen Bereich überrundet haben. Während er sich das Leben als Zuschauer ansah, ergriffen seine aggressiveren Freunde die guten Gelegenheiten beim Schopfe. Sein Streben nach Sicherheit hielt ihn von waghalsigen Abenteuern ab, und so mag ihm sein Leben nun ziemlich langweilig erscheinen. Bemitleidet er sich, wird er mit Sicherheit depressiv werden.

Er findet es viel leichter, die Gesellschaft, das Leben mit seinen Wechselfällen oder das Glück anzuklagen, statt seiner Furcht oder Faulheit die Schuld zu geben. Er sollte schon früh in seinem Leben von Jesus Christus lernen, Großes für Gott zu wagen. Jesus hat ja gesagt: „Euch geschehe nach eurem Glauben!" (Matthäus 9, 29)

Eheprobleme und Schwermut beim Phlegmatiker

Phlegmatiker sind meist gute Ehepartner. Der Umgang mit ihnen ist im allgemeinen einfach, und obgleich sie ziemlich selbstsüchtig sind, geben sie meist bei Auseinandersetzungen nach, weil sie „kein Durcheinander mögen". Aber wenn man etwas gegen den eigenen Willen tut, kann das zu Bitterkeit führen und Selbstmitleid sowie schließlich Schwermut zur Folge haben. Die einzige dauerhafte Hilfe liegt für den Phlegmatiker (und jedes andere Temperament) darin, ein Leben im Heiligen Geist zu führen und zu lernen: „Seid einander untertan in der Furcht Christi" (Epheser 5, 21). Er muß lernen, auf seine Rechte vor Gott und dem Ehepartner zu verzichten und das Glück des anderen zu suchen. Wenn jemand eine Ehe eingeht, um selbst etwas zu bekommen, wird er stets enttäuscht werden. Will er jedoch den anderen glücklich machen, wird er es ganz gewiß auch werden. Paulus hat gesagt: „Was der Mensch sät, das wird er ernten." Mir ist noch kein trauriger und unglücklicher Mensch begegnet, der von Anfang seiner Ehe an aufrichtig bemüht gewesen wäre, den Partner glücklich zu machen.

Wenn man sich in der Ehe dem Partner unterordnet, hat das auf ihn erstaunliche Auswirkungen: er wird objektiver, streitet nicht mehr um die Vorrangstellung und hat den Wunsch, selbst freundlich zu reagieren. Oft sammelt man so „feurige Kohlen auf sein Haupt", denn wenn er in einer bestimmten Situation seinen Willen durchgesetzt hat, kann er solche Schuldgefühle bekommen, daß er beim nächsten Mal weniger aggressiv und fordernd ist. Doch die zentrale Frage lautet, ob derjenige, der einlenkt, dies gern tut oder sich dabei bemitleidet. Die Antwort entscheidet darüber, ob sich aus dem Nachgeben Schwermut entwickelt oder nicht.

Ein Phlegmatiker muß an dieser Stelle äußerst wachsam sein, denn er geht zu oft gegen seinen Willen Konflikten durch Nachgeben aus dem Weg. Dem Ärger folgen im allgemeinen Gedanken des Selbstmitleids, und die sich daraus ergebende Depression wird sein seelisches Gleichgewicht stören.

Gegensätze ziehen sich an

Wenn ich bei meinen Ehe- und Familienseminaren einige Beispiele für Gegensätze, die einander anziehen, bringe, ist oft schallendes Gelächter die Reaktion. Doch ist diese Erheiterung nur von kurzer Dauer, wenn die Teilnehmer die bittere Wahrheit erkennen, daß die eigenen Schwächen im Ehetest in jedem Fall mit den Stärken des Partners in Konflikt geraten. Lernt ein Paar nicht, darauf hinzuarbeiten, daß jeder sich an die Eigenheiten und Gewohnheiten des Partners anpaßt, steuert es auf Konflikte zu.

Die faszinierenden positiven Eigenschaften des Verlobten, die so anziehend wirkten, können durch die unangenehmen entsprechenden Schwächen später ganz in den Hintergrund treten. Damit hatte man nicht gerechnet. Sie haben vielleicht gemerkt, daß die Stärken Ihres Partners da lagen, wo Sie selbst Ihre schwachen Stellen hatten, und genau dies zog Sie an. Doch Sie waren beunruhigt, als Sie entdeckten, daß seine Schwächen etwas mit Ihren Stärken zu tun hatten. Genau hier liegt das Problem! Es ist so leicht, verächtlich und geringschätzig auf die Schwächen des anderen zu blicken, wenn gerade hier die eigenen Stärken liegen!

Phlegmatiker heiraten nicht immer Choleriker

Verallgemeinerungen bei Menschen sind zwar gefährlich, doch habe ich immer wieder die Beobachtung gemacht, daß sich Personen gleichen Temperaments nicht heiraten. Unter den 428 Paaren, die ich getraut habe, gab es meines Wissens keins mit gleichem Temperament. Dies gilt besonders bei Phlegmatikern, die im allgemeinen Choleriker heiraten, doch eine solche Verbindung kann speziell für Schwermut anfällig machen.

Ist die Ehefrau cholerisch, kann der phlegmatische Mann depressiv werden. „Ich halte es nicht aus, daß diese Frau mich immer unter Druck setzt." Was vor der Eheschließung ihre aktive Führung und ihr praktischer Sinn zu sein schienen, wird danach zu Rechthaberei und Herrschsucht. Andererseits wird die cholerische Frau feststellen, daß der nette, freundliche und geduldige Freund sich zu einem „schwachen, wenig anregenden, langweiligen, faden" Ehemann wandelt. Der beunruhigte phlegmatische Mann wird selten für seine Überzeugungen gegen seine energischere Frau kämpfen und schwermütig werden, weil er sich als Mann nicht durchsetzen kann und auch weil er sich bemitleidet.

Ist eine phlegmatische Frau mit einem Choleriker verheiratet und wird sie häufig kritisiert und angegriffen, bemitleidet sie sich, weil ihrem Mann nichts gefällt, was sie tut. Sie ist „zu langsam, hat zu wenig Antrieb und spornt zu wenig an". Er läßt seinem Ärger freien Lauf und zerstört so jeden Rest an positivem Selbstbild, das sie zu Anfang der Ehe noch hatte, und wenn sie nach mehreren seiner sarkastischen Ausbrüche völlig niedergeschlagen ist, kommt zur Liste ihrer unerwünschten Eigenschaften noch die Depression hinzu.

Ja, Phlegmatiker können schwermütig werden. Vielleicht

widerstehen sie der Depression etwas länger als die übrigen Temperamente, doch wenn sie sich nicht um die geistlichen Kraftquellen bemühen, werden sie ihr zum Opfer fallen.

Wie man mit den negativen Seiten seines Temperaments fertig wird

Gott hat einen großartigen Plan zur Überwindung aller negativen Seiten des eigenen Temperaments, selbst der Depression. In Epheser 5, 18 ist die Rede vom ständigen Erfülltsein mit dem Heiligen Geist. Wie wir in einem späteren Kapitel zeigen werden, wirkt es sich vor allem in dreifacher Hinsicht in der menschlichen Seele aus:

Man singt Gott im Herzen (Epheser 5, 19);
man ist dankbar (Epheser 5, 20);
man ist bereit, sich unterzuordnen (Epheser 5, 21).

Wenn man so lebt, kann man gar nicht depressiv werden. So ist ganz offensichtlich, daß das Erfülltwerden mit dem Heiligen Geist ein Mittel gegen die Schwermut ist.

Wird jede Depression durch Selbstmitleid hervorgerufen?

Bei fast jedem Vortrag über Schwermut fragt mich jemand mit traurigem Gesichtsausdruck: „Gibt es denn keine Ausnahmen? Sicher sind doch einige Depressionen organisch bedingt." Wir sind so daran gewöhnt, anderen oder unserer körperlichen Verfassung für unsere Lage die Schuld zu geben, daß wir davor zurückschrecken, selbst die Verantwortung für unser Tun zu übernehmen.

Ich wies schon darauf hin, daß viele Ärzte den Drüsen, den chemischen Vorgängen unseres Körpers und unzähligen anderen Faktoren die Schuld an Depressionen geben wollen, andere jedoch weisen statt dessen auf die Denkprozesse und inneren Einstellungen hin. Sicher, manche körperlichen Beschwerden wirken sich auf unsere Stimmungen aus, doch selbst deren Schwankungen können wir durch die rechte Haltung in den Griff bekommen. Das folgende Diagramm macht dies deutlich:

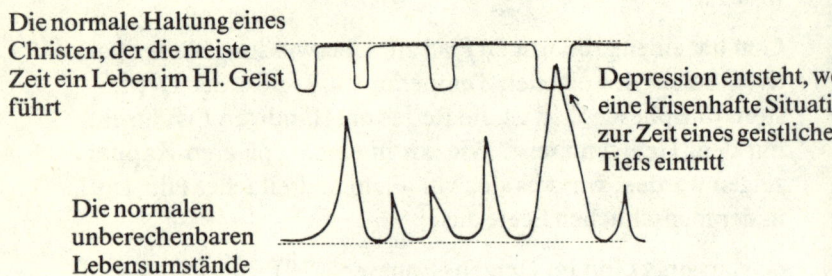

Die normale Haltung eines Christen, der die meiste Zeit ein Leben im Hl. Geist führt

Depression entsteht, we eine krisenhafte Situatic zur Zeit eines geistliche Tiefs eintritt

Die normalen unberechenbaren Lebensumstände

Das obige Diagramm zeigt, wie wichtig die richtige innere Haltung ist. Wir haben die Lebensumstände nicht in der Hand, können jedoch durch die Kraft des Heiligen Geistes unserer inneren Einstellung Herr werden. Die Person in unserem Diagramm war dreimal in schlechter innerer Verfassung. Die Gründe dafür können vielfältig sein: vielleicht hatte sie ihr geistliches Leben vernachlässigt, war krank oder bei der Monatsblutung niedergedrückt, hatte sich schuldig gemacht, oder vielleicht hatte sich auch ihre Hormonlage verändert. Während der ersten beiden Phasen geschah nichts, was Depressionen hätte auslösen können, doch sehen Sie sich die dritte an. Hier traf eine jener im Leben so typischen unvorhersehbaren Umstände auf ein falsches Denkmuster. Wie vorauszusehen war, entstand daraus Depression.

Wenn ein Christ im Heiligen Geist lebt, wird er immer die richtige Haltung haben, die ihn befähigt, mit Lob und Dank auf die ungünstigen Umstände zu reagieren, Denken Sie daran: Gott hat versprochen, daß das Negative nicht über unsere

Kräfte geht, wobei er natürlich voraussetzt, daß wir die richtige Einstellung haben.

Wie sieht die richtige Haltung aus?

Zur richtigen Haltung gehören mehrere Faktoren. Sehen Sie sie sich genau an und fragen Sie sich, ob sie in Ihrem Leben vorhanden sind:

1. Völlige Hingabe an Gottes Willen und seinen Weg (Römer 6, 11–13 und Römer 12, 1 und 2).
2. Kenntnis der grundlegenden Wahrheiten Gottes (Römer 12, 2). Keiner kann alle kennen, doch sich durch tägliche, aufmerksame Lektüre des Wortes Gottes daran erinnern.
3. Glauben (Römer 14, 23 und Hebräer 11,6). Ohne Glauben kann man die Kraft Gottes für sein Leben nicht in Anspruch nehmen. Ist Ihr Glaube schwach, warten Sie nicht auf ein Wunder, damit er stark wird. Die folgenden praktischen Schritte werden Ihren Glauben stärken:
   a) Hören Sie Gottes Wort und lesen Sie aufmerksam in der Bibel (Römer 13, 10).
   b) Bitten Sie um mehr Glauben (1. Korinther 12, 31).
   c) Führen Sie ein Leben im Heiligen Geist (Galater 5, 22 und 23).
   d) Machen Sie Glaubenserfahrungen (Römer 1, 17). Je öfter Sie Gott vertrauen, desto leichter fällt es Ihnen.

13

DEPRESSION UND OKKULTISMUS

Meine Frau neigt von Natur aus nicht zu Depressionen, sondern ist ein sehr fröhlicher und lebhafter Mensch. An einem Abend jedoch war das anders! Ich kam von der Arbeit nach Hause und traf auf eine lethargische, ziemlich traurige und schwermütige Frau. Das Essen war noch nicht fertig, sie schien an nichts Interesse zu haben, und ich hörte sie tief seufzen. Als ich sie einige Minuten lang beobachtet hatte, sagte ich: „Du bist heute abend so anders, Schatz. Was ist los?" Sie blickte mich an und erwiderte: „Ich weiß nicht. Aus irgendeinem Grunde fühle ich mich so niedergeschlagen." „Was hast du denn heute nachmittag gemacht?" Sie antwortete: „Um 15.30 Uhr habe ich die Kinder abgeholt und seither gelesen, und nach und nach kam diese Niedergeschlagenheit über mich." Sie gab mir das Buch; es war ein Bestseller zum Thema Okkultismus, Satanskult und Besessenheit.

Damals erkannte ich, daß mein Buch über Schwermut ein kurzes Kapitel über die psychischen Auswirkungen enthalten sollte, die die Lektüre von Büchern über Okkultismus haben. Das von meiner Frau gelesene Buch stammte von einem Christen, der andere Menschen von der Beschäftigung mit diesem Bereich abhalten wollte. Ich blätterte es durch und sah, daß der Autor seine persönlichen Erfahrungen und viele Einzelheiten zum Okkultismus und über das Reich der Finsternis beschrieb. Offen gesagt, Christen brauchen nur sehr wenig über Satan und den Bereich des Okkulten zu wissen, nur daß die Beschäftigung damit Sünde ist und großen Schaden anrichtet. Man sollte einen großen Bogen darum machen.

Seit der ersten Auflehnung gegen Gott hat der Satan wiederholt versucht, die Menschheit zu zerstören. Die Primitivkulturen haben sich stets der Schwarzen Magie, Zauberei und anderen Formen des Okkulten zugewandt, doch ausnahmslos zum Schaden der Menschen. Missionsberichte erzählen in schaurigen Einzelheiten, wie die Verbindung mit Dämonen oder spezielle Formen der Kontaktaufnahme mit ihnen Depressionen erzeugen und anderes menschliches Leid hervorrufen. Ich werde bei meinen Ehe- und Familientagungen im ganzen Land häufig über Geisterglauben und den Bereich des Okkulten gefragt. Aufgrund meiner reichen Erfahrung habe ich die Überzeugung gewonnen, daß nicht jede Depression Folge von Besessenheit oder dämonischer Bindung ist, daß aber jeder Kontakt mit Dämonen oder bösen Geistern zu Schwermut führt. Man kann in jeder größeren Stadt Wahrsager befragen, sich mit Ouija-Brettern, Tischerücken, Kaffeesatz- oder Handlinienlesen beschäftigen, doch fast ausnahmslos wird man wenige Stunden oder auch Tage später von tiefer Niedergeschlagenheit erfaßt.

Okkultismus ist in Mode gekommen, und eine der negativen Nebenwirkungen liegt darin, daß die Menschen sehr leicht Geisterbeschwörung oder Geisterglauben für ihr Verhalten verantwortlich machen. Wer aggressiv ist, gibt es nicht gern zu, sondern wälzt die Schuld auf den Teufel ab, der ihn angeblich dazu gebracht haben soll.

Manchmal bringt die Depression Menschen dazu, sich mit Dämonie zu beschäftigen. Ihre durch lange Phasen des Selbstmitleids hervorgebrachte schlimme Situation läßt sie nach einer Ausflucht suchen, um sich nicht ernsthaft mit den Denkstrukturen auseinanderzusetzen, die sie so tief in Verzweiflung gestürzt haben. Einige nehmen ihre Zuflucht zu Tabletten oder Alkohol, andere auch zu Medien, Wahrsagern und Geisterbeschwörern. Uns sind schwer depressive Menschen bekannt, die um einen lieben Menschen trauern und zu Medien gegangen sind, um seine Stimme noch einmal zu hören. Doch in jedem Fall wird die Lage dadurch schlimmer als vorher. Diese Allheilmittel können kurzfristig helfen, verstärken aber noch die Depression.

Die amerikanische Zeitschrift *Campus Life* brachte einen Artikel über die achtzehnjährige Roberta Blankenship, eine College-Studentin im ersten Jahr, die ihre Erfahrungen als Zauberin beschrieb. Auf die Frage, was diejenigen, die sich mit Magie beschäftigten, gemeinsam hätten, antwortete sie: „Zunächst einmal sind sie alle sehr unzufrieden mit dem Leben; viele sind ziemlich gefühlsbetont, und zu Hause fehlt ihnen etwas." Von sich selbst sagte sie: „Meine Depressionen waren fast unerträglich." Ihre schwermütigen Phasen wurden häufiger, bis ihr schließlich auch die Zauberei nicht mehr half. „Mein Leben war kaputt und änderte sich nicht; zu Hause haßte man einander immer noch, ich hatte keine wirklichen Freunde. Ja, ich machte einen Selbstmordversuch."

Wenn wir Genaues wüßten, gingen viele Selbstmorde unserer Tage vermutlich auf das Konto des Teufelsglaubens. Wer zu Schwermut neigt, hat die irrige Vorstellung, Zauberei oder okkulte Dinge könnten Hilfe bringen – und muß feststellen, daß es nur schlimmer wird. Dann sieht er in seiner völligen Enttäuschung keine Hilfe mehr und kommt zu dem falschen Schluß, daß Selbstmord der einzige Ausweg sei. Hal Lindsay schreibt in seinem Bestseller „Satan kämpft um diese Welt" (Verlag Schulte + Gerth, Asslar): „Nachdem Satan Judas für seine Zwecke gebraucht hatte, benutzte er die Schuldgefühle, um ihn zur Selbstzerstörung zu treiben (Matthäus 27, 5–10). Der besessene Junge in Matthäus 17, 14 und 15 hatte einen starken Drang zur Selbstvernichtung. Er stürzte sich ins Feuer und dann ins Wasser, weil der Dämon dem Kind Schaden zufügen oder es zum Selbstmord bringen wollte."

Befreiung aus dämonisch bedingten Depressionen

Wir können sicher sein, daß wir aus Satans Macht befreit werden können. Doch geschieht diese Befreiung stets nach Gottes Bedingungen, nicht nach denen der Menschen oder denen Satans. Wenn Sie mit Okkultem oder Geisterglauben zu tun hatten oder auf irgendeine andere Art mit dem Teufel in Beziehung getreten sind oder ihn verehrt haben, müssen Sie sofort alle Kontakte abbrechen und sich Christus zuwenden. Sind Sie kein Christ, nehmen Sie Christus als Herrn und Retter auf und bitten Sie um die Erfüllung mit dem Heiligen Geist. Im oben zitierten Artikel über Roberta Blankenship berichtet sie von ihrer Befreiung aus der Macht Satans: „Ich fand Jesus Christus. Er führte mich aus meiner Dunkelheit. Zu meiner großen Überraschung hatte die Bibel wirksame Lösungen für meine Probleme. Ich übergab Christus mein Leben und dann fing tatsächlich eine Veränderung an. Mein Haß verschwand, und es wuchs eine unerklärliche Liebe zu denen, die ich vorher gehaßt hatte. *Weil ich mich nicht mehr bemitleidete, konnte ich aus meinem engen Kreis heraustreten und anderen helfen.* In Christus fand ich einen Freund, dem ich voll und ganz vertrauen konnte, dem tatsächlich – ohne selbstsüchtige Motive – an mir lag. Meine Einsamkeit und Traurigkeit fand ein Ende, und ich öffnete mich ihm. Ich machte die Entdeckung, daß Jesus immer noch heilt – in meinem Fall nicht körperlich, sondern seelisch. Er hat meine kranken Gefühle gesund gemacht."

Die Befreiung, die Jesus Christus diesem jungen Mädchen schenkte, möchte er auch Ihnen geben. Die Freude, die aus einem geisterfüllten Leben entsteht, ist die einzige dauerhafte Lösung (Epheser 5, 18–21).

Wenn Sie sich geprüft, alle bewußte Sünde bekannt und sich bedingungslos und ganz Gott ausgeliefert haben, so bitten Sie darum, daß Sie voll Geistes werden, und rechnen Sie damit, daß Ihre Gefühle sich auf die Dauer ändern. Um die Therapie zu beschleunigen, liest man am besten lange Abschnitte aus Gottes Wort. Fangen Sie an, mehrfach den Philipperbrief durchzulesen. Ich habe vielen hundert für Schwermut anfälligen Menschen die morgendliche Lektüre des ganzen Briefes über dreißig bis sechzig Tage hinweg nahegelegt. Die Wahrheiten, die sich auf seinen wenigen Seiten finden, werden Ihre Einstellung zum Leben verändern!

Seit 26 Jahren bin ich Prediger des Evangeliums, und man hat mich in dieser Zeit oft gebeten, über Satan, Dämonen und das Okkulte zu sprechen, und einige meiner Freunde haben gemeint, daß ich mich zu selten mit solchen Themen beschäftige. Im allgemeinen tue ich das auch nicht, denn es ist meines Erachtens schädlich, wenn Christen viel über den Teufel nachdenken. Alle mir bekannten für Magie aufgeschlossenen Leute, die immer wieder über Teufelsglauben und Dämonen reden, sind niedergeschlagene und kranke Menschen.

Wenn sie wüßten, wie der menschliche Geist arbeitet, würden sie den Grund verstehen. Wie wir schon sahen, beeinflußt jede Vorstellung unsere Gefühle. Wenn man immer wieder über den Teufel und sein Tun nachdenkt, wird man natürlich schwermütig. Stellt man sich jedoch bewußt Jesus Christus vor Augen und den Segen, den man durch ihn im eigenen Leben erfahren hat, wird man fröhlich werden. Die Bibel ermahnt uns: „Ein jeglicher sei gesinnt, wie Jesus Christus auch war. Laßt aus aufsehen auf Jesus, den Anfänger und Vollender unseres Glaubens." Wenn wir auf Jesus blicken, verändert er unsere Stimmung zum Positiven. Ich rate daher zu einer „geistigen Hygiene", die darin besteht, daß man an Christus denkt und Gedanken an den Teufel vermeidet. Womit wir uns auch gedanklich beschäftigen, es wird unseren Geist beherrschen. Lassen Sie sich nicht auf ständiges Nachdenken über den Teufel ein. Ein Christ sollte seine Gedanken nur von Jesus Christus beherrschen lassen und ständig vom Heiligen Geist erfüllt sein.

Statt sich von dem Gedanken „der Teufel wird mich kriegen" durcheinanderbringen und mutlos machen zu lassen, kann der Christ seelisch und geistig reifen, wenn er daran denkt: „Mein Gott wird all meine Bedürfnisse erfüllen." Gott hat schließlich zugesagt: „Der in euch ist, ist größer, als der in der Welt ist!" Lassen Sie sich von Jesus Christus beherrschen, so werden Sie den Teufel jedesmal besiegen.

Gottes Wort lehrt uns: „Widerstehet dem Teufel, so wird er von euch fliehen!" (Jakobus 4, 7) Wie wir Widerstand leisten können, zeigt Epheser 6 deutlich. Dort wird uns die Waffenrüstung Gottes gezeigt. Achten Sie vor allem darauf, daß die einzelnen Teile vorwiegend zum Schutz dienen, beim Rückzug aber nutzlos sind: „Darum ergreifet die ganze Waffenrüstung Gottes, damit ihr am bösen Tag Widerstand leisten und alles vollbringen und standhalten könnt! So haltet nun stand, an euren Lenden gegürtet mit Wahrheit und angetan mit dem Panzer der Gerechtigkeit und beschuht an den Füßen mit Bereitschaft für das Evangelium des Friedens, und ergreifet bei dem allen den Schild des Glaubens, mit dem ihr alle feurigen Pfeile des Bösen werdet löschen können! Und nehmet an euch den Helm des Heils und das Schwert des Geistes, welches das Wort Gottes ist! Mit allem Gebet und Flehen betet zu jeder Zeit im Geiste und seid hierzu wach mit aller Beharrlichkeit und Fürbitte für alle Heiligen" (Epheser 6, 13–18).

In seinem geistlichen Kampf bekommt der Christ durch Gottes Wort alle Teile der Waffenrüstung. Genauso wichtig wie die Nahrungsaufnahme ist es daher, Gottes Wort täglich als geistliche Speise zu sich zu nehmen. „Unterernährte Christen", die ihren Geist mit Fernsehen, Kino, Pornographie und materialistischem Gedankengut füttern, können es mit dem Teufel nicht aufnehmen. Sie sind vielleicht seinetwegen in Sorge, beschäftigen sich mit seinen Methoden und seinen Plänen – und werden trotzdem von ihm besiegt.

Dagegen wird der Christ, der Christi Gesinnung durch das tägliche Bibellesen und den Gehorsam zu seiner Waffenrüstung macht, mutig einen Sieg über Satan davontragen – aufgrund des Sieges, der allein durch Jesus Christus kommt. Immer wenn ein Christ sündigt oder von Satans Pfeil getroffen wird, darf er dem Gegner nicht weichen, sondern muß wissen, daß er rasch unterliegen wird, wenn er nicht die geistliche Waffenrüstung des Wortes Gottes in Anspruch nimmt.

Wenn Sie zu Schwermut neigen, oder wenn Sie merken,

daß die Lektüre von Büchern über das Okkulte Sie depressiv macht, nehmen Sie folgenden Rat an: Geraten Sie das nächste Mal in Versuchung, einen Artikel oder ein Buch über den Teufel oder okkulte Dinge zu lesen, unterdrücken Sie Ihren Wunsch und lesen Sie den Philipper-, Epheser-, 1. Johannesbrief und die Bergpredigt. So wird Ihre Stimmung besser und ausgeglichener.

14

DEPRESSION UND MUSIK

Mehr als die meisten Menschen annehmen, beeinflußt die Musik die menschlichen Gefühle, weil sie belebend, aufmunternd und niederdrückend wirken und uns manchmal auch ärgerlich machen kann. Sie vermag nicht nur Stimmungen zu erzeugen, sondern sie auch über längere Zeit wachzuhalten oder zu vertreiben.

Wenn Sie die Macht der Musik über Menschen erkennen möchten, brauchen Sie sich nur während einer Parade zu beobachten. Ihre Stimmung ändert sich mit den verschiedenen Melodien, die die Kapellen spielen. Der Körper will nämlich im Rhythmus der Musik mitschwingen, sei es Volks- oder Marschmusik oder ein beschwingtes Lied.

Ehe die modernen Kommunikationssysteme es ermöglichten, daß wir uns jeder nur denkbaren Art von Musik aussetzen können, hatte offenbar jede Kultur eine ausgeprägte Vorliebe für eine bestimmte Art von Musik. Vor allem im Westen gab es die höchstentwickelten musikalischen Formen. In keiner anderen Kultur wurde die Musik zu einer solchen Meisterschaft entwickelt. Dies liegt am Einfluß der verschiedenen Religionen auf die Kulturen.

Fröhliche Musik gab es fast nur in den westlichen Gesellschaften, vorwiegend deshalb, weil bis in die jüngste Vergangenheit Christen- und Judentum mehr als alle anderen Religionen die Musik beeinflußten. Im Heidentum, das in anderen Teilen der Welt vorherrschte, kannte man vor allem Klagelieder oder das Rezitativ. Eine solche Musik steht vorwiegend in den traurigen Molltonarten.

Im Alten Testament drückt der Mensch die frohmachende Beziehung zu Gott spontan im Lied aus. Auch das Neue Testament nennt als erstes Zeichen für den Heiligen Geist im

Leben eines Christen ein Lied im Herzen und ein Loblied auf den Lippen (Epheser 5, 18–20). Daher hat die Christenheit der Welt einige der bedeutendsten Werke und musikalischen Formen geschenkt, mit deren Hilfe Gott die Gefühle des Menschen segnen möchte.

In einem vorhergehenden Kapitel haben wir gezeigt, daß die Emotionen von den Gedanken bestimmt werden. Die Musik bildet die Ausnahme dieser Regel, da sie wie Medikamente oder Drogen gewissermaßen am menschlichen Verstand vorbei auf die Gefühle Einfluß nehmen kann. Ebenso wichtig wie die Kontrolle des Medikamentenverbrauchs einer Familie ist daher auch die bewußte Auswahl der Musik, die man gemeinsam hört.

Musik beeinflußt Ihre Stimmung

In unserem Zeitalter der Depression stimmt auch die Musik oft traurig, entweder weil die Komponisten depressiv sind und ihr Werk diese Stimmung widerspiegelt oder weil die Melodie selbst schwermütig ist. Oft trifft beides zu. Manche geben dem Teufel die Schuld an diesem schlechten Gebrauch der Musik und möchten die Menschen in Angst versetzen. Ich sehe darin eher die natürliche Folge der Tatsache, daß Jesus Christus aus dem Leben ausgeklammert wird. Wenn man sich genau den Wortlaut vieler bekannter Schlager ansieht, wird man darin unverhältnismäßig viele Klagen finden. Düstere Stimmung und Unheil scheinen für die moderne Musik Kennzeichen zu sein. Dies braucht ein schwermütiger Mensch am allerwenigsten! Doch seltsamerweise wählt er wegen seiner schwermütigen Stimmung gerade solche Musik.

Die Qualität der einst so fröhlichen Musik des Westens nimmt rasch ab; sie ähnelt immer mehr den niederdrückenden Melodien, die ich in Indien, Afrika und China gehört habe. Dies liegt daran, daß die Massenmedien in der Hand von Atheisten sind. Wenn ein Komponist nicht vom Heiligen Geist erfüllt ist, wird er sehr leicht düstere, pessimistische und negative Musik schreiben, deren Rhythmus oder Melodie sich schädlich auswirken. Wir brauchen heute wieder fröhliche Musik.

Eines Tages fuhr ich vom Waldfriedhof in Los Angeles los, und mir wurde plötzlich voller Verwunderung bewußt, daß ich sang. Ich hatte am Begräbnis eines meiner Lehrer teilnehmen können, der mir ein sehr guter Freund war und dem ich in meinem Leben viel geistlichen Segen verdanke. Zunächst fühlte ich mich wegen dieses spontanen Singens schuldig, weil man ja eigentlich nach der Beerdigung eines lieben Menschen traurig sein sollte. Doch beim Nachdenken erkannte ich, daß meine Stimmung nur das am Ende des Gottesdienstes gesungene Halleluja fortsetzte. Er hatte es sich gewünscht, daß dieses Triumphlied, das den großen Sieg des Christen über den Tod verkündet, die Trauer vertreiben und zur Freude führen sollte. Daß Musik unsere Stimmungen beeinflussen kann, ist bewiesen. Schon zur Zeit des israelitischen Königs Saul wurde David, der Psalmist, gerufen, damit er auf seiner Harfe spielte, wenn „der böse Geist über Saul kam". Unter seinen Händen entstand eine Musik, die Sauls Stimmung hob (1. Samuel 16, 23).

Musik in der Familie

In jeder Wohnung sollte viel Musik erklingen, doch nicht jede beliebige. Gute, anregende Hintergrundmusik wird den Ärger und die unangenehmen Geräusche abmildern. Sie kann auch bei Kindern und Erwachsenen die Stimmung aufhellen. Sonntagmorgens gibt es offenbar in christlichen Familien sehr viel Ärger und Konflikte, wenn man das Frühstück hinunterschlingt, in aller Eile noch einiges erledigt und schließlich in Mißstimmung zum Gottesdienst aufbricht. So sorgen kluge Eltern, die um die Hektik des Sonntagmorgens wissen und auch den besänftigenden Einfluß von Musik kennen, für Choräle aus dem Radio oder von Schallplatten. Wer zu den Klängen von „Ein feste Burg ist unser Gott" oder „Jesus Christus herrscht als König" aufwacht, kann nicht während des ganzen Frühstücks herummeckern.

In einer Untersuchung über den Einfluß der Musik auf das Familienleben wird der Vorschlag gemacht, morgens anregende Musik, nachmittags lebhafte und ruhige am Abend zu spielen. Junge Leute bevorzugen fast ausnahmslos harten Rock oder traurige Balladen, die im allgemeinen der Entwicklung ihrer Gefühle nicht zuträglich sind. Ich bin davon überzeugt, daß eine christliche Familie dieser Vorliebe am besten dadurch begegnen kann, indem sie eine schöpferische Alternative bietet. Nur so kann das Bedürfnis nach guter Musik geweckt werden.

Wenn Sie selbst oder ein Familienmitglied zur Schwermut neigen, rate ich Ihnen, Ihre Musik sorgfältig auszuwählen. Achten Sie darauf, daß sie fröhlich ist und Ihre Stimmung hebt. Wählen Sie sie nicht nach Ihrer jeweiligen Verfassung aus, sondern sorgen Sie für Musik, die einen positiven Einfluß auf Sie und Ihre Familie hat.

Kaum ein Ort scheint weniger zum Loben geeignet als eine Gefängniszelle. Doch der Apostel Paulus und sein Reisebegleiter Silas nützten diese Gelegenheit dazu, mit Gesang ihre düsteren Gedanken zu verscheuchen. Apostelgeschichte 16 berichtet, daß sie eingekerkert wurden, weil sie das Evangelium verkündet und einen bösen Geist aus einem jungen Mädchen ausgetrieben hatten. Man warf sie nicht nur ins Gefängnis, sondern schlug sie auch und schloß ihnen die Hände und Füße in einen Block. Sie beklagten sich nicht bei Gott und hatten kein Selbstmitleid, sondern fingen an, Loblieder zu singen. So konnte Gott sie dazu gebrauchen, die ersten Europäer zur rettenden Begegnung mit Jesus Christus zu führen. Dies wiederum trug zur Stabilisierung und Aufhellung ihrer Stimmung bei.

Die Bibel lehrt, daß ein Mensch, der frei von Schuld und in Übereinstimmung mit Gott lebt, ganz von selbst fröhliche Dankeslieder singt. Wer ein Leben ohne Gott führt, bevorzugt andere, schwermütige Musik und singt auch solche Lieder. In Sprüche 29, 6 heißt es: „Der Fromme darf jubeln und fröhlich sein", und von Anfang bis Ende der Bibel zeigt sich, daß die Beziehung zu Gott und das Wissen um seine wunderbaren Wege und Werke einen Menschen zum Singen bringen. Denken Sie über folgenden Vers nach: „Lobsinget dem Herrn; denn Großes hat er getan, kund sei das aller Welt" (Jesaja 12, 5). „Frohlocket, ihr Himmel, denn der Herr hat's getan! Jauchzet, ihr Tiefen der Erde! Brechet in Jubel aus, ihr Berge, du Wald mit all deinen Bäumen! Denn der Herr hat Jakob losgekauft, und an Israel verherrlicht er sich" (Jesaja 44,23).

Der große Sänger Israels ruft: „Jauchzet dem Herrn, alle Lande! Dienet dem Herrn mit Freuden, kommt vor sein Angesicht mit Frohlocken! Erkennt, daß der Herr allein Gott ist: er hat uns gemacht, und sein sind wir, sein Volk und die Schafe seiner Weide. Ziehet ein durch seine Tore mit Danken, in seine Vorhöfe mit Lobgesang; danket ihm, preiset seinen Namen! Denn der Herr ist gütig; ewig währt seine Gnade und seine Treue von Geschlecht zu Geschlecht" (Psalm 100).

Fröhliche, belebende Musik hat eine seelisch heilende Wirkung, ähnlich wie dankbare Gedanken und Worte. Sie wird Ihrem Wohlbefinden förderlich sein und Ihnen helfen, Schwermut zu vermeiden. Wie eine Depression der nächsten folgt, so auch eine Freude der anderen. Musik kann zur richtigen Haltung beitragen, die zusammen mit den rechten Denkstrukturen Ihnen helfen wird, Schwermut zu vermeiden.

15

10 SCHRITTE ZUM SIEG ÜBER DEPRESSIONEN

Zeiten der Schwermut gefallen niemandem, wenn auch jeder im Laufe seines Lebens sie erlebt. In dem Maße, wie dem Selbstmitleid Raum gegeben wird, haben einige Menschen mehr damit zu tun als andere. Mittlerweile dürfte deutlich geworden sein, daß sich Schwermut nicht aus den chemischen Reaktionen unseres Körpers herleiten noch durch andere Menschen oder Streßsituationen erklären läßt, sondern durch unsere Einstellung.

Ich will mit diesem Buch vor allem beweisen, daß Schwermut unnötig ist und vermieden werden kann. Dieses Kapitel zeigt Ihnen in zehn Schritten, wie Sie ihr entgehen können. Viele hundert Menschen haben diesen Weg ausprobiert und bezeugt, daß er zum Ziel führt.

In meine Sprechstunde kam eine vierundzwanzigjährige Frau und sagte, daß sie seit langem depressiv sei. So war sie in den letzten vier Jahren dreißigmal mit Elektroschocks behandelt worden – nichts besserte sich. Ja, es wurde sogar noch schlimmer, weil sie das Gedächtnis verlor. Wegen ihrer Depression hatte sie mindestens zwei Jahre ihres Lebens in Sanatorien verbracht.

Beim Anblick dieser attraktiven jungen Frau mußte ich daran denken, wie typisch ihr Fall für schwere Depressionen war. Zunächst war sie vom Temperament her vorwiegend melancholisch geprägt, folglich sah sie vor allem das Negative, war empfindlich und übermäßig mit sich selbst beschäftigt. Außerdem hatte sie alle Hoffnung auf die Zukunft aufgegeben. Sie kam aus schwierigen Familienverhältnissen, weder Eltern noch Geschwister hatten dieses Kind haben wollen.

Den ersten Schritt zur Heilung tat Marianne, indem sie Jesus Christus als persönlichen Herrn und Retter annahm. Er schenkte ihr die Gewißheit, daß sie geliebt wurde und ihr vergeben war; danach hatte sie sich immer gesehnt. Er gab ihr auch die Fähigkeit, Ärger und Selbstmitleid als Denkstrukturen zu überwinden. Mit seiner Hilfe konnte sie ihren Eltern vergeben, und so verschwand die Bitterkeit, die sie jahrelang gelähmt hatte.

Drei Monate nach ihrer Bekehrung setzte sie die von ihrem Psychiater verordneten Medikamente ab und war psychisch stabiler als je. Auf meinen Vorschlag hin suchte sie ihren Arzt noch einmal auf, weil sie sich schuldig fühlte, die Behandlung nicht ordnungsgemäß beendet zu haben. Er war über die Veränderung überglücklich und zog voreilig den Schluß, daß die von ihm angewandte Kombination von Medikamenten und Psychotherapie schließlich Hilfe gebracht habe. Als sie ihm sagte, daß sie Christ geworden sei und Jesus ihr Leben von Grund auf erneuert habe, muß er sich bedroht gefühlt haben, denn gegen alle Regeln seines Berufs wurde er ihr gegenüber ausfällig. Er sagte ihr voraus, daß es nicht lange vorhalten werde, das Christentum sei nur eine Krücke und in ein paar Wochen werde sie in weit schlimmerem Zustand als vorher zu ihm zurückkommen. Sie sagte ihm, daß sie keine Medikamente mehr nehme und besser als je schlafe. Er schimpfte über ihren Glauben und auch über ihre Dummheit.

Glücklicherweise kam Marianne gleich danach zu mir. Sie brauchte eine Bestätigung anhand der Bibel, daß sie sich nichts eingebildet hatte. Wir sahen uns noch einmal die Schritte auf dem Weg zur Überwindung der Depression an, die ihr schon geholfen hatten. Allmählich gewann sie ihr Vertrauen und ihre Freude zurück. Sie ging dann und wollte weiter dieses Leben im Überfluß führen, das der Herr all seinen Kindern versprochen hat, die nach seinen Bedingungen leben. Wenn ihr Erleben mit Christus nur eine „Krücke" ist, so muß es eine sehr gute sein, weil sie mittlerweile fast ein Jahr lang von Depressionen frei ist, obgleich sich ihre familiären Verhältnisse sogar noch verschlimmert haben.

Wenn Sie dieses Buch gelesen haben, weil Sie selbst oder ein lieber Mensch depressiv sind, werden Sie kaum so krank sein wie Marianne. Doch werden die Schritte zum Sieg über die Melancholie, die bei ihr so gut wirkten, auch Ihnen helfen.

1. Nehmen Sie Jesus Christus als Ihren Retter an

Bei allem gebotenen Respekt vor Ihren geistigen Fähigkeiten und Ihrem Willen sind Sie doch nicht in der Lage, ohne Gottes Hilfe Depressionen zu vermeiden. Einer der verhängnisvollen Fehler moderner Psychologie, psychologischer Erfolgsstrategien oder anderer humanistischer Formen der Selbstverbesserung liegt in der Annahme, daß der Mensch nicht auf Gott angewiesen ist, um von Schwermut frei zu werden. Jesus Christus hat gesagt: „Ohne mich könnt ihr nichts tun" (Johannes 15, 5), und dies gilt vor allem für die Depression. Wenn Sie ein für allemal die Schwermut besiegen wollen, müssen Sie zunächst Jesus Christus in Ihr Leben einlassen. Ist dies geschehen (wir sprachen im Kapitel 6 darüber), verfügen Sie über die göttlichen Kraftquellen, die Ihnen die folgenden neun Schritte ermöglichen. Wenn Sie nicht sicher sind, ob Sie den ersten Schritt getan haben, rate ich Ihnen, Jesus Christus persönlich im Gebet in Ihr Leben einzulassen. Sie dürfen wissen, die Zusage gilt: „Wer den Namen des Herrn anruft, wird gerettet werden" (Römer 10, 13).

2. Führen Sie ein Leben im Heiligen Geist

Jesus Christus als persönlichen Retter aufzunehmen und tagtäglich ein Leben im Heiligen Geist zu führen, ist zweierlei. Natürlich wird letzteres erst durch den ersten Punkt ermöglicht. Die in Kapitel 9 dargestellten Schritte zu einem vom Heiligen Geist erfüllten Leben sollten Sie sorgfältig beachten.

Der wichtigste Schritt ist die völlige Hingabe des eigenen Lebens an Christus. Eigensüchtiges Leben führt immer zu Depressionen. Wenn man Christus jeden Tag die Herrschaft über das eigene Leben gibt, wird man fähig, Selbstmitleid, Nachsicht gegen sich selbst, das Kreisen um die eigene Person und die vielen Formen der Selbstsucht zu vermeiden.

Wer bestimmt über Ihr Leben?

Ob Sie sich Christus tatsächlich unterstellt haben, läßt sich leicht herausfinden. Stellen Sie sich die Frage: Wer hat jetzt über mein Leben zu bestimmen? Im Diagramm steht der Thronsessel für den freien Willen des Menschen. Nur eine Person kann als Herrscher darauf sitzen, entweder Sie selbst oder Jesus Christus. Das I auf dem Thron eines Christen, der nach eigenen Vorstellungen lebt, bedeutet sein Ich. Christus hat hier nicht das letzte Wort. Leider leben viele so armselig. Christen, die das Steuer ihres Lebens selbst in der Hand behalten, werden unproduktiv und wirken abstoßend. Die verändernde Kraft Christi wird an ihnen nicht deutlich, denn ihre eigenen Pläne und ichsüchtigen Ziele strafen ihr neues Leben in Jesus Christus Lügen. Einige wagen es sogar, um Gottes Segen für ihre egoistischen Absichten zu bitten, doch entgehen sie dadurch dem Leid und der inneren Leere nicht.

Ein Mensch, dessen Leben von Christus beherrscht wird, trägt stets den Sieg über die Schwermut davon. Durch den Heiligen Geist hat Jesus Christus den Platz auf dem Thron inne und lenkt Gedanken, Gefühle und Taten des Menschen.

Unzählige große und kleine Entscheidungen machen das Leben aus. Wo soll ich wohnen? Welchen Beruf wählen? Wen heiraten? Entweder Sie oder aber Jesus Christus treffen die Entscheidung in diesen Fragen. Wer im Glauben und in der Hingabe an Christus lebt, überläßt diese Entscheidungen ihm. Die Bibel sagt: „Denke an ihn auf all deinen Wegen, so wird er deine Pfade ebnen" (Sprüche 3, 6).

Das Diagramm auf Seite 192 beschreibt den Prozeß der Entscheidungsfindung. Jeder Punkt steht für eine anstehende Entscheidung.

Ein Christ, der nicht nach Gottes Willen fragt, führt ein Eigenleben und trifft alle Entscheidungen selbst, während der Christ, der sich von Christus bestimmen läßt, sie ihm übergibt und ihn im Gebet fragt: „Herr, wie soll ich mich in dieser Situation verhalten? Soll ich diese Stelle annehmen? Wie soll ich auf meine Frau, meinen Mann, meine Kinder, meinen Chef, meinen Nachbarn eingehen?"

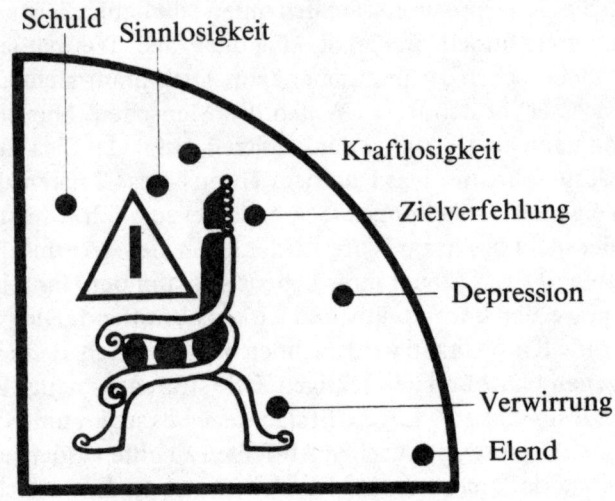

Ein Christ, der in seinem Leben selbst bestimmt

Die Kennzeichen eines selbstbestimmten Lebens werden in dem obigen Diagramm deutlich. Das Leben in eigener Regie ist armselig, das Leben unter der Herrschaft Christi dynamisch! Zum einen gehört Unordnung und Verwirrung, das Ich stolpert von einer Krise in die nächste. Beim Leben unter der Herrschaft Christi ist uns Friede und Zuversicht garantiert, wodurch wir viele schwierige Situationen vermeiden (weil Gott uns führt) und zuversichtlich den unvermeidbaren Krisen entgegengehen. Wer glaubt, vertraut dem Herrn, daß er ihm alles Nötige im Überfluß geben wird.

Ich war gerade vom Wasserskifahren mit meinen Söhnen in der Bucht von San Diego zurückgekommen, als ich einen Studenten namens Peter traf. Er erzählte mir, welche Bedeutung Christus für ihn persönlich habe und daß er über sein ganzes Leben verfügen könne. Ich hatte ihn schon seit Wochen nicht im Gottesdienst gesehen und fragte ihn, wohin er denn regelmäßig gehe. (Ich habe festgestellt, daß Christen nicht sehr lange ein Leben im Heiligen Geist führen können, wenn sie nur unregelmäßig Gottesdienste besuchen, in denen über die Bibel gepredigt wird und sie aus Gottes Wort Nahrung für ihr ganzes Leben bekommen.) Er erwiderte: „Ach, in der letzten Zeit gehe ich nirgendwohin." „Und was tust du sonntagmorgens, Peter?" Er gab eine ehrliche Antwort: „Ich schlafe mich aus." „Ich dachte, daß du Jesus Christus die Verfügungsgewalt über dein Leben geben wolltest." Ziemlich verstimmt erwiderte er: „Ich muß ja nicht in die Kirche gehen, um ein guter Christ zu sein." „Nein", sagte ich, „aber was meinst du würde Jesus von dir sonntags um 9.30 Uhr wollen, wenn er in deinem Leben zu sagen hat?" Dann wurden seine Gedanken des Selbstmitleids deutlich. „Der Sonntag ist der einzige Tag, an dem ich ausschlafen kann. Ich muß die ganze Woche über viel studieren und habe wohl einen Tag verdient, an dem ich ausspannen und tun kann, was mir Spaß macht." Als ich ihm deutlich machte, daß in seiner Entschuldigung viermal das Wörtchen ich vorkam und Jesus Christus überhaupt nicht, merkte er plötzlich, daß er nie danach gefragt hatte, was Christus wohl zu seiner Entscheidung über die Sonntagsgestaltung meinte.

Ich war in diesem Gespräch im Vorteil, weil ich im voraus wußte, wie das Urteil Jesu Christi aussehen würde. In Hebräer 10, 25 heißt es: „Und lasset uns unsere Versammlung nicht verlassen, wie es bei etlichen Sitte ist, sondern einander ermahnen und dies um so viel mehr, als ihr den Tag sich nahen seht."

Wenn Sie eine Entscheidung in Ihrem Leben zu treffen haben, fragen Sie im Gebet: „Herr, was soll ich tun?" Im allgemeinen wird Ihnen dann plötzlich ein Bibelvers oder eine biblische Wahrheit einfallen und die Angelegenheit in ein neues Licht rücken. Wenn Sie danach handeln, treffen Sie die richtige Entscheidung; wenn nicht, werden Sie in die Irre gehen. Fragen Sie nie: „Was will ich eigentlich?" Wahre geistliche Reife entsteht in dem Maße, wie man sich mit Gottes

Wort beschäftigt und ein Leben im Heiligen Geist führt, und wird daran deutlich, daß der Wille Christi und der eigene Wille übereinstimmen. Menschen, die zu Schwermut neigen, sollten überprüfen, ob ihre Gedankengänge unter der Leitung Jesu Christi stehen. Hat er die Regie, duldet er kein Selbstmitleid; daher ist ein Leben unter seiner Führung von Depressionen frei.

Die Auswirkungen eines vom Heiligen Geist erfüllten Lebens

Zwar möchte jeder die Früchte eines vom Heiligen Geist erfüllten Lebens sehen, doch ernten sie nur wenige. Nie bin ich einem Menschen begegnet, der es bewußt auf sein eigenes Unglück abgesehen hätte, und doch leben die meisten Menschen so. Sie führen egoistisch ihr eigenes Leben und schaffen sich so maßloses Leid.

In diesem Zusammenhang ist Epheser 5, 18–21 ein ganz entscheidender Abschnitt für den Christen. Täglich sollte man ihn sich einprägen und darüber nachdenken. Zunächst wird uns befohlen, daß wir stets vom Heiligen Geist erfüllt oder geführt werden sollen, dann werden die Auswirkungen beschrieben. Sehen Sie sie sich genau an:

Vers 19 – Ein Lied im Herzen

Vers 20 – Eine dankbare Grundhaltung

Vers 21 – Die Bereitschaft, sich unterzuordnen.

Sie werden nie einen traurigen Menschen finden, der in seinem Herzen singt, eine dankbare Grundhaltung hat und bereit ist, sich unterzuordnen, genausowenig einen fröhlichen, dem diese drei Eigenschaften fehlen. Und möchte nicht *jeder* im Leben glücklich sein? Leider will man dieses Glück im geistigen, seelischen oder körperlichen Bereich finden, doch ist dies unmöglich. Nur wenn man sein Leben völlig Christus übergibt, kann man auf die Dauer glücklich werden.

3. Vergeben Sie denen, die an Ihnen schuldig werden

Man kann nicht über längere Zeit ein Leben im Heiligen

Geist führen, wenn man nicht bereit ist, Christi Gebot zu befolgen, den Schuldnern zu vergeben (Matthäus 6, 12). Menschen, die zu Schwermut neigen, können stets einen lieben Menschen oder Verwandten nennen, der sie in der Vergangenheit abgelehnt oder beleidigt hat. Ehe Sie dieser Person nicht vergeben, werden Sie keinen endgültigen Sieg über die Depression erringen. Sie werden auch geistlich nicht zu einem reifen Christen heranwachsen. Jesus hat gesagt: „Denn wenn ihr den Menschen ihre Verfehlungen vergebt, wird euer himmlischer Vater euch auch vergeben. Wenn ihr aber den Menschen nicht vergebt, wird euer Vater eure Verfehlungen auch nicht vergeben" (Matthäus 6, 14 und 15).

Die Unversöhnlichkeit eines Christen, der nach eigenen Vorstellungen lebt, wirkt sich auf geistlichem, geistigem, seelischem und körperlichem Gebiet schädlich aus. Sie haben gewiß schon den Ausdruck gehört: „Er bringt mich zur Weißglut!" Man macht sich selten bewußt, daß die nagende Bitterkeit die Beziehungen zu Gott und den Mitmenschen zerstört.

Unversöhnlichkeit beschränkt sich nie auf einen einzigen Menschen. Wie ein Krebs breitet sie sich in den Gedanken aus, bis Liebe und andere positive Gefühle nicht mehr möglich sind. Auch wird der betreffende Mensch innerlich schwach, so daß er jeder Leidenschaft hilflos ausgeliefert ist. Bitterkeit hat die Tendenz, sich im Laufe der Jahre auszubreiten und zu verstärken, bis selbst Kleinigkeiten Groll wecken. Ich habe festgestellt, daß Bitterkeit und Unversöhnlichkeit gegenüber einem Menschen, den man haßt, es sogar unmöglich macht, Liebe einem geliebten Menschen gegenüber zum Ausdruck zu bringen.

Wenn Sie wirklich von Depressionen frei werden wollen, fragen Sie sich: „Habe ich irgendeinem Menschen nicht vergeben?" Ist dies der Fall, bekennen Sie sofort Gott diese Sünde und bitten Sie, daß er Ihnen diese Gewohnheit nimmt. Weiß die betreffende Person von Ihrem Ärger und Ihrer Bitterkeit, entschuldigen Sie sich möglichst persönlich oder in einem Brief. Dies ist gewiß ein schwieriger Schritt, doch nötig, um das seelische Gleichgewicht wiederherzustellen.

Ein christliches Ehepaar kam in die Eheberatung und nannte einige oberflächliche Probleme. Ich konnte keine tiefsitzenden Schwierigkeiten finden. Im Gespräch mit dem Mann, an dem sich vor allem die Auseinandersetzungen in der Ehe zu entzünden schienen, erfuhr ich, daß er Jahre zuvor eine sehr schlechte Erfahrung mit einem Geschäftspartner gemacht, diese Beleidigung nie vergessen und jahrelang bitteren Gedanken nachgehangen hatte. Sein unversöhnliches Denken war nicht nur Sünde, sondern hatte seine Beziehungen zu anderen Menschen vergiftet, auch zur eigenen Frau. Diese Bitterkeit war wohl ein wesentlicher Grund dafür, daß er nie ein reifer und einsatzbereiter Christ geworden war. Als er sein Problem endlich erkannte, traf er sich mit dem Mann und bat ihn um Verzeihung. Zu seinem Erstaunen stellte er fest, daß dieser eineinhalb Jahre zuvor Christ geworden war und die Angelegenheit auch als Schuld erkannt hatte. Heute sind beide gute Freunde, und einer der Hauptanlässe für den Ehestreit ist beseitigt. Dadurch, daß die Bitterkeit aus seinem Leben verschwand, wurden seine Denkgewohnheiten besser, und er hat sich geistig und seelisch so entwickelt, daß Geschäftspartner diese Veränderung bemerkten.

Die Gründe für unsere Bitterkeit müssen nicht wirklich existieren, sondern können auch eingebildet sein. Eine schwer depressive junge Frau kam zu mir, nachdem eine enge Freundschaft ihretwegen in die Brüche gegangen war. So war sie zu dem Schluß gekommen, daß ihre Einstellung zum anderen Geschlecht anomal wäre. Sie spürte, daß ihre zurückhaltende und gleichgültige Einstellung der Ehe gegenüber nicht normal sei, daher wollte sie sich in der Beratung helfen lassen. Ich erfuhr, daß sie von einer geschiedenen Mutter erzogen worden war, die für ihr Kind jedes Opfer gebracht hatte. Die Mutter heiratete einen sehr netten und überzeugten Christen, als das Mädchen zwölf Jahre alt war. Er adoptierte es und versuchte nach besten Kräften, es richtig zu erziehen.

Doch dieses neunzehn Jahre alte Mädchen wurde vom Groll gegen seine liebevolle und treue Mutter verzehrt. Die Mutter hatte sich für das Scheitern der ersten Ehe die Schuld

gegeben und die Vergangenheit an der Tochter wiedergutma-
chen wollen. So war das Mädchen überbehütet worden. (Al-
leinerziehende Eltern müssen sehen, daß Gott dem Kind Vater oder Mutter ersetzen kann.) Der Tochter war von einem
klugaussehenden Studenten mit dem Psychologiebuch in der
Hand gesagt worden, daß sie zu sehr von der Mutter abhängig sei. Daraufhin staute sich der Groll in ihr, bis er ihre normalen Gefühle für andere im Keim erstickte. Erst als sie ihn
zusammen mit der Undankbarkeit vor Gott als Schuld bekannte und ihrer Mutter einen Entschuldigungsbrief schrieb,
ging es ihr geistlich, seelisch und geistig wieder besser.

Jemand hat den klugen Satz gesagt: „Vergib oder stirb."
Der menschliche Geist ist so geschaffen, daß langgehegte Bitterkeit oder Haß gegen eine andere Person den Menschen
schließlich zugrunde richten.

4. Lassen Sie Ihr Denken täglich erneuern

Wie wir schon sahen, können wir unser Leben nur dauerhaft
umgestalten, wenn wir unser Denken durch Gottes Wort verändern lassen. Es ist fast unmöglich, in dieser Welt, die im
Ungehorsam gegen Gott lebt, geistliche Hilfe zu finden. Wie
dem Körper sollten Sie daher auch Ihrem Geist täglich aufbauende Nahrung zuführen. Alle Weisheit kommt von Gott
und findet sich in der Sammlung göttlicher Wahrheiten, die
wir Bibel nennen. Nur wenn Sie darin lesen und studieren,
die göttlichen Weisheiten meditieren, sich einprägen und immer wieder hören, werden Sie ein reifer Christ, der im Glauben gegründet und fähig ist, depressive Neigungen zu überwinden. Genau so möchte Gott Sie haben.

5. Nutzen Sie die Kraft positiven Denkens im Gebet täglich aus

In Kapitel 11 sahen wir, wie wichtig es ist, sich täglich ein positives Selbstbild und gute Ziele vor Augen zu stellen. Wir

wollen dies im folgenden in einem 10-Punkte-Programm zusammenfassen:

- Nehmen Sie sich als Geschöpf Gottes an. Danken Sie Gott, daß er Sie liebt und Sie so geschaffen hat, besonders für alles, was Ihnen an Ihrem Wesen oder Aussehen nicht so gut gefällt. Da Sie nichts daran ändern können und Gott bei der Zeugung über die Gene bestimmt, ist es Ungehorsam, wenn Sie das Unabänderbare im eigenen Leben ablehnen. Danken Sie Gott für Ihr „Sosein" und vertrauen Sie ihm, daß er Sie nach und nach zu dem Menschen machen wird, den er haben möchte.

- Nehmen Sie Gottes Vergebung für Ihre Sünden an. Wenn Sie Schuld in Ihrem Leben entdecken, bekennen Sie sie. Jedesmal, wenn Sie sich in Gedanken prüfen, werden Sie vor allem die Fehler und Sünden der Vergangenheit sehen. Haben Sie sie bekannt, danken Sie Gott für seine Vergebung. Wenn Sie sie annehmen, heißt das: Sie sehen nicht die Lumpen der Sünde, sondern das Kleid der Gerechtigkeit, das Jesus Ihnen gab. „Wer überwindet, der wird mit weißen Kleidern angetan werden, und ich will seinen Namen nicht auslöschen aus dem Buch des Lebens und will seinen Namen bekennen vor meinem Vater und vor seinen Engeln" (Offenbarung 3, 5).

- Beziehen Sie Gott in Ihr Selbstbild ein.
Danken Sie ganz praktisch für Gottes Gegenwart in Ihrem Leben, und denken Sie immer wieder wie der Apostel Paulus daran: „Alles vermag ich durch den, der mich stark macht" (Philipper 4,13).

- Denken Sie immer wieder daran, daß Gott Ihr Leben verändert. Widerstehen Sie der Versuchung, nur Ihr früheres Versagen zu sehen, sondern stellen Sie sich vor, daß Sie wachsen und reifen, so wie Sie selbst und Gott es möchten. Eine Mutter mit drei Kindern im Vorschulalter, die aus ihrer kleinen Wohnung nicht herauskam, fand dies hilfreich, um mehr Selbstbeherrschung zu lernen. Eine Zeitlang hatte sie sich für eine schlechtgelaunte, unvernünftige Mutter gehalten, die nach und nach die Selbstkontrolle verlor, weil die Kinder derartige Ansprüche stellten. Je mehr sie sich so sah, desto häufiger verhielt sie sich entsprechend. Als sie sich täglich vorstellte, welchen Menschen Christus aus ihr machen wollte, lernte sie allmählich, geduldiger und wohlwollender zu sein, so wie der Heilige Geist es ihr sagte. Natürlich verstärkte sich ihr positives Selbstbild, je geduldiger sie wurde. So fielen ihr Selbstbeherrschung und Geduld leichter. Die Bibel sagt uns: „Ein jeglicher sei gesinnt, wie Jesus Christus auch war." Denken Sie daran, daß Sie die Gesinnung Christi widerspiegeln. Wie würde er unter diesen Bedingungen Kinder behandeln? Oder wie würde er auf einen wütenden Chef oder fordernde, herrische Eltern reagieren? Sie sollten sich vorstellen, daß Sie wie Christus handeln, und Sie werden feststellen, daß Sie es allmählich tun.

– Stellen Sie sich im Glauben Ihre wichtigsten Ziele vor Augen und schreiben Sie sie auf. Wenn Sie Ihre Ziele festlegen und aufschreiben, aktivieren Sie Ihr Unterbewußtsein, das Sie an alles erinnert, was zu ihrer Verwirklichung getan werden muß. Wenn Sie im Glauben darüber beten, nehmen Sie auch Gottes Kraft für sich in Anspruch, die Unmögliches möglich macht.

– Üben Sie positives Denken. Im Leben eines Christen haben negative Gedanken keinen Platz. Da wir mit der Kraft Gottes in Verbindung stehen, sollten wir an nichts anderes als eine positive Zukunft denken. Gehen Sie den ewig klagenden, nörgelnden und kritisierenden Menschen aus dem Weg, vor allem ahmen Sie sie nicht nach. Der Personalchef einer großen Firma, dem der enorme Einfluß negativer Gedanken auf andere Menschen bekannt war, erklärte mir, weshalb er einen bestimmten Mann einem anderen bei der Besetzung einer Stelle vorgezogen hatte. Ich kannte beide und brachte meine Verwunderung über seine Wahl zum Ausdruck, denn meines Erachtens war der abgelehnte Bewerber der bessere. Er erwiderte: „Ich stelle nie einen Spitzenmanager ein, ohne mit seiner Frau gesprochen zu haben. Zwar bin ich mir der überragenden Fähigkeit unseres

Freundes bewußt, doch kenne ich auch die ständige Unzufriedenheit seiner Frau. Ich komme zu dem Schluß, daß sie einen schädlichen und hemmenden Einfluß auf seine Arbeit haben würde. So wählte ich den anderen Mann aus, weil ich meine, daß der qualitative Unterschied zwischen den beiden durch die positive Einstellung seiner Frau wettgemacht wird."

Negatives Denken, Pessimismus, Nörgelei, Kritik und Klatsch sind nicht nur schädlich, sondern auch ansteckend. Man verstärkt sogar diese Gedanken, immer wenn man sie ausspricht. Reden und denken Sie stets Positives. Die deutlichste Ermahnung der Bibel zu diesem Thema lautet: „Im übrigen, ihr Brüder, allem, was wahr, was ehrbar, was gerecht, was rein, was liebenswert, was wohllautend ist, wenn es irgendeine Tugend und wenn es irgendein Lob gibt, dem denket nach!" (Philipper 4, 8)

– Rechnen Sie damit, daß Gott ein Leben im Überfluß für Sie bereit hat. Gott hat einen umfassenden Plan für Ihr Leben, doch ist das kein starres Schema. Gottes guter, annehmbarer und vollkommener Wille gehört dazu. In Römer 12, 1 heißt es: „Ich ermahne euch nun, ihr Brüder, beim Erbarmen Gottes, eure Leiber als ein lebendiges, heiliges, Gott wohlgefälliges Opfer hinzugeben: das sei euer vernunftgemäßer Gottesdienst."

Menschliche Bedürfnisse:	Menschliche Wünsche:
„mein Gott wird all euer Bedürfnis erfüllen"	„damit eure Freude vollkommen sei"

Gottes Fülle,
die weit übersteigt,
was ihr bitten oder
verstehen könnt.

„Nach eurem Glauben werde euch gegeben."

Wir lesen in Philipper 4, 19: „Mein Gott aber wird all euer Bedürfnis nach seinem Reichtum in Herrlichkeit erfüllen in

Christus Jesus." Gott möchte unsere guten Wünsche, die zu seiner Verherrlichung dienen, gern erfüllen, und so steht in Johannes 16, 24 die Zusage: „Bis jetzt habt ihr noch nie um etwas in meinem Namen gebetet. Bittet, so werdet ihr empfangen, damit eure Freude vollkommen sei!" Im Epheserbrief Kapitel 3, 20 heißt es auch: „Gott aber vermag über alles hinaus in noch weit höherem Maße zu tun, als wir bitten oder verstehen."

Die meisten Christen „leben" nur auf der linken Seite unseres Diagramms und bitten Gott um die Befriedigung ihrer Bedürfnisse. Ich dagegen bitte ihn nie darum, weil er es schon versprochen hat. Vor Jahren las ich in Johannes 16, 24, daß Gott mich gern glücklich machen und mir das geben möchte, was ich brauche, und daß er mir meine Wünsche erfüllt, wenn sie seinem Plan für mein Leben entsprechen. Vor gar nicht langer Zeit entdeckte ich, daß Gott ein Vater ist, der seinen Kindern gern gibt. Jesus Christus hat ja den himmlischen Vater mit einem menschlichen verglichen: „Wenn nun ihr, die ihr doch böse seid, euren Kindern gute Gaben zu geben wißt, wieviel mehr wird euer Vater in den Himmeln denen Gutes geben, die ihn bitten!" (Matthäus 7, 11)

Nach einem wunderschönen Weihnachtsfest in unserer Familie ging mir plötzlich auf, wie spannend und äußerst befriedigend das Vatersein ist. Wenn wir unseren Kindern Geschenke machten, oft mehr als sie sich gewünscht hatten, bereitete uns das immer große Freude. Den meisten Eltern geht es so. Die Kinder bekommen keine Geschenke, weil sie sie verdient hätten – heutzutage haben die meisten schon mehr, als ihnen zusteht –, sondern als Eltern schenken wir unseren Kindern etwas, weil wir sie lieben. Wenn das bei uns Menschen so ist, wieviel mehr trifft es auf Gott zu. Er möchte Ihnen weit mehr geben, als Sie bitten und verstehen. Schränken Sie Gott nicht durch Unglauben ein, sondern rechnen Sie damit, daß er Wunder tun wird. Denken Sie daran, daß uns nach unserem Glauben gegeben wird.

Ihr Erfolg hängt nicht von Ihren Möglichkeiten oder Fähigkeiten ab, sondern von Ihrem Vertrauen auf Gott. Ist es gering, bitten Sie Gott um mehr Glauben, so daß Sie mit seinem übernatürlichen und überreichen Wirken in Ihrem Leben rechnen können.

– Suchen Sie zuerst Gottes Reich. In Matthäus 6, 33 wird ganz deutlich, daß der Christ für Habsucht oder Eigennutz in seinem Leben keinen Platz hat. Auch wenn er sich eine Arbeitsstelle oder Geld wünscht, darf das nie sein höchstes Ziel sein, sondern Gottes Reich und seine Gerechtigkeit sollten den ersten Platz haben. Immer wenn unsere Bitte um Materielles dem Reich Gottes und seiner Gerechtigkeit entgegensteht, wirkt es sich schlecht für uns aus. Selbst wenn es uns gelänge, Wohlstand zu erwerben, wenn wir gegen Gottes Willen handeln, könnten wir uns nicht lange daran freuen. Denken Sie daran, wie wichtig der Gehorsam gegen Gott ist. Wenn Sie Prioritäten setzen, denken Sie an das erste Gebot: „Du sollst Gott, deinen Herrn, lieben von ganzem Herzen, von ganzer Seele und mit all deinem Denken." Der Maßstab für echte Gottesliebe liegt darin, ob wir ihm tatsächlich dienen. Ist unser erstes Ziel der Lebensunterhalt und die Güter dieser Welt, zeigt sich daran nicht nur unsere eigene Habsucht, sondern auch die fehlende Liebe zu Gott. Geben Sie Gott den Platz in Ihrem Herzen, der ihm zusteht; bringen Sie das in Ihrer Einstellung den Dingen gegenüber zum Ausdruck, und Gott wird Sie mit dem Nötigen segnen, so daß es Ihr Bitten und Verstehen übersteigt.

– Stellen Sie sich Gott zum Dienst für andere zur Verfügung. Die lohnendsten und befriedigendsten Erfahrungen macht man im Dienst für andere. Dies ist gewissermaßen eine Psychotherapie. Depressive Menschen neigen dazu, zuviel Zeit mit Gedanken an sich selbst zu verschwenden. Wenn Sie Gott dienen, indem Sie anderen helfen, zwingt Sie das, an eine andere Person zu denken. Ich persönlich bin überzeugt, daß Gott die menschliche Seele so geschaffen hat, daß der Mensch nur mit sich selbst im Einklang lebt, wenn er anderen hilft. Dieser Dienst hat nicht nur ewigen Lohn, sondern zahlt sich auch in diesem Leben aus.

Eine schwer depressive Frau kam zu dem Schluß, daß sie seit der Einschulung ihrer Kinder keinem Menschen wirklich geholfen habe. In jüngeren Jahren hatte sie zwar in der Sonntagschule unterrichtet, doch nach der Geburt der drei Kinder wurde sie in ihrer Familie gebraucht. Wenn sie tagsüber einmal nichts zu tun hatte, hielt sie es für nötig, sich eine Ruhepause zu gönnen, und schließlich erkrankte sie an Schwermut. Im Gespräch merkte ich, daß sie endlich erkennen mußte, daß Gott sie gebrauchen wollte, um die Nachbarn mit Christus bekanntzumachen. Sie fing dann mittwochs einen Bibelgesprächskreis für Frauen an. Einige Wochen später war sie zu einer aktiven und geselligen Frau geworden. Bei einer gesellschaftlichen Veranstaltung sprach ich kurz mit ihr und erkundigte mich lächelnd: „Wie geht's denn in letzter Zeit mit Ihrer Depression?" Ihre Antwort werde ich nie vergessen. Sie lachte laut und sagte augenzwinkernd: „Für Schwermut habe ich gar keine Zeit mehr!" Einige ihrer Nachbarn hatten Christus gefunden, und in zwei Familien hatten sich die Eheleute wieder versöhnt; so sah sie einen Sinn in ihrem Leben und hatte neues Selbstbewußtsein gewonnen.

Die Bibel sagt uns: „Gebet, so wird euch gegeben werden! Ein gutes, vollgedrücktes, gerütteltes, überfließendes Maß wird man in euren Schoß geben. Denn mit welchem Maß ihr meßt, mit dem wird euch wieder gemessen werden" (Lukas 6, 38). Wir finden auch die Zusage: „Wer sein Leben findet, der wird es verlieren; und wer sein Leben verliert um meinetwillen, der wird es finden"(Matthäus 10, 39). Wenn Sie wirklich von Depressionen frei werden wollen, hüten Sie Ihr Leben nicht wie einen Schatz, sondern geben Sie es hin.

- *Danken Sie bei allem.* „Danket für alles! Denn das ist der Wille Gottes in Christus Jesus für euch" (1. Thessalonicher 5, 18). Dieser Vers ist eine Garantie für ein Leben ohne Depressionen! Seit einigen Jahren habe ich vielen tausend Menschen bei meinen Ehe- und Familienseminaren gesagt: „Ich gebe Ihnen eine hundertprozentige Garantie, daß Sie nie wieder schwermütig werden. Sie steht in 1. Thessalonicher 5, 18." Ich kenne keinen Fall, in dem sich die Zusage Gottes nicht bewahrheitet hätte. Ein vom Heiligen Geist erfüllter Mensch, der stets dankbar ist, kann einfach nicht schwermütig werden.

In den letzten Jahren habe ich die Beobachtung gemacht, daß diese Dankbarkeit wieder ganz neu betont wird. Viele Millionen Christen sind dadurch fröhlich geworden. Wir können für zwei unterschiedliche Bereiche danken: einmal für das, was wir sehen, zum anderen im Glauben für das, was wir nicht sehen. Wir wollen sie uns näher ansehen:

Danken Sie bewußt für das, was Sie sehen. Die Bibel gibt uns immer wieder den Hinweis, daß Dankbarkeit die richtige innere Haltung ist. Ein dankbarer Mensch ist glücklich. Wenn wir aufzählen, was Gott bereits in unserem Leben an Gutem getan hat, entwickelt sich ein zuversichtlicher Glaube, der ihm auch für die Zukunft vertraut.

Im allgemeinen sind depressive Menschen undankbar und werden unglücklich. Nach meinen Erfahrungen hilft es ihnen, wenn man sie bittet, das aufzuschreiben, wofür sie danken können, diese Liste ein- oder zweimal täglich durchzulesen und Gott dabei zu danken. Die Ergebnisse sind erstaunlich. Manche Klienten waren so tief verstimmt und so undankbar, daß ich ihnen beim Erstellen ihrer Liste helfen mußte. War sie jedoch einmal geschrieben, fingen sie an, dankbar zu werden und viele neue Punkte zu entdecken, die Grund zur Dankbarkeit boten. Hatten sie sich eine Woche lang immer neu bewußt gemacht, wofür sie dankbar sein konnten, besserte sich ihre innere Einstellung, und Kummer und Hoffnungslosigkeit verschwanden.

Danken Sie bewußt für das, was Sie noch nicht sehen. Zeitweilig können wir Gottes Weg mit uns nicht verstehen, meistens, weil uns der Überblick fehlt. Gott sieht nicht nur die augenblicklichen Umstände, sondern auch das Endergebnis, er hat einen Langzeitplan. Leider sind wir meist mehr mit dem Augenblick beschäftigt und neigen zu Undankbarkeit, wenn wir uns über die Umstände ärgern oder sie uns nicht gefallen, statt bei allem zu danken. Daher ist es sehr wichtig, daß wir das Danken im Glauben lernen.

Wir sahen bereits, daß unser Gehirn einem Computer ähnelt, der streng nach den Gesetzen der Logik arbeitet. Menschlich gesprochen ist es unvernünftig und unvorstellbar, für alles zu danken; es widerspricht jeder Logik. Daher müssen wir lernen, Gott in die Situation einzubeziehen und zu erkennen, daß er einen Plan hat, bei dem selbst die traurigsten äußeren Umstände auf lange Sicht zu unserem Besten mitwirken. Wenn wir glauben und vertrauen, daß er uns liebt und fähig ist, für uns etwas zu tun, sollten wir dies dadurch zum Ausdruck bringen, daß wir für alles danken, weil das der Wille Gottes in Christus Jesus für uns ist.

Danken als Gewohnheit

So wie wir uns Schlechtes angewöhnen, können wir auch gute Gewohnheiten annehmen. Die meisten von uns putzen sich täglich die Zähne, nicht weil es besonderen Spaß macht, sondern weil wir wissen, daß es gut ist. Folglich haben wir es uns angewöhnt. Aus dem gleichen Grund können wir uns daran gewöhnen, aus Gehorsam gegen Gottes Willen in allen Dingen dankbar zu sein. Wer hier nicht gehorchen will, kann jederzeit depressiv werden, weil Unerwartetes meist zur ungünstigsten Zeit eintrifft. Reagiert man negativ, wird man schwermütig und für Gott unbrauchbar.

Damit Sie nicht denken, dies seien leere, durch keine eigene Erfahrung gedeckte Worte, möchte ich Ihnen erzählen, in welcher mißlichen Lage ich mich befinde, während ich gerade diesen Abschnitt schreibe. Seit 25 Jahren bin ich bei einer Predigt noch nie zu spät gekommen, auch wenn ich manchmal ziemlich kurzfristig gerufen wurde. Heute morgen um 11.50 Uhr ging ein von mir geleitetes Seminar für Pastoren in Amarillo in Texas zu Ende. Ich saß im Flugzeug, das um 14.20 Uhr in Dallas ankommen sollte, und wollte um 15 Uhr nach Atlanta in Georgia weiterfliegen, wo um 19 Uhr die erste Sitzung eines Familienseminares stattfinden sollte. Um 12.55 Uhr rollten wir gerade zur Startbahn, als ich sah, daß der Pilot die Maschine plötzlich umdrehte und zurückfuhr.

Ein paar Minuten später sah ich ihn aussteigen, dann nahm er mit einem Mechaniker die Haube eines Triebwerkes ab. Darauf wurde eine dreißigminütige Verspätung bekanntgegeben. Dann nahm der Mechaniker ein Stück Kabel aus dem Triebwerk, hielt es hoch und sagte etwas zum Piloten. Ein paar Sekunden später hörte ich über Lautsprecher, daß ein defektes Teil ersetzt werden müsse und der Flug abgesetzt werde. Ich ging ins Flughafengebäude und praktizierte, was ich gerade geschrieben habe. „Der Herr sei gelobt!" Gott wußte, daß das nächste Flugzeug von Amarillo nach Dallas elf Minuten nach Abflug der Maschine von Dallas nach Atlanta landete. Als man mir dies bestätigte, bat ich Gott um seine Führung und rief dann eine Mietflugzeugfirma in einem anderen Flughafen an. Der Pilot versicherte mir, daß er mich für 200,– Dollar nach Dallas fliegen könne und ich dort rechtzeitig ankommen werde. Der Flug machte mir sehr großen Spaß, doch bei der Ankunft hob meine Maschine gerade ab. „Was soll ich jetzt tun?" Ich wußte, ich hatte die Wahl: Ich konnte mürrisch und niedergeschlagen sein oder den Herrn loben und ihm alles überlassen. So entschied ich mich für den biblischen Weg und schreibe nun gerade mein Kapitel zu Ende.

Eben ließ mich der Leiter des Familienseminars über Lautsprecher ans Telefon rufen. Als ich ihm mitteilte, daß ich nicht vor 21.30 Uhr, also 15 Minuten nach Schluß der Veranstaltung, in Atlanta ankommen könne, fragte er: „Was soll ich nur tun?" „Warum loben Sie nicht den Herrn?" Während ich dies schreibe, bin ich mir vollauf bewußt, daß einige Teilnehmer in Atlanta ziemlich zornig sein könnten, doch kann ich damit rechnen, daß unser himmlischer Vater ihnen das gibt, was sie brauchen, und zwar auf eine Art und Weise, die ich mir nicht ausmalen kann. Einer Sache bin ich mir ganz sicher: Ich habe nach bestem Vermögen Gottes Willen getan, habe die unvorhersehbaren äußeren Umstände freudig akzeptiert und kann daher ohne Sorgen in Ruhe hier sitzen und Gott vertrauen, daß er sich um alle Einzelheiten kümmern wird. Er hat gewiß mit diesem Erlebnis etwas vor, was ich jetzt noch nicht weiß.

Als ich am Schalter vorbeiging, an dem die Flugtickets verkauft werden, und hörte, wie die wütenden Passagiere den Angestellten ausschimpften, mußte ich denken: „Warum kann nicht jeder Mensch das Geheimnis eines Lebens im Glauben erfassen und auch für alles danken?" Vielleicht verstehe ich eines Tages, wozu die Verspätung und der verpaßte Termin nötig waren, möglicherweise auch nicht. Eines steht für mich fest: lautes Lamentieren und Gebete voller Anklagen, die Ausdruck unserer natürlichen Neigung sind, helfen überhaupt nicht. In einem Moment wie diesem ermutigt mich ein klarer biblischer Satz: „Meine Zeit steht in deinen Händen" (Psalm 31, 15). Ganz gleich, weshalb Gott mich diesen Flug verpassen ließ, ich traue ihm zu, daß er weiß, was das Beste für mich ist – und für andere. Folgendes geschah: Der Leiter des Eheseminars führte an diesem Abend zwei Filme von Dr. Henry Brandt vor, die genau das zur Sprache brachten, was die Teilnehmer brauchten. Als ich am folgenden Vormittag meinen Vortrag begann, waren sie in ausgezeichneter Stimmung, und wir hatten ein sehr gutes Seminar. Hätte ich mir Sorgen gemacht, mich aufgeregt, wäre ich unruhig geworden, als ich in Dallas wartete, hätte das ganz sicher nichts genützt. Gott weiß, was er tut!

Klagen oder loben Sie?

Mein Freund Ken Poure, der von Gott bei Familienkonferenzen in den Vereinigten Staaten gebraucht wird, meint, daß unsere Reaktion bei derartigen Gelegenheiten ein Gradmesser für unsere geistliche Reife ist. Er ist der Ansicht, daß die Länge der Zeit zwischen dem enttäuschenden Ereignis und dem Augenblick, in dem wir beginnen, Gott zu loben, zeigt, wie stark unser geistliches Leben ist. Wenn man sich innerhalb weniger Augenblicke freuen kann, ist man ein geistlicher Mensch. Dauert es eine Viertel- bis eine Stunde, ist man noch im Wachstum begriffen. Vergehen eine Stunde oder einige Tage, ist nach Kens Ansicht unser Zustand schlecht. Dann stellt er die kluge Frage: „Loben oder klagen Sie vorwiegend?" Viele Menschen tun entweder das eine oder das andere. Je eher Sie lernen, Gott angesichts von schwierigen Umständen oder enttäuschten Erwartungen zu preisen, desto glücklicher werden Sie sein, und desto weniger werden Sie in Ihrem Leben mit Schwermut zu kämpfen haben.

16

WIE MAN SEINE KINDER VOR DEPRESSIONEN BEWAHREN KANN

Eltern sind oft sehr bestürzt, daß sich depressive Neigungen manchmal bereits in ganz jungen Jahren zeigen. Ein schwermütiges Kind zieht sich meist zurück, ist unnatürlich ruhig und isoliert sich. Es ist zum Spielen mit anderen Kindern nicht aufgelegt oder versteckt sich und hofft dabei, daß jemand auf seine Not aufmerksam wird. Eltern bemerken Depressionen ihrer Kinder oft als letzte. So verstärken sie durch ihre Enttäuschung und ihren Ärger über deren Verhalten das Problem, ehe es ihnen bewußt wird. Zieht sich ein depressives Kind nicht zurück, so hat es die Tendenz, seinen Ärger aufzustauen, bis er sich plötzlich in derart abweichendem Verhalten äußert, daß es zu einem „Problemkind" wird. Vielleicht macht es vieles kaputt, um auf sich aufmerksam zu machen, schlägt sich mit anderen Kindern und wird so zum „schwarzen Schaf". Die Eltern sollten ein derartiges Verhalten als Hilferuf verstehen. Das Kind sehnt sich nach ihrer Liebe, Zuneigung und Unterstützung. Der Ärger der Eltern über sein Verhalten verstärkt jedoch nur sein Gefühl, abgelehnt zu sein. So nehmen sein Selbstwertgefühl ab, seine Wut zu, und es entstehen nur neue unerwünschte Verhaltensweisen.

Die Statistik belegt, daß eine solche innere Verfassung auch zu Selbstmord führen kann. Kinder leben ja häufig in einer Phantasiewelt und sehen im Fernsehen viele Gewalttätigkeiten; so verstehen sie nicht, daß der Tod etwas Endgültiges ist. Sie wollen mit den Eltern durch einen selbstzerstörerischen Akt abrechnen, hoffen aber im selben Moment, ins Leben zurückzukehren. So nehmen sich viele depressive Kinder das Leben. Dies ist eine der Tragödien unserer Zeit. Mißlingt der Selbstmordversuch des schwermütigen Kindes, so wird es sich stets selbst ablehnen. Negatives Denken oder ein Mißerfolgskomplex können ein Kind geistig und seelisch für sein Leben brandmarken.

Ein Adoptivsohn machte seinen Eltern Sorgen, weil er sich so merkwürdig verhielt. Sie kamen daher in die Beratung. Der Junge galt in der Schule als dumm, unfähig, als Stümper und hatte doch einen IQ von über 145 und wußte soviel über Naturwissenschaft und Elektronik wie mancher Ingenieur. Die Eltern nutzten die Kräfte, die ihnen der Glaube an Gott gab, und schenkten ihm sehr viel Liebe, Vertrauen und Anerkennung. So war es möglich, ihn aus seiner depressiven Neigung herauszuholen. Wer Kinder als Geschenk empfangen hat, sollte anhand der folgenden sechzehn Vorschläge sich die besonderen Bedürfnisse der Kinder bewußt machen:

1. Liebe und Zuneigung

Die Hauptursache kindlicher Depressionen sind mangelnde Liebe und Zuneigung der Eltern, wodurch das Kind aggressiv wird und sich bemitleidet. Gott hat das Kind so geschaffen, daß es spontan die Zuneigung der Eltern sucht. Sein seelisches Bedürfnis nach Liebe entspricht dem körperlichen nach Nahrung. Meiner Ansicht nach erkranken heute so viele Erwachsene immer wieder an Depressionen, weil sie als Säuglinge nicht gestillt wurden. Die humanistische Lehre, die ein Leben unabhängig von Gott zum Ziel hat, suggerierte den jungen Müttern, daß die moderne Wissenschaft einen gleichwertigen Ersatz für die Muttermilch geschaffen habe. Man dachte jedoch nicht daran, daß eine Flasche die Mutterliebe nicht ersetzt. Eine Gruppe jüdischer Ärzte eröffnete in New York eine Klinik für jüdische Waisenkinder. Man ließ keine hygienischen Vorkehrungen außer acht, um die Säuglinge vor Keimen zu schützen. Es gab sogar spezielle keimtötende Lampen, die die Luft filterten, und die Pflegerinnen mußten beim Füttern frische, desinfizierte Kittel und Gummihandschuhe tragen. Entsetzt stellte man fest, daß die Sterblichkeit in diesem Haus dreimal höher als in einem vergleichbaren Haus in Mexiko war. Jemand sollte nun herausfinden, was es dort an zusätzlichen Vorkehrungen gab. Als man den

Bericht las, erschien er unglaublich. Das mexikanische Hospital hatte nicht genügend Personal, es fehlte an examinierten Krankenschwestern, nach New Yorker Maßstäben war es unhygienisch und entsprach überhaupt nicht den Anforderungen einer modernen Medizin, und man verhielt sich ziemlich „merkwürdig": Beim Füttern wurde jeder Säugling von einer Pflegerin im Arm gehalten.

So wichtig wie die Muttermilch für den kindlichen Körper ist Zärtlichkeit und immer wieder bezeugte Liebe für seine Seele. Ich bin fest davon überzeugt, daß der Schöpfer an diese entscheidende Beziehung dachte, als er den Körper der Mutter und die Seele des Kindes schuf.

Jedes Kind sehnt sich nach Liebe, selbst das cholerischste. Bekommt es sie in dieser Phase, wird es sich mit großer Wahrscheinlichkeit normal entwickeln und selbst Zärtlichkeit zeigen können. Ein seelisch unterernährtes Kind wird entweder gefühllos oder entwickelt ein zwanghaftes Bedürfnis nach Liebe. Als unser erstes Kind im Vorschulalter war, nahmen wir Pflegekinder auf. Ich werde die dunkelhäutige vierjährige Carol nie vergessen, die ein Jahr bei uns wohnte. Ihre Mutter hatte sie im Stich gelassen, ihr Vater war unbekannt; bis sie zu uns kam, war sie in acht verschiedenen Familien gewesen. Ich habe noch nie ein Kind gesehen, das so oft geküßt werden wollte. Immer wenn ich unsere Tochter Linda küßte, wollte sie mehr Küsse haben – und stets bestand sie darauf, daß ich sie direkt auf den Mund küßte. Manchmal brauchte ich die übermenschliche Liebe Gottes, um diesem Kind die Liebe zu geben, die es brauchte, doch kann ich bezeugen, daß Gott sie tatsächlich gibt.

2. Angenommen werden

Es ist bekannt, daß wir das Bedürfnis haben, von den nächsten Menschen angenommen zu werden. Manche Kinder haben Angst, sie seien nicht die leiblichen Nachkommen ihrer Eltern, man habe sie vielleicht im Krankenhaus verwechselt. Nicht nur die Beziehung zu den Eltern, auch das Äußere, die Fähigkeiten und Gewohnheiten müssen angenommen werden. Wenn ein Kind weiß, daß seine Eltern mit ihm einverstanden sind und daß es erwünscht war, kann man es glücklich preisen. Viele Menschen beginnen im Gegensatz dazu ihren traurigen Lebensbericht in der Beratung mit den Worten: „Ich bin ein Versehen, meine Eltern wollten mich eigentlich nicht haben." Diese innere Mauer kann man nur sehr schwer überspringen.

Wenn Eltern *nicht* negativ auf die Schwächen des Kindes reagieren, die ihren eigenen entsprechen, ist das ein Zeichen von Reife. Die meisten Konflikte zwischen Eltern und Kindern entstehen dadurch, daß Vater und Mutter die eigenen Schwächen bekämpfen, die sich im Kind zeigen und die sie bei sich selbst völlig ablehnen und folglich im Kind verachten.

Man kann nicht davon ausgehen, daß ein Kind versteht, daß die Ablehnung nicht ihm persönlich gilt, sondern den Zügen, die Vater oder Mutter an eigene Schwächen erinnern. Ein Kind wird das elterliche Verhalten als völlige Ablehnung deuten.

Reife Eltern erkennen sich seelisch, körperlich und geistig im Kind wieder. Haben sie gelernt, zu sich selbst ja zu sagen, können sie auch ohne Schwierigkeiten ihr Kind annehmen. Weiß das Kind, daß man es akzeptiert, kann ihm auch geholfen werden, die eigenen Schwächen zu überwinden.

3. Vermeiden Sie zu Hause Ärger

Destruktiver Ärger in verschiedener Form ist für Kinder, die von Natur aus so selbstbezogen sind, daß sie sich selbst für die Ursache elterlicher Wut halten, immer schädlich. So entwickelt sich ein unsicheres und empfindliches Kind, dessen negatives Verhalten sich noch verschärft, was wiederum die Eltern noch mehr ärgert. Vor allem junge Eltern sind sehr ungeduldig. Angesichts des unreifen Verhaltens, das sie ärgert, zeigt sich ihre Ungeduld in strengen Worten oder Strafen. Dies hat zur Folge, daß sich das Kind noch weniger annehmen kann, unsicherer wird und dem Selbstmitleid und der Schwermut der Boden bereitet wird.

4. Zeigen Sie offen Ihre Liebe

Wenn Kinder sich geborgen und geliebt fühlen sollen, sollten die Eltern offen ihre Liebe zeigen. Bei einer Scheidung sind die Kinder gezwungen, sich für einen der beiden am meisten geliebten Menschen zu entscheiden. Wenn sich Vater und Mutter im Streit anschreien, werden die Kinder in ihren Gefühlen verwirrt, und es entstehen Hemmungen, die das Kind hindern, sich in Liebe einem anderen Menschen zu öffnen. Trennen sich die Eltern und muß das Kind entweder bei dem Vater oder der Mutter leben, hat es möglicherweise starke Vorbehalte gegenüber dem Elternteil, bei dem es nun wohnt, und macht sich unrealistische Vorstellungen vom anderen. Denken Sie daran, daß in einem Kind, das sieht, wie Vater und Mutter einander ihre Liebe zeigen, die Grundlage für Liebe und Geborgenheit gelegt wird.

Wenn ich an meine eigene Kindheit zurückdenke, erinnere ich mich, daß ich zur Zeit der Wirtschaftskrise groß wurde. Mein Vater starb vor meinem zehnten Geburtstag, und meine 28jährige Mutter blieb mit drei kleinen Kindern zurück – meiner fünfjährigen Schwester, meinem sieben Wochen alten Bruder und mir. Ich habe nie mit dem Gefühl großer Unsicherheit zu kämpfen gehabt, vor allem, weil ich nie erlebt hatte, daß man mich nicht liebte. Mein Vater war sehr liebesfähig, und obwohl er uns früh genommen wurde, konnte ich verstehen, daß er tot und nicht mehr bei uns war. (Ein ganz anderes Problem stellt sich bei einer Scheidung.) Die Liebe meiner Mutter zu mir und ihr großes Gottvertrauen ließen mich stets optimistisch damit rechnen, daß eine vernünftige Lösung gefunden werden könne, ganz gleich, welche Probleme sich ergäben. Jedes Kind hat ein Recht auf solche Liebe und solches Vertrauen. Wenn ich mir positive Erinnerungen an meine Eltern ins Gedächtnis rufe, so denke ich besonders daran, wie mein Vater in die Küche kam, meine Mutter in die Arme schloß, sie zehn Zentimeter hochhob und sie zärtlich an sich drückte. Diese Szene vermittelte mir stets das Gefühl der Geborgenheit. Schon wenn ich daran dachte, fühlte ich mich wohl. Viele Neurosen der Kinder unserer Tage hätten sich wahrscheinlich vermeiden lassen, wenn sie so handgreiflich erlebt hätten, daß die Eltern einander lieben.

5. Regeln, an denen das Kind sich orientieren kann

So wie man über eine schwankende Brücke leichter mit einem Geländer gehen kann als ohne, braucht jedes Kind von den Eltern gesetzte Grenzen, die sein Verhalten steuern. Diese Regeln sollten einfach und klar sein und in Liebe gegeben werden. Sie ändern sich mit dem Alter des Kindes, doch sollte man, wenn man sie dem Kind gibt, damit rechnen, daß es zunächst ausprobiert, wie weit es gehen kann. Ich habe beobachtet, daß Kinder sich über Verbote ärgerten, ihre Eltern deswegen quälten, sie zur Aufhebung zwangen und danach weniger Achtung vor ihnen hatten.

6. Disziplin ist hilfreich

Sind die Eltern zu nachsichtig, werden ihre Kinder undiszipliniert. Die Bibel sagt ganz klar, daß man ein Kind ohne Züchtigung unweigerlich verzieht. „Die Torheit steckt dem Knaben im Herzen; aber die Rute der Zucht vertreibt sie daraus" (Sprüche 22, 15). Pädagogen sagen, daß Lernen, bei dem die Gefühle beteiligt sind, den besten Erfolg hat. Eine ordentliche Tracht Prügel oder eine andere Art der Züchtigung, die aus Liebe geschieht, beeindruckt ein Kind tief. Ja, es fühlt sich im Moment vielleicht abgelehnt, muß jedoch merken, daß es einige Dinge im Leben nicht tun darf. Wird es nicht zurechtgewiesen, lernt es viele wertvolle und unabdingbare Lektionen nicht. Eine Züchtigung löst auch innere Spannungen. Das Kind kann sich schuldig fühlen, wenn es etwas Falsches getan hat. Tut seine Strafe weh, wird ihm dadurch leichter ums Herz. Darum sind Kinder oft guter Laune, wenn sie kurz zuvor gestraft wurden. Wer sein Kind nicht züchtigen will, betrügt es um diese Erfahrung.

Eigentlich war ich dagegen, daß George in unsere Familie kam. Meine Frau und ich waren noch keine dreißig Jahre alt und konnten mit einem Teenager gar nicht fertig werden. Doch der Sozialarbeiter versicherte uns, daß George ins Erziehungsheim kommen werde, wenn wir ihn nicht nähmen. Er stand zwischen seinen Eltern, die sich stritten, und wurde seiner Mutter zugesprochen, wollte jedoch unbedingt bei seinem Vater bleiben.

214

Wir kamen so lange mit George aus, wie wir ihm seinen Willen ließen. Wie unseren eigenen Kindern, mußten wir auch ihm allmählich einige Aufgaben übertragen. Mit jedem Tag wurde es mit ihm schlimmer. Er zerstörte mutwillig Sachen, wollte unsere wenigen Regeln nicht befolgen, beschimpfte uns und wurde ausfallend. Dann geschah es! Als meine Frau ihn eines sonntagnachmittags bat, den Abwasch zu machen, weigerte er sich, wurde unverschämt und beleidigte sie regelrecht.

Bei meinem Vater hatte ich unter anderem eines schmerzlich lernen müssen: Jeder, der es wert ist, ein Mann genannt zu werden, läßt nicht zu, daß seine Frau mißhandelt oder gekränkt wird, selbst nicht von den eigenen Kindern. So ging ich in die Küche und verlangte von George eine Entschuldigung, doch er weigerte sich. Als ich ihm die Wahl zwischen einer Tracht Prügel und einer Entschuldigung ließ, sagte er: „Das wagst du nicht!" Diese Herausforderung mußte ich annehmen – so nahm ich ihn mit ins Schlafzimmer, und er erhielt eine ganz handgreifliche Lektion.

Binnen fünfzehn Minuten war George in der Küche, redete freundlich mit uns und war fröhlich. Er packte sogar zu und half mir beim Abtrocknen. Die Tracht Prügel mußte ihm gezeigt haben, daß wir ihn wirklich liebhatten, und sie besänftigte auch sein Gewissen, das schlug, weil er sich so schlecht benommen hatte. Das Leben war für die ganze Familie wieder erträglich.

Ist man im allgemeinen auch anderer Ansicht, so wirkt sich doch eine richtig angewendete körperliche Strafe für das Kind nicht schädlich aus. Ja, sie hat oft genau den gegenteiligen Effekt. Ein Kind, das bestraft wird, wenn es etwas Falsches getan hat, merkt so, daß seine Eltern es lieben. Kinder, die aufgrund von Schuldgefühlen widerspenstig und nicht zu lenken sind, werden oft nach einer angemessenen körperlichen Strafe rücksichtsvoll, gehorsam und liebevoll. Dagegen fällt es einem Kind, das nicht zur Ordnung gerufen wird, schwer, sich angenommen zu fühlen.

Ein Aspekt elterlicher Strafen sollte noch besonders erwähnt werden. Die Erziehungsberechtigten müssen unbedingt über Verhaltensregeln und Anweisungen einer Meinung sein. Andernfalls wird das Kind den einen gegen den anderen ausspielen, so die Familie entzweien und jegliche Disziplin untergraben. Meinungsverschiedenheiten über Erziehungsgrundsätze sollten nie vor dem Kind ausgetragen werden. Haben die Eltern jedoch eine gemeinsame Position gefunden, sollten sie sie mit dem Kind gründlich durchsprechen, auch wenn nur ein Elternteil anwesend sein sollte. Ich habe völlig normale Kinder erlebt, die sich, besonders im Alter von zehn bis zwanzig Jahren, zu kleinen Monstern entwickelten, weil ihre Mutter ihnen zu verstehen gab, daß sie die Forderungen des Vaters nicht durchsetzen würde, sobald dieser zur Arbeit gegangen sei. Eine genauso schädliche Wirkung hat ein unreifer Vater, der meint, die Zuneigung der Kinder dadurch zu gewinnen, daß er weniger streng als die Mutter ist. Eine solche Liebe ist von kurzer Dauer und schafft nur Verwirrung und Auflehnung.

7. Konsequenz ist sehr wichtig

Was die Disziplin betrifft, so ist Konsequenz das Wichtigste. Dies gilt nicht nur in bezug auf die persönlichen Lebensbedingungen eines Kindes, sondern auch für die Gleichbehandlung aller Kinder. Stellen Sie Regeln auf, deren Übertretung eine Tracht Prügel nach sich zieht, aber dann strafen Sie auch, ohne zu zögern!

8. Seien Sie gerecht – kein Kind ist vollkommen

Die meisten Jugendlichen möchten über ihren Tagesablauf reden. Daher sollten Vater oder Mutter sich darauf einstellen. Ein Kind fühlt sich wohler, wenn es seine Gefühle in der Familienkonferenz äußern konnte, selbst wenn sich die Regelungen nicht ändern. Auch sollte man das Kind logisches Argumentieren üben lassen, so daß es nicht nur gefühlsmäßig reagiert.

9. Erzählen Sie früh von Gottes Liebe

Ein von christlichen Eltern erzogenes Kind kann von Glück sagen, da jeder Mensch außer der elterlichen Liebe die Gewißheit braucht, von Gott geliebt zu werden. Eltern kön-

216

nen dies dem Kind am besten in den ersten Jahren vermitteln. Das Sonntagsschullied „Gott ist die Liebe", das die Kinder jede Woche voller Begeisterung singen, ist eine solche Bestätigung für sie. Bei manchen Kindern kann nur sie die fehlende elterliche Liebe und Hilfe ausgleichen, so daß die Kinder eine normale Einstellung zum Leben bekommen.

10. Führen Sie Ihr Kind in jungen Jahren zu Christus
Jeder Mensch muß Christus als seinen persönlichen Herrn und Retter annehmen. Je eher dies geschieht, desto besser sind seine Chancen, unnötige Gefahren zu vermeiden, die seelische Schäden verursachen. Er kann seelisch reifen und zuversichtlich auf die ungewisse Zukunft zugehen.

11. Schützen Sie Ihr Kind vor negativem Denken
Die Denkstrukturen entwickeln sich schon in jungen Jahren. Achten Sie sorgfältig darauf, ob Sie an Ihrem Kind Zeichen von negativem Denken oder ständiger Unzufriedenheit entdecken können. Stärken Sie in ihm das Bewußtsein, daß es alle Dinge durch Christus vermag, der ihm die Kraft dazu gibt. Lassen Sie es wissen, daß das jetzt Unmögliche morgen möglich sein kann. Das Kind muß die in einem alten Sprichwort beschriebene innere Einstellung bekommen: Man kann alles, wenn man nur will. Eine positive Haltung dem Leben gegenüber ist jedoch nicht einfach da, sondern entsteht durch ständige und geduldige Bestätigung durch die Eltern.

Stete Kritik und Ablehnung wird für ein Kind immer schädlich sein. Kürzlich hörte ich in einer Flughafenhalle ein Gespräch mit. Ein Vater erklärte seinem Sohn, einem Zweitkläßler, wie man eine Zeitung aus einem Münzautomaten holt. Das Kind kam voller Freude mit ihr zurück, machte einen Luftsprung und erwartete offensichtlich ein Lob. Doch bald wich sein Lächeln dem Ausdruck der Bestürzung und Angst, als es der Vater in aller Öffentlichkeit einen Dummkopf nannte. Der Junge hatte die Zeitung vom Vortag gebracht! Der Vater wußte nicht, daß demütigende Kritik in aller Öffentlichkeit dem Verantwortungsgefühl und der Harmonie in der Familie nicht gerade förderlich ist.

12. Die Nörgelkrankheit

Wir sahen schon, daß Nörgelei sehr schädlich ist, denn offen geäußerte Kritik hat nicht nur negative Gedanken beim Sprecher, sondern auch bei allen Zuhörern zur Folge. Kinder, die immer etwas auszusetzen haben, entwickeln eine Neigung zur Schwermut. Verbieten Sie Ihrem Kind, zu Hause ständig an allem herumzukritisieren.

Im Alter von fünfzehn hatte eines unserer Kinder ständig etwas auszusetzen, ganz gleich, worum es ging. Nie gefiel ihm etwas. Schließlich entschlossen wir Eltern uns, aktiv zu werden. Anhand von 1. Thessalonicher 5, 19 zeigten wir ihm, daß seine Kritik nicht dem Willen Gottes entsprach. Seine ersten Worte waren: „Aber . . ." Ich unterbrach ihn und sagte: „Kein Aber! Von heute an verbieten wir dir, in diesem Hause herumzunörgeln. Wir sind eine glückliche Familie, und wir brauchen dich, damit das so bleibt." Innerhalb von drei Wochen konnten wir eine deutliche Entwicklung zum Positiven beobachten. Heute ist das Wesen dieses Jungen ganz anders als damals, viel besser, als wenn wir zugelassen hätten, daß sich diese Gewohnheit noch mehr festsetzte.

13. Weisen Sie das Kind stets auf schädliches Selbstmitleid hin

Es ist ganz natürlich, daß sich ein Kind ins Selbstmitleid flüchtet, wenn es mit den Erwachsenen nicht Schritt halten kann. Selbst das dritte Kind, das mit den älteren Geschwistern rivalisiert, neigt mehr zu Selbstmitleid als die ersten beiden. Wenn man dem Kind immer wieder freundlich sagt, wie man dieser Neigung aus dem Wege geht, wird man es vor einer Denkstruktur bewahren, die im späteren Leben mit viel größerer Anstrengung verändert werden muß, damit sie nicht zu Depressionen führt.

14. Dankbarkeit

Jeder Christ sollte wissen, daß Dankbarkeit die düstere Stimmung aufhellt und Depressionen verhindert. Kinder, die man lehrt, daß sie zunächst Gott und dann den Eltern dankbar sein sollen, sind auf dem besten Weg zu einem von Schwermut freien Leben. Sagen Sie ihnen schon früh, daß sie für Essen, Liebe, das Dach über dem Kopf, ihre Gesundheit, Lehrer und Freunde dankbar sein sollen. Kinder haben eine erstaunliche Fähigkeit, geistliche Wahrheiten zu erfassen, und sie verstehen oft leichter als Erwachsene, daß Gott trotz aller widrigen Umstände seinen Plan hat. Üben Sie mit Ihrem Kind den Satz ein: „Danket für alles" (1. Thessalonicher 5, 18), „so geht es auch in seinem Alter nicht davon ab" (Sprüche 22, 6).

15. Denken Sie daran, daß Ihr Kind sich entwickelt

Die meisten Eltern neigen dazu, ihr Kind so zu sehen, wie es *ist,* statt daran zu denken, wie es einmal *sein wird.* Ich erinnere mich daran, daß ich meine Söhne anblickte und mich fragte, ob aus ihnen je etwas werden könne. Heute bin ich auf die beiden jungen Männer sehr stolz. Sind Kinder noch klein, stellen Sie sich vor, was aus ihnen werden könnte. Sie versuchen die verborgenen Möglichkeiten zu entdecken. Andernfalls werden Sie nur den jetzigen Zustand sehen – einen egoistischen, undisziplinierten, schmutzigen kleinen Lausebengel. Achten Sie darauf, daß Sie liebevoll und geduldig sind, denn ein Kind kann nicht zwischen der Kritik seiner Eltern an seinem Verhalten und an ihm selbst unterscheiden. Glücklich das Kind, dessen Eltern erkennen, daß es durch Gottes Gnade eines Tages zu einem ausgeglichenen und erfolgreichen Erwachsenen werden wird.

16. Geben Sie ein gutes Beispiel

Jedes Kind lernt am besten am Vorbild seiner Eltern. Wenn es sieht, daß Sie selbst Negatives denken, sich selbst bemitleiden und sich nicht annehmen, wird es genauso handeln. Doch wenn Sie Verhaltensweisen zeigen, die Schwermut überwinden, werden Ihre Kinder diese guten Gewohnheiten nachahmen.

Zu allen Zeiten haben Fachleute immer wieder darauf hingewiesen, daß Depressionen offenbar in bestimmten Familien gehäuft vorkommen. Zwei Gründe werden dafür genannt: Vererbung des Temperaments und Lernen am Vorbild der Familie. Sie können die Anlagen Ihres Kindes nicht bestimmen, doch seine Erziehung liegt in Ihrer Hand. Ich neige zu der Annahme, daß Depressionen vor allem deswegen in Familien gehäuft vorkommen, weil Kinder im allgemeinen das schlechte Beispiel ihrer Eltern nachahmen. Seit langem mache ich die Beobachtung, daß depressive Kinder von Eltern, die selbst zur Schwermut neigen, genauso reden und denken wie diese.

Haben Sie schon den Satz gehört: „Wenn man sich mit ihm unterhält, könnte man denken, man spräche mit dem Vater"? Jeder Vater, jede Mutter sollte sich fragen: „Wenn mein Kind als Erwachsener so denken und sprechen wird wie ich, wird es dann glücklich und ausgeglichen sein oder Verhaltensweisen zeigen, die zur Depression führen?"

17

WIE MAN SCHWERMÜTIGEN FREUNDEN HILFT

Depressive brauchen Hilfe! Trotz ihres abweichenden Verhaltens sind sie auf das Eingreifen ihrer Umgebung angewiesen, selbst wenn sie ihr im Wege stehen. Manche werden wütend oder gereizt und weisen ihre Freunde ab, gerade dann, wenn sie sie am dringendsten brauchen. Viele ziehen sich wortlos zurück, und es scheint, als wollten sie allein sein. Glauben Sie das nicht! Ihre Hilfe ist hier wichtiger als je.

Oft bemerkt die Familie eines Depressiven seine Schwermut nicht und reagiert ärgerlich auf sein Verhalten. Folglich bekommt er unfreundliche und mißbilligende Worte zu hören, wenn er Verständnis und einfühlsame Liebe braucht, und seine Schwermut verstärkt sich nur. Selbst wenn er sich zurückzieht, hat er in Wirklichkeit Angst vor dem Alleinsein. Erwarten Sie nicht, daß er in irgendeiner Weise um Hilfe bittet, doch helfen Sie trotzdem. Die Bibel sagt uns, daß Liebe sich in Freundlichkeit zeigt. Wenn Sie einen Menschen wirklich lieben, werden Sie ihm Freund sein und auf ihn achten, nicht nur, wenn er stark ist, sondern auch, wenn er sehr schwach ist und Sie am meisten braucht. Es folgen einige Vorschläge, wie man einem depressiven Menschen helfen kann. Der Heilige Geist kann diese Punkte für Ihre spezielle Lage ergänzen. Die Aufzählung ist nicht vollständig.

1. Seien Sie einfach da!

Das Wichtigste, was man menschlich gesehen für einen Depressiven tun kann, ist die Anwesenheit, wenn er uns braucht. Ganz gleich, wie ablehnend er sich Ihnen gegenüber verhält, er ist auf Sie angewiesen, um aus seinen selbstzerstörerischen Gefühlen, Einstellungen und manchmal auch Taten herauszukommen. Um zu helfen, brauchen Sie gar nicht zu reden, zu analysieren oder Ratschläge zu geben. Wenn Sie während einer Phase tiefer Verzweiflung einfach da sind, zeigt das ohne Worte Ihre Liebe und wirkt der Erfahrung der Ablehnung, die in der einen oder anderen Weise die Depression ausgelöst hat, entgegen.

2. Haben Sie kein Mitleid!

Ihr Freund ist ins „Tal der Verzweiflung" geraten, weil er dem Selbstmitleid zuviel Raum gab. Helfen Sie ihm nicht dabei, es zu rechtfertigen, doch verurteilen Sie es auch nicht. Er braucht einen Menschen, der ihn versteht und sich einfühlt, jedoch nicht verurteilt.

3. Helfen Sie ihm, neue Hoffnung zu schöpfen!

Ein Depressiver hat keine Hoffnung, er ist verzweifelt; wir sahen bereits, daß er seine Ziele verloren hat, seine Haltung negativ ist und er mit keiner positiven Entwicklung rechnet. Seit geraumer Zeit denkt er nur noch an Versagen und Hoffnungslosigkeit, und so erscheinen ihm die Umstände oft düsterer, als sie in Wirklichkeit sind. So wird sich jeder noch so kleine Hoffnungsschimmer heilsam auswirken.

Oft konnte ich dem Klienten in der ersten Sitzung während der Beratung nur neue Hoffnung geben. Wenn er mein Sprechzimmer mit dem Hoffnungsschimmer verläßt, daß jemand tatsächlich bald eine Lösung für seine schlimme Lage erwartet, wird sich sein Zustand bis zur nächsten Sitzung wahrscheinlich bessern.

Eine Frau war von ihrer hoffnungslosen Lage so überzeugt, daß sie so niedergeschlagen ging, wie sie gekommen war. Zu meiner Überraschung erschien sie zur zweiten Sitzung in viel besserer Verfassung. Obgleich sie kein Vertrauen mehr hatte, gewann sie doch aufgrund meiner festen Überzeugung Mut, daß Christus die Antwort für ihr Leben und Hoffnung in Sicht sei. Zunächst gab ihr mein Vertrauen auf Christus Mut. Dann half ich ihr, sich das vorzustellen, was er ihr geben könne. Schließlich begann sie anhand von Gottes Wort, selbst Hoffnung zu schöpfen.

4. Machen Sie Mut, aber streiten Sie sich nicht

Wenn Sie Ihrem Freund die Hoffnung vermitteln, die Christus geben kann, gehen Sie auf seine Kritik und sein negatives Denken, die Abwehrmechanismen sind, nicht ein, und sagen Sie auch nicht übermäßig viel Positives. Sonst könnte er sich über Ihren Glauben ärgern; seien Sie daher geduldig und verständnisvoll.

5. Bringen Sie ihn auf andere Gedanken

Ein Kennzeichen der Depression ist das Kreisen um sich selbst. Wenn eben möglich, lenken Sie die Gedanken Ihres Freundes auf andere Menschen. Eine depressive Klientin sagte mir, daß ihr der Taxifahrer auf der Hinfahrt geholfen habe. Er hatte anscheinend mit dem Selbstmitleid zu kämpfen und erzählte ihr offen von seiner schlimmen Situation. Sie gestand: „Ich fühlte mich schon allein durchs Zuhören besser. Ihm geht es schlechter als mir."

6. Sorgen Sie dafür, daß er sich bewegt

Körperliche Bewegung hat etwas Heilsames, denn sie regt die Durchblutung an, erhöht den Pulsschlag und aktiviert die Drüsen. Wenn ich häufig predigen mußte, habe ich die Erfahrung gemacht, daß dann ein Dauerlauf genauso guttut wie Schlafen, manchmal sogar besser ist. Seelische Anstrengung nimmt uns alle Kraft, doch körperliche Bewegung entschlackt. Vielleicht sollten Sie die Lieblingssportart Ihres Freundes erlernen, damit auch er wieder damit beginnt.

7. Helfen Sie ihm, allmählich wieder seine Pflichten zu erfüllen

Jeder Mensch hat im Leben Aufgaben, die er früher oder später erfüllen muß. Achten Sie darauf, Ihrem Freund nicht gleich alles aufzubürden, weil die schwere Last der Verantwortung vielleicht seine Schwermut ausgelöst hat.

8. Zeigen Sie Ihre gute Laune nicht zu sehr

In Sprüche 25, 20 spricht der Weise: „Wie Essig auf eine Wunde gegossen, so wirkt, wer Lieder singt einem mißmutigen Herzen." Ein Depressiver ärgert sich ungemein über einen lauten und fröhlichen Mitmenschen. An dem Tag, als der Stadtrat von San Diego die Baugenehmigung für unsere neue Kirche ablehnte, erlebte ich dies ganz handgreiflich in meinem Studierzimmer. Ein lieber Freund, den die Gemeinde als Missionar unterstützte, hatte von der schlechten Nachricht gehört und wollte mich nun aufmuntern. Er meinte es gut, ging aber völlig unüberlegt vor. Mit breitem Lachen klopfte er mir auf die Schulter und sagte: „Der Herr sei gelobt!" Es mag merkwürdig klingen, doch ich reagierte äußerst gereizt. Ich ärgerte mich nicht nur über sein mangelndes Einfühlungsvermögen, sondern auch über sein fröhliches Gesicht. Daß er recht und ich unrecht hatte, half mir kein bißchen.

Ich brauchte kein Mitleid, sondern Verständnis. Bei ihm fand ich weder das eine noch das andere. Man sollte versuchen, einen depressiven Menschen freundlich, geduldig, taktvoll und behutsam aufzumuntern.

9. Bringen Sie ihm Gottes Wort

Nichts hilft einem Schwermütigen mehr, als wenn er die Zusagen Gottes hört. Leider hat er aufgrund seiner Schwermut Gott gegenüber Vorbehalte und geht so der einzigen Lösung für seine seelischen Probleme aus dem Weg. Wenn Ihr Freund erlaubt, daß Sie aus der Bibel vorlesen, sollten Sie es tun. Schlagen Sie ihm auch Abschnitte vor, die er selbst lesen könnte, etwa einige der Psalmen Davids – der auch schwermütig geworden war und wußte, wie er seine Depression überwinden konnte. Schlagen Sie Ihrem Freund auch die Lektüre eines guten Buches vor, das Sie für empfehlenswert halten. Meine Hoffnung geht dahin, daß das vorliegende Buch ein gutes therapeutisches Hilfsmittel werden wird.

10. Beten Sie mit ihm in einer dankbaren Haltung

Selbst schwermütige Menschen lehnen das Gebet selten ab. Sie sehen in ihm vielleicht die letzte Hoffnung. Doch achten Sie darauf, im Gebet mit Gott *über* Ihre Freunde und deren Schwierigkeiten zu sprechen und nichts *gegen* sie zu sagen. Denken Sie daran, daß beim Beten mehr als sonst deutlich wird, ob Sie das Problem verstanden haben. Achten Sie darauf, daß Sie Ihren Freund wegen seines Grolls und Selbstmitleids nicht verurteilen. Überlassen Sie es dem Heiligen Geist, ihn davon zu überzeugen, und danken Sie auch für das, was Gott im Leben Ihres Freundes getan hat und noch tun wird. Allein dadurch, daß er Ihr verständnisvolles Dankgebet hört, kann es ihm besser gehen.

11. Bleiben Sie bei ihm

Die Bibel sagt uns, daß das erste Merkmal für Liebe die Geduld ist, und zwar im Sinne von Ausdauer. Wenn Sie einen anderen Menschen wirklich lieben, erbringen Sie dafür den Beweis, indem Sie viel mit ihm zusammen sind, wenn er schwermütig ist. Dies wird ihm wieder die Gewißheit geben, wirklich geliebt zu werden.

Hilfe für Trauernde

Es ist ganz natürlich, daß der Tod eines geliebten Menschen uns bekümmert. Das ist auch bei denjenigen so, die mit brennendem Herzen Christus nachfolgen. Oft habe ich Christen nach dem Verlust eines geliebten Menschen sagen hören: „Man kann sich eigentlich nicht auf den Tod vorbereiten." Obgleich das sicher stimmt, trauern Christen nicht wie die übrigen, die „keine Hoffnung haben".

1. Thessalonicher 4, 13–18 wurde an eine junge Gemeinde geschrieben, damit sie über den Tod geliebter Menschen nicht mehr traurig wäre. Der Trost dieses Abschnitts gründet sich auf die Zusage, daß wir unsere gläubigen Angehörigen wiedersehen werden. Dies ist eine der kostbaren Wahrheiten der Bibel. Weil Jesus Christus wiederkommt, werden alle, die ihm vertrauen, eines Tages wieder zusammenkommen. Wer sich in seinen Gedanken darauf einstellt, wird weniger leiden. Der Trennungsschmerz verschwindet nicht sofort, nimmt jedoch allmählich ab.

Ein trauernder Nichtchrist kann nur schwer getröstet werden, denn er ist „ohne Christus und ohne Hoffnung in dieser Welt". Manchmal rufen solche Menschen in ihrer Verzweiflung Gott an und werden gerettet. Was immer ihre Not auch sein mag, sie brauchen stets die Nähe eines Menschen, weil Alleinsein in diesem Augenblick am schlimmsten ist. Zum Glück weiß das fast jeder Mensch intuitiv; so erklärt sich, daß Verwandte und Freunde demjenigen zu Hilfe eilen, der gerade den Ehepartner, Vater, Mutter oder Kind verloren hat. Uns allen ist dieses Bedürfnis vertraut.

Wenn wir Trauernden helfen wollen, sollten wir von den Zusagen Gottes reden. Bei großem Kummer ist eine innere Leere nichts Ungewöhnliches. Ist dann ein Freund bei uns, der uns die Zusagen Gottes und seine Treue neu bewußt macht, gibt uns das ungeheure Kraft. Liebe, Liebe und nochmals Liebe ist nötig, um auf diese Weise Freund zu sein.

18

DIE UNGLÜCKLICHE MEHRHEIT

„Was betrübst du dich, meine Seele, und bist so unruhig in mir? Harre auf Gott!" (Psalm 42, 5)

Früher oder später wird jeder Mensch schwermütig! Vielleicht ist die Depression nicht so ernst, daß man im Zustand der Katatonie in die Psychiatrie eingeliefert werden muß oder einen Selbstmordversuch unternimmt, doch kann keiner der Schwermut aus dem Wege gehen.

Bei den meisten Menschen geht diese Phase vorüber. Sie beginnt, wenn die äußeren Umstände einen Tiefstand erreicht haben, das geistliche Potential erschöpft ist und die Denkstrukturen negativ sind. Im allgemeinen geht die Schwermut innerhalb einer gewissen Zeit vorbei, wenn man sein geistliches Leben neu ausrichtet – so wie wir das schon beschrieben haben – und anfängt, anders über sich selbst, die Probleme oder die sie auslösenden Menschen zu denken. Um die Depression zu überwinden, müssen die Schwierigkeiten nicht verschwinden, sondern wir uns innerlich darauf einstellen.

Es steht zu hoffen, daß der Kranke in einer solchen Phase keine wichtigen Entscheidungen getroffen hat, die seine Situation verschlimmern – daß er etwa von zu Hause weggelaufen ist, sich scheiden ließ, die Schule verließ oder kündigte. Meist ist es gefährlich, größere Entscheidungen zu treffen, wenn man schwermütig ist. Es ist besser, zunächst die Depression zu beheben.

Für viele Menschen ist Schwermut eine Lebenshaltung. Sie haben Groll und Selbstmitleid früh gelernt und folglich ein festes Gedankengebäude errichtet, das verändert werden muß. Man sollte solchen Menschen damit Mut machen, daß Depressionen zwar in großes Leid führen, aber Hoffnung besteht. Ein genaues Bibelstudium zeigt sogar, daß einige der bedeutendsten Boten Gottes sehr mit Schwermut zu kämpfen hatten. Wenn das Sprichwort stimmt, daß sich zu zweit alles leichter trägt, müßte depressiven Menschen dieses Kapitel gefallen.

Der geduldige Hiob

Einer der größten Männer der Antike war der Patriarch Hiob. Einige meinen, er habe zur Zeit Abrahams gelebt, also ungefähr 400 Jahre vor Mose. Manche Historiker glauben, daß er der führende Kopf beim Bau der ägyptischen Pyramiden war.

In den ersten Jahren wurde Hiob über die Maßen von Gott gesegnet. Er hatte sieben Söhne und drei Töchter, siebentausend Schafe, dreitausend Kamele, tausend Ochsen, fünfhundert Esel und ein sehr großes Gesinde. Daher heißt es in der Bibel: „ . . . jener Mann wurde größer als alle Söhne des Ostens."

Natürlich hatte Hiob damals nicht mit Schwermut zu kämpfen, weil alles so glatt lief. Doch plötzlich änderte sich alles. Seine Tiere wurden ihm gestohlen oder erschlagen, ein Sturm zerstörte das Haus seines ältesten Sohnes während eines Festes, und alle seine Kinder wurden getötet. Noch schlimmer, sein Körper war „von der Fußsohle bis zum Scheitel" mit Beulen bedeckt.

Zwar erkannte Hiob nicht, daß Gott ihn auf die Probe stellte, um einen Beweis seiner Treue zu erbringen, doch versündigte er sich bei all diesem schlimmen Geschehen nicht, selbst als sein Frau ihn aufforderte: „Fluche Gott und stirb!" Seine positive Reaktion auf die schrecklichen Ereignisse, die den Durchschnittsmenschen in tiefe Verzweiflung gestürzt hätten, brachte ihm den Ruf ein, der geduldigste Mann der Welt zu sein.

Jeder hat jedoch Schwächen, selbst ein Hiob. Der Geduldsfaden riß, als seine drei besten Freunde zu ihm kamen und ihn zum Bekenntnis seiner Schuld bringen wollten, die angeblich diese Reihe von Unglücksfällen ausgelöst haben sollte. Stumm saß er einige Tage auf der Erde, dann redete er. Seine Schwermut wird an seinen Worten deutlich. Er hatte der Sünde des Grolls und Selbstmitleids Raum gegeben. Die aufmerksame Lektüre der Kapitel 3 und 7 bestätigt dies. Wir zitieren einige seiner Gedanken, die sein Selbstmitleid deutlich machen:

Kapitel 3, 1: Danach öffnete Hiob seinen Mund und verfluchte den Tag seiner Geburt.

Kapitel 3, 3: Vernichtet sei der Tag, da ich geboren ward.

Kapitel 3, 4: Jener Tag – er werde Finsternis, nicht frage nach ihm Gott in der Höhe, und nicht erglänze über ihm ein Lichtstrahl!

Kapitel 3, 6: Jene Nacht – es raffe sie hin das Dunkel, sie reihe sich nicht unter die Tage des Jahres, in die Zahl der Monde komme sie nicht!

Kapitel 3, 10: Weil sie des Mutterschoßes Pforte mir nicht verschloß und nicht verbarg das Leid vor meinen Augen!

Kapitel 3, 11: Warum starb ich nicht bei meiner Geburt?

Nur wer ein Herz aus Stein hat, kann Hiobs falsche Reaktion nicht verstehen; doch entschuldigt ihn dies keineswegs. Dieser bedeutende Mann wurde aufgrund der selbstsüchtigen Haltung depressiv, die auch heute noch Schwermut hervorruft – Selbstmitleid. Als er seine Schuld bekannte (Kapitel 7, 20 und 21) und so zeigte, daß er trotz seines schrecklichen Schicksals am Glauben festgehalten hatte, empfing er Vergebung, und seine Stimmung hellte sich auf. Dann fing er ein Gespräch mit seinen Freunden an und bezeugte die Treue Gottes. In Kapitel 9 bis 41 erkennt man, daß Hiobs Stimmung sich stetig bessert und sein Glaube wächst, noch ehe sich seine Lage zum Guten wendet. Daraufhin segnete Gott Hiob und „gab Hiob doppelt so viel, als er gehabt hatte" (Kapitel 42, 10).

Hiob bekam nicht nur seine Reichtümer zurück, sondern es wurden ihm und seiner Frau auch noch sieben Söhne und drei Töchter geboren, und Gott gab ihm 140 weitere Jahre in Gesundheit, so daß er noch seine Ururenkel erlebte. Von

Hiob können wir vor allem zweierlei lernen: wir sollen uns auch unter schwierigen äußeren Umständen freuen, aber selbst wenn wir zunächst nicht dazu in der Lage sind, kann uns vergeben werden. Gott ist seinen Kindern stets treu, er weiß im Gegensatz zu uns, wieviel wir tragen können. Gott ist uns nicht böse, wenn wir zunächst falsch reagieren, sondern immer bereit, zu vergeben und neu mit uns zu beginnen. Als die Depression vorbei war, gebrauchte Gott Hiob in ganz besonderer Weise.

Der bedeutendste Führer aller Zeiten

Wenn man betrachtet, was Mose persönlich erreichte und welchen Einfluß er auf die Menschheit hatte, muß man ihn als den größten Führer aller Zeiten bezeichnen. Er führte nicht nur drei Millionen unzufriedene Juden aus Ägypten und weitere vierzig Jahre lang durch die Wüste, sondern wurde auch von Gott gebraucht, um der Welt das anspruchsvollste Gesetz und die höchste moralische Richtschnur aller Zeiten zu geben.

In einem der letzten Kapitel erwähnten wir Moses Selbstmitleid, wie es in dem Gebet in 4. Mose 11, 10–15 deutlich wird, um zu erklären, was schädliches Beten ist. In Vers 15 ist Mose so schwermütig, daß er Gott bittet: „So töte mich lieber, wenn ich anders Gnade vor deinen Augen gefunden habe . . ." Wie gut für die Kinder Israel und Mose selbst, daß Gott diese Bitte nicht erhörte; doch daß Mose sie überhaupt aussprach, beweist, wie sehr er daran gewöhnt war, sich zu bemitleiden. Sehen wir uns sein Leben genauer an, entdecken wir, daß er mit Aggressionen und Groll zu kämpfen hatte. Diese beiden Sünden ergeben zusammen die Depressionsformel.

Mose wurde das Selbstmitleid und die daraus folgende Depression vergeben. Gott gebrauchte ihn noch weitere achtunddreißig Jahre. Dies zeigt, daß Schwermut nicht aussichtslos ist. Gott kann einen zu Depressionen neigenden Menschen gebrauchen, wenn dieser sein falsches Denken bereut und dem Herrn für die Zukunft vertraut. Dies gilt besonders, wenn er sich die biblischen Lebensregeln fest einprägt, so daß er bei einem Anfall von Schwermut keinen schweren Fehler macht und sich nicht so sehr verstrickt und Schiffbruch erleidet, daß er nach der Depression für Gott unbrauchbar wird.

Ein anderer großer Führer, der etwa eintausendzweihundert Jahre nach Mose auftrat, zeigt uns das Gegenteil. Alexander der Große hatte im Alter von dreiunddreißig Jahren die ganze westliche Welt besiegt. Dann wurde er depressiv, weil es nichts mehr zu erobern gab. In dieser schwermütigen Phase verfiel er dem Alkohol, und es heißt, daß er sich buchstäblich zu Tode trank. Moralische Werte und biblische Lebensregeln, wie sie in der Bibel zu finden sind, bewahren uns vor einem derart tragischen Ende, wenn wir sie in unser Denken aufnehmen.

Der Vater der Propheten

Nach Mose war wohl Elia die bedeutendste Persönlichkeit des Alten Testaments. Er verfügte über die wunderbare Fähigkeit, Kranke zu heilen, Tote aufzuerwecken, es drei Jahre lang nicht regnen und Feuer vom Himmel fallen zu lassen. Einmal tötete er 450 Baalspropheten, die die schlimmste uns bekannte Sünde begangen hatten – sie hatten falsche Lehren über Gott verbreitet. Elia gründete eine Prophetenschule, die zu einem wirksamen Werkzeug in der Hand Gottes wurde, um Israel und Juda eine Zeitlang vom Weg in Heidentum und Götzendienst zurückzuhalten.

Zwar war Elia ein bedeutender Gottesmann, doch fiel auch er der Depression zum Opfer. Einmal war er so verzweifelt, daß er Gott bat, ihn sterben zu lassen (1. Könige 19, 4).

Man hat sehr phantasievolle Entschuldigungen für Elias Depressionen gefunden: die psychische Entlastung nach der öffentlichen Auseinandersetzung mit den Baalspropheten auf dem Karmel; seine Entmutigung wegen der Kinder Israel, von denen viele Baal anbeteten; die Verfolgung durch die als gefährlich geltende Königin Isebel. Wie in unseren Tagen

sind auch diese Entschuldigungen nur intellektuelle Schaum-
schlägerei. Elia war nur deswegen depressiv, weil er sich bemitleidete! 1. Könige 19, 10 macht uns seine Gedanken sehr
deutlich: „Geeifert habe ich für den Herrn, den Gott der
Heerscharen! Denn Israel hat dich verlassen; deine Altäre
haben sie niedergerissen und deine Propheten mit dem
Schwert getötet. Ich allein bin übriggeblieben, und sie trachten danach, mir das Leben zu nehmen!"

Es heißt, daß noch siebentausend andere Israeliten an Gott
festhielten. Doch Elia meinte, er sei als einziger Gott treu geblieben. Das Selbstmitleid macht uns stets blind für positive
Möglichkeiten und läßt die Schwierigkeiten größer erscheinen.

Wem sind solche Gedanken unbekannt? „Kein anderer
muß eine so unangenehme Arbeit machen." „Ich als einziger
kann nicht singen." „Mutti und Vati haben immer mich auf
dem Kieker, nie die anderen." Diese falschen Gedanken führen letztlich zur Schwermut, die so lange andauert, bis sich
die Denkgewohnheiten ändern.

Wie gut für Israel und für Elia, daß er für seine Sünde Buße
tat. Der Herr hielt seine Hand über ihn, und er überlebte sowohl Isebel wie ihren gottlosen Mann, den König Ahab.

Der unzufriedene Prophet

Wenn man die Bedeutung eines Menschen an der Zahl der
Personen ablesen könnte, die durch seine Predigt zum Glauben kommen, wäre der Prophet Jona der größte Prediger aller
Zeiten. Man schätzt, daß mehr als eine Million Einwohner
von Ninive auf seine Verkündigung hin Buße taten.

Dieser Prophet war nicht begeistert, daß Gott ihn gebrauchte, um so vielen Menschen Heil zu bringen, sondern
wurde merkwürdigerweise schwermütig. Er betete sogar:
„Und nun, o Herr, nimm doch meine Seele von mir; denn es
ist mir lieber, ich sterbe, als daß ich noch weiterlebe" (Jona 4,
3).

Ein psychologischer Berater, der nicht an Gott glaubt, würde verständlicherweise nach einem tiefsitzenden seelischen Problem bei Jona suchen, auf das sich seine Schwermut zurückführen ließe. Man könnte sogar seine seelische Erschöpfung nach seinen vielen Predigten dafür verantwortlich machen. Doch es bleibt dabei, daß „das Jona sehr verdroß und er zornig ward". Jona ärgerte sich über Gott, weil er den Leuten aus Ninive ihre Sünden vergeben hatte und sie verschonte. Er haßte die Einwohner dieser Stadt. Dieses Gefühl ließ sich sogar menschlich begründen, weil sie die Israeliten jahrelang grausam verfolgt hatten. Jona war vermutlich überglücklich, daß Gott sie nun endlich auslöschen wollte, deswegen weigerte er sich zunächst, nach Ninive zu gehen und ihnen zu predigen. Als Gott ihnen vergab, überkam Jona maßlose Wut. Sie führte zu Selbstmitleid und schließlich zu einer so schweren Depression, daß er Gott bat, ihn sterben zu lassen – ein Beispiel dafür, daß ein ausgesprochen freudiges Ereignis zu einer deprimierenden Erfahrung werden kann. Jona hätte Gott vertrauen sollen, auch wenn er die Entwicklung nicht verstand. Statt dessen konnte er durch das Selbstmitleid nicht mehr fröhlich sein, zog sich in qualvolle Einsamkeit zurück, war unzufrieden und beklagte sich bei Gott.

Wir könnten versucht sein, Jona zu entschuldigen, weil es das neutestamentliche Gebot „Danket für alles" (1. Thessalonicher 5, 18) noch nicht gab. Doch steht fest, daß Jona nie schwermütig geworden wäre, wenn er Gott für die große Erweckung in Ninive gedankt hätte.

Der Prophet der Tränen

Einige Männer machten Geschichte, als der größte Dienst für ihr Volk in Trauern und Weinen bestand. Jeremia lebte zu einer solchen Zeit! Er weinte aus gutem Grund. Israel, das große, einst von Gott gesegnete Volk, war von Gott abgefallen, so daß man es 150 Jahre zuvor in Gefangenschaft geführt hatte. Nur eine Erweckung unter König Hiskia und dem Propheten Jesaja hatte Juda gerettet. Zu diesem Stamm im Süden hatten sich alle treuen Israeliten geflüchtet. Trotz Gottes mächtigem Handeln bei der Befreiung dieser kleinen Nation vergaßen die Nachkommen allmählich den Gott ihrer Väter. In ein solches Volk berief Gott Jeremia, den Propheten der Tränen.

Voll tiefer Anteilnahme und unter Tränen warnte er das Volk, daß die Babylonier ihre Stadt zerstören und sie als Gefangene wegführen würden, wenn sie nicht für ihre Sünden Buße täten und zu Gott zurückkehrten. Doch das Volk hörte Jeremias aufrichtige Bußrufe nicht und wandte sich unbarmherzig gegen ihn. Er wurde mehrfach eingekerkert, und einmal wurden ihm Hände und Füße in einen Block gelegt. Meist reagierte er als vom Heiligen Geist geführter Mensch, doch einmal wurde er depressiv, wie sein Gebet zeigt. Wir finden es im 15. Kapitel des nach ihm benannten Buches, und es zeigt uns ein tiefes Selbstmitleid. „Wehe mir, Mutter, daß du mich geboren, einen Mann des Haders und Streites für alle Welt! Ich bin nicht Gläubiger und nicht Schuldner, und doch verfluchen mich alle" (Jeremia 15,10).

Schließlich klagte er den Herrn an: „Nie saß ich fröhlich im Kreise der Scherzenden; von deiner Hand gebeugt saß ich einsam: denn mit Grimm hast du mich erfüllt. Warum ward mein Schmerz denn ewig, ward meine Wunde unheilbar und will nicht gesunden? Wie ein Trugbach wardst du mir, wie ein Wasser, auf das kein Verlaß ist!" (Verse 17 und 18). Der Herr sprach zu Jeremia: „ . . . sie werden wider dich streiten, dich aber nicht überwältigen; denn ich bin mit dir, dir zu helfen, dich zu retten, spricht der Herr. Und ich rette dich aus der Hand der Bösen" (Verse 20 und 21).

Gott scheint Verständnis dafür zu haben, wenn seine Kinder in Selbstmitleid verfallen, vor allem, wenn die Belastungen des Lebens zu schwer sind. Doch befreit sie das nicht von der Depression, die sich natürlicherweise aus dieser Haltung ergibt. Jeremia nahm Gottes Zusage an: „Denn ich bin mit dir, dir zu helfen . . .", und er diente Gott noch viele Jahre. Die äußeren Umstände wurden für ihn sogar noch schlechter, doch blickte er auf den Herrn und vermied so neue Depressionen.

Wir können alle aus der Lektion lernen, die Jeremia durch diese Schwierigkeiten erteilt wurde. Er drückt es in einem kurzen Gebet so aus: „Stellte dein Wort sich ein, so verschlang ich's; zur Wonne ward mir dein Wort. Zur Freude meines Herzens ward es mir" (Jeremia 15, 16). Ein schwermütiges Kind Gottes wird am ehesten froh, wenn es auf den Herrn blickt und sein Wort liest.

19

EIN FÜNFUNDACHTZIGJÄHRIGER OPTIMIST

„Danket für alles! Denn das ist der Wille Gottes in Christus Jesus für euch."

Man begegnet nur selten einem echten Optimisten, zumal einem, der 85 Jahre alt ist. Zur Zeit eines Mose und Josua lebte ein solcher Mann. Sein ansteckender Glaube macht ihn zum klassischen Beispiel für die in diesem Buch dargestellten Grundsätze. Meines Wissens wird von ihm überhaupt nichts Negatives berichtet. Hatte er auch genug Grund, sich zu bemitleiden, tat er es offenbar nie, selbst nicht im hohen Alter. Neben dem starken Glauben an Gott zeichnete ihn eine äußerst positive Haltung aus, die nachahmenswert ist. Wenn jeder so lebte, würde unser Jahrzehnt als optimistisches und nicht als depressives bekannt sein.

In der Bibel werden uns die großen Taten von vielen hundert bedeutenden Männern berichtet. Über allen steht der nur wenig bekannte Gottesmann Kaleb. Im „Who's Who" des Neuen Testaments, in Hebräer 11, erscheint er zwar nicht, doch sollte sich jeder, der sich für Menschen interessiert, von diesem Mann mit seiner optimistischen Einstellung anstecken lassen.

Die Heilige Schrift erwähnt ihn zum ersten Mal zu einer Zeit, als das Volk Israel sich in einer schwierigen Prüfungssituation befand. Der Herr hatte es aus Ägypten geführt, zu ihm am Sinai gesprochen und es zur Südgrenze des gelobten Landes gebracht. Um seinem Volk Mut zu machen, hatte Gott Mose den Befehl gegeben, aus jedem der zwölf Stämme einen Anführer auszuwählen – „das Land Kanaan auszukundschaften" (4. Mose 14, 2).

Kaleb war 40 Jahre alt und einer der Führer seines Stammes, als man ihn auswählte, um das Land auszukundschaften. Er hatte den Auftrag, die Stärke des Gegners, die Lage der Städte und Festungen und die Beschaffenheit des Landes ausfindig zu machen, und er leistete gute Arbeit. Er wollte nicht nur einen Bericht geben, so kamen er und sein Freund Josua, Moses Hauptmann, mit Früchten des Landes zurück, darunter so riesigen Weintrauben, daß eine von zwei Männern an einer Stange getragen werden mußte. Bei der Rückkehr nach Kades, wo das Volk auf ihren Bericht wartete, versammelte sich eine große Menschenmenge um sie. Zu Kalebs Verwunderung gaben zehn Kundschafter einen sehr negativen Bericht ab. Trotz der Fruchtbarkeit des Landes, das von Milch und Honig floß, hatten sie sich mehr von der Stärke und Zahl des Gegners beeindrucken lassen.

Auf merkwürdige Weise vergrößert der Unglaube die Probleme und läßt die Hilfe ganz klein erscheinen. Darüber hinaus ist er ansteckend. Die zehn ungläubigen Kundschafter faßten ihren Bericht über die Riesen des Landes mit den Worten zusammen: „Wir können nicht gegen dieses Volk ziehen; es ist uns zu stark . . . und wir kamen uns vor wie Heuschrekken, und so erschienen wir auch ihnen" (4. Mose 13, 32 und 34).

Dieser negative Bericht der zehn ungläubigen Kundschafter zeigt uns die Schwäche des Unglaubens: Die eigenen Fähigkeiten werden unter-, die Überlegenheit des Gegners weit überschätzt und Gottes Macht und seine Fürsorge für die Angelegenheiten seines Volkes völlig vergessen. So kam man zu einem negativen und völlig unrealistischen Ergebnis. Dadurch wurde Gottes Verfügungsgewalt über das Volk stark eingeschränkt und das Leben der Familien aufs Spiel gesetzt.

Kaleb sprang auf und „beschwichtigte das Murren des Volkes wider Mose" und sprach: „Laßt uns gleichwohl hinaufziehen und das Land erobern; wir vermögen es gewiß zu überwältigen . . . wenn der Herr uns wohlwill, wird er uns schon in dieses Land bringen und es uns geben, ein Land, das von Milch und Honig fließt" (4. Mose 13, 30 und 14, 8).

Leider glaubte Israel dem negativen Bericht der Mehrheit statt dem Glaubenszeugnis eines Kaleb und Josua. Daher mußte es vierzig Jahre lang in der Wüste bleiben und konnte sein Erbe nicht in Besitz nehmen. Von allen Erwachsenen, die zur damaligen Zeit lebten, durften nur Kaleb und Josua neununddreißig Jahre später das verheißene Land betreten. Die übrigen kamen aufgrund ihres Unglaubens in der Wüste um!

Fünfundvierzig Jahre später

Als schließlich für die Kinder Israel die Zeit gekommen war, das Land Kanaan in Besitz zu nehmen, war sogar der große Volksführer Mose tot. Sein Nachfolger Josua führte die neue Generation der Israeliten in das von Gott verheißene Land. Wegen der weitverbreiteten falschen Vorstellungen über dieses Land war es nicht leicht, es den „Riesen" zu entreißen. Es dauerte sechs harte Kriegsjahre, bis sich die zwölf Stämme sicher genug fühlten, um eigene Siedlungen zu gründen. Unter Josuas Oberbefehl war Kaleb ein aktiver Anführer in diesen schrecklichen Jahren gewesen.

Gegen Ende der Kämpfe gingen die beiden Überlebenden aus der Zeit der Wüstenwanderung nebeneinander. Kaleb erinnerte seinen alten Freund Josua an das Versprechen, das Mose ihm fünfundvierzig Jahre zuvor gegeben hatte: „Fürwahr, das Land, das dein Fuß betreten hat, soll dein und deiner Kinder Erbbesitz sein für alle Zeiten, weil du unwandelbar zum Herrn, meinem Gott, gehalten hast. Und nun, siehe, hat der Herr nach seiner Verheißung mich seit der Zeit, da er zu Mose dieses sprach, diese fünfundvierzig Jahre leben lassen, in deren Verlauf Israel durch die Wüste zog; so bin ich denn heute 85 Jahre alt. Noch heute bin ich so stark wie an dem Tage, als mich Mose aussandte; wie damals, so habe ich auch jetzt noch die Kraft, zu streiten und aus- und einzuziehen. So gib mir nun dieses Gebirge, von dem der Herr geredet hat an jenem Tage, denn du hörtest selbst an jenem Tage, daß es dort Enakiter gibt und große, feste Städte. Vielleicht ist der Herr mit mir, daß ich sie vertreibe, wie der Herr geredet hat" (Josua 14, 9–12). Kaleb wußte, als er dies erbat, daß alle überlebenden Riesen des Landes in dieses Gebirge geflohen waren, doch das ängstigte den Fünfundachtzigjährigen überhaupt nicht. Obgleich seine Feinde in befestigten Stellungen saßen und das Gebirge zu einem Bollwerk gemacht hatten, sagte er: „Gib mir dieses Gebirge." Er wußte, daß Gott dazu durchaus in der Lage war – und so geschah es!

Die Bibel berichtet nicht, in welchem Alter Kaleb starb, doch können wir schließen, daß er viele Jahre auf seinem Gebirge wohnte. Wahrscheinlich rodete er einen Platz mit einem wunderschönen Blick über die Ebene.

Der Schlüssel zu Kalebs Haltung

Wenn je ein Mensch Selbstmitleid hätte rechtfertigen können, so Kaleb. Neununddreißig Jahre lang wurde er in die Wüste verbannt, weil andere gesündigt hatten. So hätte er ein ewig unzufriedener Mensch werden und die ganze Zeit denken können: „Hätte dieses ungläubige Volk auf Josua und mich gehört, hätten wir uns in dem Land niederlassen können, als ich noch im Vollbesitz meiner Kräfte war." Jedesmal wenn ein Sandsturm kam, hätte er die Ungläubigen für die schlimme Lage verantwortlich machen können.

Es ist jedoch interessant, daß von ihm kein einziges Wort des Selbstmitleids oder der Unzufriedenheit überliefert ist. Statt dessen zeugte er mehrere Kinder und erzog sie gemeinsam mit seiner Frau für den Dienst des Herrn. Und all die Jahre hindurch hatte er ein Ziel vor Augen: ein Haus auf jenem wunderschönen Gebirge, das er als 40jähriger Kundschafter gesehen hatte. Er wußte nicht, wie er es erreichen würde, doch hatte er das absolute Vertrauen, daß Gott sein Versprechen schließlich wahrmachen würde. Wenn er auch fünfundvierzig Jahre lang warten mußte, machte er doch nicht nur die Erfahrung, daß Gott treu ist, sondern wurde auch im Überfluß gesegnet, so wie wir es von unserem Gott kennen.

Das wahre Geheimnis seiner Größe leuchtet auf, als Gott Kaleb einmal „meinen Knecht Kaleb" nennt, „der einen anderen Geist gezeigt und unwandelbar zu mir gehalten hat" (4. Mose 14, 24). Hier ist offenbar der Heilige Geist gemeint, das Kennzeichen jedes geisterfüllten, gehorsamen und vertrauensvollen Christen. Sie können ihn auch haben, denn das entspricht ganz gewiß dem Plan Gottes für Ihr Leben.

Seien Sie sicher: Der Geist eines Kaleb, der ihn vor Depressionen schützte, steht auch Ihnen zur Verfügung. Wenn Sie wie er die erste geistliche Lektion bei seelischen Belastungen lernen, nämlich:„Danket für alles", ganz gleich, ob Sie die Lebensumstände verstehen oder nicht, und wenn Sie mit Gottes Lösung für Ihr Problem rechnen, wird die Schwermut Sie nie mehr besiegen. Alles liegt in Ihrer Hand!